Doriana Provvedi-Fournier

ARIA D'ITALIA

Prime letture italiane per stranieri

with the collaboration of

Carlo Steiner

JOHN MURRAY LONDON

First published in Italy by
Edizioni Scolastiche Bruno Mondadori

This edition © John Murray (Publishers) Ltd 1979

Printed in Italy

0 7195 3619 7

Introduction

This collection of readings has been deliberately designed to provide variety and realism for students of Italian from a wide ability range. Both the language used and the content of the extracts have been carefully graded and the choice ranges from literary excerpts to popular songs, from poetry to prose, from news items to interviews with leading personalities.

Each text stands on its own and the accompanying questions are designed to stimulate discussion and can be used in a wide variety of ways. Notes on vocabulary and on grammar are concise and explanations are given within the language range of the extract, wherever possible.

Within each of the five main sections there is a subtle link between the extracts although the material is designed to be entirely flexible in the way it is used. It is hoped that this collection will provide genuine insights into the many aspects of Italy and the Italians today.

Doriana Provvedi-Fournier

Contents

Preludio

Chiara Italia

1   Chiara Italia, parlasti finalmente
Al figlio d'emigranti.

Vedeva per la prima volta i monti
Consueti agli occhi e ai sogni
5   Di tutti i suoi defunti;
Sciamare udiva voci appassionate
Nelle gole granitiche;
Gli scoprivi boschiva la tua notte;
Guizzi d'acque pudiche,
10 Specchi tornavano di fiere origini;
Neve vedeva per la prima volta,
In ultimi virgulti ormai taglienti
Che orlavano la luce delle vette
E ne legavano gli ampi discorsi
15 Tra viti, qualche cipresso, gli ulivi,
I fiumi delle casipole sparse,
Per la calma dei campi seminati
Giù giù sino agli orizzonti d'oceani
Assopiti in pescatori alle vele,
20 Spiegate, pronte in un leggiadro seno.

Mi destavi nel sangue ogni tua età,
M'apparivi tenace, umana, libera
E sulla terra il vivere più bello.

Colla grazia fatale dei millenni
25 Riprendendo a parlare ad ogni senso,
Patria fruttuosa, rinascevi prode,
Degna che uno per te muoia d'amore.

Giuseppe Ungaretti, *Sentimento del tempo*,
Mondadori, Milano.

Capitolo 1

Allegro con brio

Testo 1

Sole

Vorrei girar la Spagna
sotto un ombrello rosso.
Vorrei girar l'Italia
sotto un ombrello verde.
Con una barchettina,
sotto un ombrello azzurro,
vorrei passare il mare:
giungere al Partenone
sotto un ombrello rosa
cadente di viole.

Aldo Palazzeschi, *Poesie*,
Mondadori, Milano.

Per la conversazione

- Perché la poesia è intitolata « Sole »?
- Quali sono i Paesi evocati nella poesia?
- C'è un rapporto fra i colori ed i Paesi di cui parla il poeta?
- In che senso questi versi possono far pensare a « un girotondo infantile »?
- Quale Paese, fra quelli citati da Palazzeschi, parla di più al vostro cuore e alla vostra fantasia?

Testo 2

Aspettando gli spiriti

La notte del 17 gennaio 1930 leggevo un romanzo d'amore. Il fuoco crepitava nel camino. Coricato nel soffice letto, interrompevo ogni tanto la lettura per ascoltare i sibili del vento fra gli alberi della foresta. I vetri tersi della finestra lasciavano scorgere il cielo pallido e due alberi, sulla collina, ornati di neve. Guardai il pendolo: segnava le due. Spensi la luce, mi rannicchiai sotto le coltri. — Dormiamo — dissi. Trascorsero venti, trenta minuti: mi accorsi che avevo gli occhi aperti. Un'ora dopo ero ancora incantato a guardare le stelle che alcune nubi venute dal mare a poco a poco coprivano. Stavo meditando sulla mia insonnia, quando le nubi si sciolsero in una pioggia fine e lenta. Voltai fianco e decisi fermamente di dormire. A un tratto, quasi mi ero appisolato, strani rumori e fruscii colpirono le mie orecchie. — Saranno gli spiriti — pensai. Pian pianino sollevato il capo, guardai intorno. La stanza era rischiarata dal bagliore degli ultimi tizzi. Non mi ero ingannato. Vidi le loro diafane forme simili a veli fluttuare tra i mobili, confondersi nel fumo del camino, indugiare davanti allo specchio. Invece di accendere la luce, restai fermo e finsi di russare. 25

Cesare Zavattini, *Parliamo tanto di me*,
Bompiani, Milano.

Osservazioni grammaticali

- ogni tanto; un'ora dopo; a poco a poco; a un tratto; pian pianino
- *stavo meditando* sulla mia insonnia...

Per la conversazione

- Definite il contrasto esistente fra l'interno e l'esterno.
- Rilevate tutti i termini di carattere atmosferico (neve, cielo, pioggia, ecc.).
- Rilevate tutti i termini di carattere temporale (anno, stagione, notte, ora ecc.).
- In che modo l'autore prepara l'arrivo degli spiriti?
- Vi sembra che quest'arrivo abbia un carattere particolarmente inquietante?
- Cercate di cogliere, nella lettura, l'ironia discreta e sommessa di Cesare Zavattini.

Testo 3

L'arte di fare le valigie

Quella di fare le valigie è una cosa meno semplice di quanto si creda. L'idea sarebbe di mettere tutto a portata di mano; cioè, tutto negli strati superiori, lasciando vuoto, per conseguenza, il fondo della valigia... 5
Filippo era uno di quelli che si vantano di saper fare le valigie. Ed era vero. Egli, per esempio, metteva sempre nella valigia due spazzolini per i denti.
« Non si sa mai, » diceva « ci potrebb'essere 10 uno scontro ferroviario; si rompe uno spazzolino, resta l'altro. »
Che sciocchezza! In uno scontro ferroviario, se si rompe uno spazzolino, è molto probabile che si rompa anche l'altro. Capiremmo se nella valigia si mettesse addirittura una dozzina di spazzolini per i denti. Allora, per quanto grave possa essere lo scontro ferroviario, c'è sempre la speranza di salvarne almeno uno. Ma anche questa è una sciocchezza: se lo scontro ferroviario non avviene? Che se ne fa uno di dodici spazzolini per i denti? 20

« Conobbi per l'appunto un tale » disse Filippo mentre riempiva la valigia « che non viaggiava mai con meno di trenta spazzolini per i denti, in previsione di scontri ferroviari. Ebbene, una volta lo scontro avvenne e la precauzione apparve assolutamente inutile. »

« Non si salvò nemmeno uno degli spazzolini del vostro amico? » chiese Battista impressionato.

« No, » disse Filippo « non si salvò nemmeno uno dei suoi denti. Mentre, per colmo di sciagura, gli spazzolini si salvarono tutti. »

Achille Campanile, Se la luna porta fortuna,
Rizzoli, Milano.

Osservazioni grammaticali

- di quanto si *creda*
- se si *mettesse*
- *per quanto* grave *possa* essere

Per la conversazione

- Mostrare con quali procedimenti linguistici e stilistici l'autore riesce ad ottenere un facile effetto comico.
- Qual è il particolare più umoristico del testo?
- Parlate — se ne conoscete — degli incidenti ferroviari più sensazionali di questi ultimi tempi.

Testo 4

Il porto di Livorno

Più che il mare, m'ero persuaso che i livornesi amano il porto. Me ne parlavano come di un luogo di delizia, come di un teatro dove si svolgono scene meravigliose, e avvengono straordinari incontri, dove le più varie e strane genti del mondo si ritrovano come a casa loro, e si raccolgono le mercanzie più preziose della terra. Pirati, mercanti, marinai dal viso bruciato dal salmastro, negri, arabi, inglesi, greci, ebrei, cinesi dallo sguardo laccato di rosa, brasiliani dagli occhi neri come chicchi di caffè, russi pelosi e malinconici, donne di tutti i climi, odalische coperte di veli, indiane col puntino rosso in mezzo alla fronte, e botti di vino profumato, montagne di stoffe, di droghe, di tabacco biondo, e navi, navi, navi, che vanno e vengono riempiendo il cielo di nubi di fumo e di bagliori bianchi di vele.

Curzio Malaparte, Sangue,
Vallecchi, Firenze.

Veduta del porto di Livorno. Creato dai granduchi di Toscana, famoso « porto franco », il porto di Livo ha assicurato per secoli una notevole prosperità alla sua città.

Osservazioni grammaticali

- svolgono
- vengono, avvengono
- raccolgono

Per la conversazione

- Con quali elementi stilistici l'autore riesce a creare un ritmo rapido e incalzante?
- Rilevate gli elementi realistici e gli elementi fantastici contenuti in questo brano.
- Perché i livornesi amano il porto più che il mare?
- Che cosa sapete sulla città di Livorno?
- Quali sono i porti mercantili italiani?
- E i porti militari?
- Conoscete alcuni nomi di società marittime italiane? E alcuni nomi di transatlantici italiani? Fate, eventualmente, una piccola ricerca a questo riguardo.

Testo 5

Il mare è tutto azzurro

Il mare è tutto azzurro.
Il mare è tutto calmo.
Nel cuore è quasi un urlo
di gioia. E tutto è calmo.

Sandro Penna, *Tutte le poesie*,
Garzanti, Milano.

Per la conversazione

- Quali sentimenti riesce a esprimere il poeta nell'arco di quattro brevi versi?
- Esprimete le vostre impressioni personali davanti a un mare « tutto azzurro », « tutto calmo ».
  O, se preferite, davanti a un mare in tempesta.

Testo 6

Come si preparano gli spaghetti

Adalberto e un suo amico desiderano mangiare un piatto di spaghetti. Dopo varie avventure, sono arrivati finalmente alla fase definitiva. Gli spaghetti sono cotti, la salsa è pronta nel tegame. Manca solo il colino per terminare in gloria la complicata operazione...

Ad un tratto egli fece il gesto definitivo — chiuse cioè il gas — e urlò: 1

« Presto il colino! »

Girai attorno uno sguardo agitato, fremente.

Il colino? Intuivo vagamente che cosa fosse, ma 5
non lo vedevo da nessuna parte. Corsi di qua e
di là, rovesciai due o tre sedie, aprii altrettante
scansie, vidi ogni specie di stoviglie e di utensili, ma nessun colino.

« Presto » ruggì Adalberto « o gli spaghetti vanno a male! » 10

Il mio orgasmo gli si comunicò. Egli abbandonò la pentola e si unì alle ricerche. In un paio di minuti vuotammo letteralmente i mobili del loro contenuto, che ammucchiammo alla rinfusa per terra; camminammo su ciò che un istante prima era stata una pila di piatti, scivolammo su sei pezzi di burro, facemmo insomma ciò che può dare un'idea, in una cucina, di un racconto di Wallace, ma non riuscimmo a scovare il colino. 15

« Corri alla salsa, animale! » gridò Adalberto « e quanto agli spaghetti, se ancora sono degni di questo nome, faremo a meno del colino. »

Egli corse alla pentola, l'afferrò e si diresse all'acquaio. 25

« Sciocco che sono! » disse. « Basta tener fermo il coperchio e rovesciare la pentola perché l'acqua scorra e la pasta rimanga all'asciutto. »

Infatti era vero. Credo che un fachiro sarebbe riuscito facilmente a compiere l'operazione. 30
Adalberto, invece, appena cercò di mantenere fermo il coperchio, che scottava, disse: « Ah! »
e ritirò le dita.

Gli spaghetti non parvero sorpresi di trovarsi 35
nell'acquaio, invece che nei piatti.

Giuseppe Marotta, *Tutte a me*,
Ceschina, Milano.

Osservazioni grammaticali

- intuivo vagamente che cosa *fosse*
- basta tener fermo il coperchio perché l'acqua *scorra* e la pasta *rimanga* all'asciutto
- gli spaghetti *vanno a male!*
- *faremo a meno* del colino

Per la conversazione

- Quali sono le differenti fasi di questa piccola « tragedia » culinaria?
- Notate il ritmo del testo e i diversi procedimenti del comico.
- Che cosa rappresentano gli spaghetti nella cucina italiana? In che modo si possono preparare?

Testo 7

La cucina italiana

1 Di norma, si mangia effettivamente bene in Italia. Il cibo è sempre eccellente in qualche famoso ristorante e in alcune trattorie; assai di rado è mediocre, quasi mai cattivo. Ha un suo
5 carattere schietto: raramente è ambiguo o pretenzioso. I piatti hanno francamente l'odore, l'aspetto e il sapore che dovrebbero avere, e ogni ingrediente è nettamente differenziato e fedele alla propria natura. Nessun vellutato intin-
10 golo ne oscura l'aspetto o il sapore. Tutto viene consumato fresco o nella stagione adatta, quando è assolutamente nelle condizioni migliori di maturazione. Frutta e verdure non provengono dalle serre, con il sapore di carta bagnata dei
15 prodotti artificiali. Nulla viene colto prima del momento giusto e lasciato maturare in magazzino. Nulla (o quasi nulla) viene congelato o conservato chimicamente. (È forse il solo Paese del mondo che mangi aranci solo sei mesi l'anno).
20 I colori sono allegri: il giallo del risotto alla milanese, il rosso dell'insalata di pomodori o degli spaghetti con salsa di pomodori, il verde dei broccoli, il bianco dei fagioli toscani, il violavescovo dei polpi bolliti, l'oro delle fettuccine
25 al doppio burro, sono tutte tinte pulite, nette, pure come i colori delle bandiere o i pastelli dei bambini. Le pizze sono tavolozze di pittori pronti a ritrarre un tramonto estivo. I vini sono sfavillanti come gioielli quando il sole splende at-
30 traverso i bicchieri...
Un buon pasto è, in Italia, migliore di qualsiasi cosa si possa mangiare nei Paesi più efficienti del Nord, migliore che in Spagna, infinitamente migliore che in Grecia.

Luigi Barzini, *Gli Italiani*,
Mondadori, Milano.

Osservazioni grammaticali

- *qualche* famoso ristorante
- *alcune* trattorie
- *ogni* ingrediente
- un buon pasto è, in Italia, *migliore di qualsiasi cosa si possa mangiare...*
- *migliore che* in Spagna
- *migliore che* in Grecia

Per la conversazione

- Quali sono, secondo l'autore, le caratteristiche principali della cucina italiana?
- Non vi sembra che l'autore sia un po' troppo ottimista riguardo alla genuinità della cucina italiana?
- Quali sono i piatti più tipicamente italiani? Tentate di farne un elenco commentato, regione per regione, dal Piemonte alla Sardegna.
- Quali sono i principali vini italiani?
- Quali sono i prodotti alimentari italiani più conosciuti ed apprezzati all'estero?
- Come può spiegarsi il successo incontrato dalla cucina italiana presso il pubblico straniero?

Testo 8

Una partita di calcio

Don Camillo, parroco di un paesino dell'Emilia, ha organizzato una partita di calcio che opporrà i giocatori della « Gagliarda » – squadra della Chiesa – ai giocatori della « Dynamos », squadra di Peppone, il sindaco comunista locale. Stretta compenetrazione fra ardore calcistico e ardore politico.

Per la festa d'inaugurazione don Camillo aveva preparato un programma in gamba: canti corali, gare atletiche e partita di calcio. Perché don Camillo aveva messo assieme una squadra semplicemente formidabile, e fu, questo, un lavoro cui don Camillo dedicò tanta passione che, fatti i conti, alla fine degli otto mesi di allenamento, le pedate che don Camillo aveva dato da solo agli undici giocatori, risultarono molto più numerose delle pedate che gli undici giocatori messi assieme erano riusciti a dare a un solo pallone.
Peppone sapeva tutto e masticava amaro, e non poteva sopportare che un partito il quale rappresentava veramente il popolo, dovesse risultare secondo, nella gara iniziata con don Camillo a favore del popolo... Fatti chiamare gli undici ragazzi della squadra sportiva sezionale e appiccicatili sull'attenti contro il muro fece loro questo discorso: « Giocherete con la squadra del prete. Dovete vincere o vi spacco la faccia a tutti! È il partito che lo comanda per l'onore del popolo vilipeso! »
« Vinceremo! », risposero gli undici che sudavano per la paura...
E venne il momento della partita. Maglia bianca con grande « G » nera sul petto gli undici della Gagliarda. Maglia rossa con falce e martello e stella intrecciati con una elegante « D » gli undici della Dynamos.
Il popolo se ne infischiò dei simboli e salutò le squadre a modo suo:
« Viva Peppone! » o « Viva don Camillo! ».

In alto.
L'attore francese
Fernandel e
l'italiano
Gino Cervi,
protagonisti del
film « Don Camillo »,
ispirato al libro
omonimo di
Guareschi e
realizzato dal
regista Duvivier.
A fianco.
Marcello
Mastroianni,
nella parte del
commissario,
nel film: « La
donna della
domenica » di
Luigi Comencini,
tratto dal romanzo di
Fruttero e Lucentini.
Il film è
ambientato a Torino.

Peppone e don Camillo si guardarono e con molta dignità si salutarono chinando leggermente il capo.

Arbitro neutro: l'orologiaio Binella apolitico dalla nascita. Dopo dieci minuti di gioco il maresciallo dei carabinieri pallido come un morto si avvicinò a Peppone seguito dai due militi parimenti esangui. « Signor sindaco », balbettò, « crede opportuno che telefoni in città per avere rinforzi? »...

Giovanni Guareschi, Mondo piccolo, Don Camillo,
Rizzoli, Milano.

Osservazioni grammaticali

- *fatti* chiamare gli undici ragazzi... e *appiccicatili* sull'attenti...
- non poteva sopportare che un partito... *dovesse* risultare secondo
- crede opportuno che *telefoni* in città?

Per la conversazione

- In che modo Don Camillo ha preparato i suoi giocatori?
- Commentate lo stato d'animo di Peppone e la sua magnifica esortazione ai calciatori.
- Commentate i colori e i simboli delle maglie sportive.
- Perché il popolo si infischiava dei simboli?
- In che cosa consiste la neutralità dell'arbitro?
- Notate l'umorismo contenuto nelle espressioni « pallido come un morto », « due militi parimenti esangui ».
- Come finirà, secondo voi, una partita cominciata sotto tali auspici?
- I personaggi di Peppone e di don Camillo sono universalmente conosciuti, grazie anche alle trasposizioni cinematografiche che ne sono state fatte. Dite ciò che sapete su di loro ed analizzate i sentimenti reali che li uniscono ad ogni momento.

Testo 9

Beata burocrazia

Al Commissariato del quartiere, gli altri uffici funzionavano come al solito.

« Va bene, la lasci a me » disse l'agente di servizio ai certificati, esaminando la domanda in carta da bollo. Prese la matita, e prima di accantonare il foglio cancellò una parola.

« Perché? » chiese insospettita la grassona.

« Cos'ha levato? »

« Niente, stia tranquilla, » disse l'agente. Poi, sotto lo sguardo minaccioso e per niente convin-

to del donnone, riprese rassegnato il foglio e glielo porse. « Vede? È lo stesso. »

« "Ivi residente" andava benissimo, » disse provocatoria la donna. « Perché ha levato "ivi"? »

Di fronte alla contestazione, a qualsiasi contestazione, l'agente Ruffo aveva imparato a subire. « Vede, » cominciò a spiegare con pazienza, lei ha scritto: "La sottoscritta Bertolone Teresa"...».

« Lo credo, » disse il donnone in tono di sfida. « Sono Bertolone Teresa. »

« No, » disse l'agente, « dicevo... "Bertolone Teresa, nata a Villanova d'Asti il 3/11/1928, e"... »

« E con questo? »

« Ma mi lasci parlare! » si spazientì l'agente, che alla fine era un uomo anche lui. « "Nata a Villanova d'Asti il giorno tale anno tale, e ivi residente a Torino in via Bogino 48"! L'"ivi" non ci va!... » gridò. « È uno sbaglio!... Lo vuole capire?... »

La Bertolone lo guardò a bocca aperta. Poi si voltò alla coppia seduta nell'angolo, come per prenderla a testimone dell'enormità del sopruso. Infine rimise il foglio davanti all'agente Ruffo, puntando l'indice sulla cancellatura.

« A Villanova abbiamo sempre messo così, e ai carabinieri gli è sempre andato bene. Perché a voi no? »

L'agente Ruffo si sentì correre un brivido nella schiena. Aveva trasceso un istante contro un cittadino, ed eccolo già intrappolato nel micidiale paragone tra gli abusi della polizia e la classica correttezza, l'ineccepibile comportamento dei carabinieri. Frugò tra le carte e i timbri, trovò la gomma, e cancellò con lenta deliberazione la precedente cancellatura. Ecco fatto.

« Come vuole lei, signora, » disse freddo. « E arrivederla, » aggiunse educato, mentre l'altra se ne andava senza salutare.

C. Fruttero - F. Lucentini, La donna della domenica,
Mondadori, Milano.

Osservazioni grammaticali

- *la lasci* a me...
  stia tranquilla
  mi lasci parlare ecc.
  Osservate l'uso della forma di cortesia e riprendete tutte le battute del dialogo adoperando la forma pronominale « tu »

Per la conversazione

- Tracciate il ritratto fisico e psicologico dei due

protagonisti e mettetene in evidenza le caratteristiche essenziali.
- Commentate le espressioni seguenti: « abusi della polizia », « classica correttezza », « l'ineccepibile comportamento dei carabinieri », e dite se gli Italiani hanno davvero questa opinione della loro polizia e dei loro carabinieri?
- Qual è esattamente la funzione dei carabinieri nella società italiana?
- Movendo dal testo, dite ciò che sapete sull'uso e l'abuso della carta da bollo in Italia.

Testo 10

Dialogo fra sordi

Il signor Veneranda si fermò davanti al portone di una casa, guardò le finestre buie e spente e fischiò più volte come volesse chiamare qualcuno.

A una finestra del terzo piano si affacciò un signore.

« È senza chiave? » chiese il signore gridando per farsi sentire.

« Sì, sono senza chiave » gridò il signor Veneranda.

« E il portone è chiuso? » gridò di nuovo il signore affacciato.

« Sì, è chiuso » rispose il signor Veneranda.

« Allora le butto la chiave. »

« Per far cosa? » chiese il signor Veneranda.

« Per aprire il portone » rispose il signore affacciato.

« Va bene » gridò il signor Veneranda, « se vuole che apra il portone, butti pure la chiave. »

« Ma lei non deve entrare? »

« Io no. Cosa dovrei entrare per fare? »

« Ma non abita qui, lei? » chiese il signore affacciato, che cominciava a non capire.

« Io no » gridò il signor Veneranda.

« E allora perché vuole la chiave? »

« Se lei vuole che le apra il portone dovrò pure aprirlo con la chiave. Il portone non posso mica aprirlo con la pipa, le pare? »

« Io non voglio aprire il portone » gridò il signore affacciato « io credevo che lei abitasse qui: ho sentito che fischiava. »

« Perché tutti quelli che abitano in questa casa, fischiano? » chiese il signor Veneranda, sempre gridando.

« Se sono senza chiave, sì! » rispose il signore affacciato. 55

« Io sono senza chiave » gridò il signor Veneranda.

« Insomma si può sapere cosa avete da gridare? Qui non si può dormire » urlò un signore affacciandosi a una finestra del primo piano. 40

« Gridiamo perché quello sta al terzo piano e io sto in strada » disse il signor Veneranda « se parliamo piano non ci si capisce. »

« Ma lei cosa vuole? » chiese il signore affacciato al primo piano. 45

« Lo domandi a quello del terzo piano cosa vuole » disse il signor Veneranda, « io non ho ancora capito: prima vuol buttarmi la chiave per aprire il portone, poi non vuole che apra il portone, poi dice che se io fischio debbo abitare in questa casa. Insomma io non ho ancora capito. Lei fischia? » 50

« Io? Io no... perché dovrei fischiare? » chiese il signore affacciato al primo piano. 55

« Perché abita in questa casa » disse il signor Veneranda, « l'ha detto questo del terzo piano che quelli che abitano in questa casa fischiano! Be', ad ogni modo non mi interessa, se vuole può anche fischiare. »

Il signor Veneranda salutò con un cenno del capo e si avviò per la sua strada brontolando che quello doveva certamente essere una specie di manicomio.

Carlo Manzoni, *Il signor Veneranda*, Rizzoli, Milano.

Osservazioni grammaticali

- è senza la chiave?
- allora *le* butto la chiave...
- ma *lei* non *deve* entrare? ecc.
- notate l'uso della forma di cortesia in tutto il testo
- riprendete le battute del dialogo adoperando la forma pronominale « tu » 60

Per la conversazione

- Sotto quale forma si presenta il testo?
- Dove si trovano i due protagonisti? A quale momento della giornata?
- Il dialogo ha luogo, secondo voi, in una grande o in una piccola città? Giustificate la vostra affermazione.
- Perché il dialogo ha un'andatura quasi surrealistica?
- In qual modo viene introdotto il terzo personaggio? A cosa serve il suo intervento?
- Non pensate che Carlo Manzoni voglia fare una specie di parodia dell'« incomunicabilità »?
- Raccontate un dialogo animato del quale siate stati attori o spettatori.

Testo 11

Stornelli toscani [1]

1 **P**eschi fiorenti
  ho canzonato diciannove amanti,
  ho canzonato diciannove amanti,
  e se canzono voi saranno venti.
5 Colgo la rosa e lascio star la foglia,
  ho tanta voglia di far con te l'amor.
  Fior di susino,
  se passeggi per me passeggi invano;
  se passeggi per me passeggi invano;
10 senz'acqua non si macina al mulino.
  Fior di granato,
  prendetelo, prendetelo marito,
  prendetelo, prendetelo marito,
  se avete da scontar qualche peccato!
15 Fior di trifoglio,
  giovanottino vi prendete abbaglio,
  giovanottino vi prendete abbaglio:
  non è ancor seminata l'erba « voglio ».

Fior di giacinto,
un uomo che di sé chiacchiera tanto,
un uomo che di sé chiacchiera tanto,
io non lo piglierei nemmen dipinto.
Oh quanta frutta,
la donna innamorata è mezza matta,
la donna innamorata è mezza matta,
quando ha preso marito è matta tutta.

1. Lo stornello è una forma di canto popolare toscano e romanesco, composto di due endecasillabi preceduti da un quinario, che contiene per lo più l'invocazione a un fiore; mentre il primo verso rima col terzo, il secondo è in assonanza con gli altri due.

Per la conversazione

- Mettete in evidenza il tono malizioso e scanzonato di questi stornelli che presentano un volto inedito e disinvolto della donna italiana.
- Confrontate questi stornelli con altri canti popolari italiani in cui la condizione femminile viene presentata in maniera più grave e, talvolta, più realistica. Cfr., per esempio, « La Malcontenta » e « Il lamento della sposa » (regione toscana).

ho can-zo-na-to di-cian-no-ve a-man-ti, ho can-zo-na-to di-cian-no-ve a-

-man-ti,___ e se can-zo-no voi sa-ran-no ven-ti.

Intermezzo

Giochi storico-matematici

1. Sottrarre a quelli della spedizione di Garibaldi in Sicilia quelli della famosa carica di Balaklava in Crimea e aggiungere quelli, giovani e forti, che sono morti a Sapri con Pisacane. Quindi aggiungere i famosi moschettieri e dare il totale.
2. Aggiungere ai giorni in cui Napoleone regnò ancora dopo la fuga dall'Elba il numero delle pugnalate inferte dai congiurati a Giulio Cesare. Quindi sottrarre i Re di Tebe e dividere per i fratelli Bandiera. Totale?
3. Aggiungere alle giornate di Brescia contro gli Austriaci le giornate di Napoli contro i Tedeschi nel 1943. Sottrarre poi tutti i Papi di nome Pio e i fratelli Cairoli. Totale?
4. Aggiungere al numero dei Re di Roma quello dei campioni italiani alla disfida di Barletta e il numero degli anni della guerra di Troia. Dividere poi per le caravelle di Colombo.
5. Sottrarre ai milioni di baionette di Mussolini gli apostoli e aggiungere i componenti di un tenebroso Consiglio veneziano, più gli Umberti di Savoia dopo l'unità d'Italia Totale?
6. Sommare gli Orazi ai Curiazi, dividere per i Napoleoni e aggiungere le giornate di Milano nel 1848. Totale?
7. Prendere tutti i Luigi di Francia, moltiplicarli per tutti i Vittorio Emanuele di Savoia re d'Italia, sottrarre i Cavalieri dell'Apocalisse e aggiungere tutte le Elisabette d'Inghilterra. Totale?
8. Sottrarre al numero dei chilometri percorsi dal messo ateniese per annunciare la vittoria di Maratona tutti gli imperatori romani. Aggiungere gli anni della guerra tra Francia e Inghilterra iniziata nel 1339 e il numero degli italiani che combatterono a Dogali nel 1887 agli ordini di De Cristoforis. Totale?

Soluzioni

1. $1000 - 600 + 300 + 3 = 703$
2. $100 + 23 - 7 : 2 = 58$
3. $10 + 4 - 12 - 2 = 0$
4. $7 + 13 + 10 : 3 = 10$
5. $8.000.000 - 12 + 10 + 2 = 8.000.000$
6. $3 + 3 : 3 + 5 = 7$
7. $18 \times 2 - 4 + 2 = 34$
8. $42 - 12 + 100 + 500 = 630$

Paolo Villaggio, *Come farsi una cultura mostruosa*, Bompiani, Milano.

Testo 12

Perugia

Perugia è in vetta a una collina, tra una raggiera di vallette e di dossi scendenti al piano; l'aria tra le sue strade è tonica, quasi aria di montagna, e dà la felicità fisica. La stupenda Fontana Maggiore di fianco al Duomo, ornata di sculture di Nicola e Giovanni Pisano e d'Arnolfo di Cambio, porta due versi latini che mi provo a tradurre: « O passante, mira la vita del fronte giocondo; se la guarderai attentamente, vedrai cose mirabili ».

Una visita alle botteghe degli artigiani, che concorrono a conservare parzialmente a Perugia l'antica impronta medievale, e ad un paio d'industrie nate dall'artigianato, ci hanno portato nel cuore della città. Perugia è la maggiore città dell'Umbria e ne è anche il prototipo. La sua via principale, corso Vannucci, si stende tra la bellissima piazza, in mezzo alla quale sorge la Fontana Maggiore, con le sue splendide sculture, e una terrazza che domina una vasta parte dell'Umbria. Vivace ed insieme teatrale, come spesso avviene in Italia, dove la strada è palcoscenico, il corso di Perugia è dunque tra una fontana e un panorama, e vi si respira un'aria gaia, dolce ed euforica... 25

Quasi tutte le strade di Perugia sono in pendenza, e perciò aprono visioni, da ogni lato, su vallette vicine o su più lontani orizzonti; oltre a mostrare vecchie case e palazzi dall'alto in basso, con inusitati scorci. Molte città italiane avevano, e in parte hanno ancora, strade dai nomi suggestivi; ma Perugia più delle altre, e con uno stile speciale. Ecco un elenco di nomi: via Graziosa, via Benedetta, via Amena, via Deliziosa, via Favorita, via Grata, via Nebbiosa, via Armonica; oppure: via del Merlo, del Canarino, della Pernice, della Tartaruga, del Grillo, del Cotogno, dell'Ulivo, della Cometa. In questa piccola costellazione di nomi si riflette il grazioso estetismo dell'Umbria. 40

30

35

Guido Piovene, *Viaggio in Italia*, Mondadori, Milano.

Osservazioni grammaticali

- *in* vetta *a* una collina
- dossi scendenti *al* piano
- *di* fianco *al* duomo
- *nel* cuore *della* città
- sono *in* pendenza
- *dall'*alto *in* basso

Perugia: la Fontana Maggiore, splendida opera di Nicola e Giovanni Pisano, sec. XIII.

- Quali sono gli elementi che fanno di Perugia una città « gaia, dolce ed euforica »?
- Perché Perugia è il « prototipo » dell'Umbria?
- Perché quasi tutte le strade di Perugia sono in pendenza?
- Commentate i due versi iscritti nella Fontana Maggiore di fianco al Duomo.
- Quali informazioni ci dà il testo sull'artigianato a Perugia?
- Conoscete altre città dell'Umbria? Parlatene e cercate di mettere in evidenza le caratteristiche paesistiche ed artistiche di questa incantevole regione italiana.

Testo 13

Il commendatore in vacanza

1 Il commendatore ha fatto sapere che oggi andrà al mare. Le cure del suo ufficio, le sue molteplici occupazioni, le sue sedute straordinarie, gli concedono un giorno di vacanza. O meglio è
5 stato lui che ha voluto concedersi un giorno di libertà e ha deciso di recarsi al mare con la moglie. Lo ha detto a tutti, subordinati, dipendenti, amici. Il bagnino, già avvisato, si aggira nei pressi del casotto di proprietà esclusiva del-
10 la famiglia del commendatore, ha preparato sedie a sdraio, ombrelloni, sandali e cuscini a fiorami. È imminente l'arrivo del commendatore con la moglie. Arriverà sulla grossa macchina fornitagli dallo Stato, con l'autista in spolveri-
15 no bianco orlato di blu.

Eccolo. È sceso dalla macchina, senza giacca, con gli avambracci bianchi esposti al sole. Il commendatore riposa da anni in una dolce maturità di corpo e di spirito. Ha più di cinquan-
20 ta anni, ma si mantiene in un clima giovanile e sbarazzino. Porta una maglietta avana con le maniche corte. E non dimentica mai, pur nei momenti di intimità familiare, chi è lui. Si concede degli svaghi, non disdegna di mescolarsi
25 alla folla anonima dei bagnanti, ma tiene sempre presente chi è. Sorride bonario, risponde con cordiali cenni ai saluti, espone la pancia al sole proprio come gli altri bagnanti che non sono affatto importanti, ma vuole assolutamente
30 che si sappia in giro chi è lui. Gli si legge in viso. Vuole che sia ben chiaro il seguente concetto: lui viene al mare, fa il bagno come tutti gli altri, è disposto ad essere gentile col vicino di

cabina che non è affatto da paragonarsi a lui, ma lui è importantissimo e gli altri no. Vuole che questo si sappia, lo esige. Non tollererebbe che la gente ignorasse la sua importanza.

Il commendatore si sdraia sulla sabbia calda, punta il gomito per terra, appoggia il viso sulla mano...

Egli si china a raccattare paperelle di gomma, coccodrilli colorati, badili e secchielli dei suoi bambini che aiuta a costruire castelli e fortezze di sabbia; e vuole che gli astanti osservino questi suoi gesti familiari, apprezzino che un uomo della sua tempra, con le sue amicizie, compia dei gesti di quel genere, così carini, lo esige, altrimenti si urta...

Passa un giovanotto di corsa, quasi urta contro i piedi del commendatore, prosegue senza guardarlo.

« Sciocco », pensa il commendatore, « egli passa e non mi guarda nemmeno. E non sa che io potrei, se volessi, sistemarlo, fargli avere un posto, uno stipendio mensile. Potrei cambiare di colpo la sua situazione. In un momento; così, dal giorno alla notte. Per me sarebbe uno scherzo farlo assumere in un ufficio. Potrei anche farlo licenziare, rovinarlo, se volessi. In fondo io posso fare quello che voglio ».

Ercole Patti, Quartieri alti,
Bompiani, Milano.

Osservazioni grammaticali

- non dimentica mai *chi* è lui
- vuole che si sappia in giro *chi* è lui
- tiene sempre presente *chi* è
- *vuole* che si *sappia*
- *vuole* che *sia* ben chiaro
- *vuole* che gli astanti *osservino*
- *vuole* che gli astanti *apprezzino*
- non *tollererebbe* che la gente *ignorasse*

Per la conversazione

- Cercate di spiegare il significato preciso della parola « commendatore ».
- Quali sono le espressioni che l'autore ripete a più riprese? Quale significato esse assumono?
- Come si comporta il commendatore con gli altri? E gli altri con lui?
- Credete che il commendatore sia davvero così potente come pensa di essere? E perché ha un tale bisogno di insistere sulla sua superiorità sociale?
- Mettete in evidenza tutti gli elementi caricaturali contenuti nel testo e cercate di definire i rapporti che intercorrono fra l'autore e il suo personaggio.

Testo 14

Un industriale psicologo

Eucarpio Vanzaghi, uomo probo e serio, dirigeva un'industria. Non era commendatore. Godeva fama di psicologo, cioè di saper leggere nel cuore della gente, uomini e donne, grandi e piccini...

Il suo lavoro lo « assorbiva », non tuttavia fino a impedirgli, quando dava il caso, di adoperarsi per gli altri. Dacché l'acume psicologico e la sicurezza del giudizio, in Eucarpio, si accompagnavano alla bontà. Aveva cinquantacinque anni, un orologio d'oro al polso. Gli affari, spesso, lo mettevano in treno: allora, più che mai, consultava l'orologio. Aveva studiato, lavorato, perseverato: « lottava », come si suol dire: per sé, per i figli. Aveva moglie, tre figli: molto ben piantati, molto ben cresciuti. In casa, oltre le consuete provvidenze, c'era telefono e radio: acqua calda, tappeti. Tappetoni di Monza. La famiglia e il lavoro gli avevano procurato le « soddisfazioni » più alte, la sana gioia del vivere. Qualche frattura di gamba dell'uno o dell'altro figlio skiante, o qualche migliaio di lirette per le ripetizioni di matematica, non lo avevano eccessivamente inquietato. Poteva, poteva. Convinto fautore delle moderne cautele profilattiche, aveva offerto l'operazione dell'appendicite, oltreché a se stesso, a tutte le sorelle: come regalo di Natale: alle sorelle nel 1936, '37, '38: alla Giovanna, alla Emma, alla Teresa. La cosa era parecchio di moda nel 1920, ma le persone di giudizio tengono dietro alla moda con una certa ponderatezza: e nel frattempo, magari, la moda ha soffiato sulla sua girandola. Il fatto è che lo Zacchi, il chirurgo, aveva asportato alle tre signore tre magnifiche appendici. Alla clinica Biscaretti s'erano congratulati tutti, con ognuna delle tre degenti, per la bellezza e la rosea freschezza dell'ablata [1] appendice (un mignoletto lungo tanto) e per la rapidità della cicatrizzazione. Eran gente sana, i Vanzaghi: del nostro vecchio ceppo, e del meglio. Lo Zacchi si era congratulato con se stesso. La moglie di Eucarpio, signora Giuseppina, aveva rifiutato il regalo:

« Fattela aprir tu, la tua panciaccia: io non ne sento per nulla il bisogno ».

Viveva, Eucarpio, in una città industre, dove lo spettacolo della operosità comune è lieto incitamento a operare, e conforto a vivere. Quali erano le persone più vicine al suo cuore, dopo la moglie e i figlioli? Erano le sorelle, i cognati, i cugini, i nipoti, gli abiatici [2] e i parenti tutti: le mogli dei cugini e i mariti delle cugine.

Carlo Emilio Gadda, *Accoppiamenti giudiziosi*, Garzanti, Milano

1. dal latino *ablatus-a-um* = rimossa, tolta, asportata.
2. *abiatici* = nipoti = figli dei figli (voce diffusa in Lombardia).

Osservazioni grammaticali

- Rilevate e commentate i moduli linguistici più saporiti ed espressivi del testo
- per *sé*
- oltreché a *se stesso*
- si era congratulato con *se stesso*
- nel 1936, '37, '38
- nel 1920
- tappet*oni*
- lir*ette*
- mignol*etto*
- panci*accia*

Per la conversazione

- Confrontate il personaggio di Eucarpio Vanzaghi con il commendatore del testo precedente: similitudini e differenze.
- Le « soddisfazioni » dell'industriale.
- L'ironia dell'autore dinanzi alle « cautele profilattiche » dell'industriale-psicologo.
- Commentate la frase seguente: « Viveva, Eucarpio, in una città industre, dove lo spettacolo della operosità comune è lieto incitamento a operare, e conforto a vivere ».
- Mettete in rilievo tutti gli elementi realistici che si intravedono nel testo al di là della caricatura e dell'allegra ironia.

Testo 15

La vigna vecchia

Mi son seduto per terra   1
accanto al pagliaio della vigna vecchia.
I fanciulli strappano le noci
dai rami, le schiacciano tra due pietre.
Io mi concio le mani di acido verde,   5
mi godo l'aria dal fondo degli alberi.

Leonardo Sinisgalli, *La vigna vecchia*, Mondadori, Milano.

Per la conversazione

- Mettete in rilievo la freschezza delle immagini e il senso di intima felicità che traspare da questi sei versi del poeta lucano.

Ninetta l'ha guardato!

1 Era accaduto a Giovanni un fatto così enorme
che, se l'avesse semplicemente sognato, egli sarebbe rimasto un mese sottosopra, e ogni notte
sarebbe entrato nel letto col batticuore, temen-
5 do di avere per una seconda volta quel sogno
piacevole e pauroso.
La signorina Maria Antonietta, dei marchesi di
Marconella, lo aveva guardato!
Tutto qui? diranno i nostri lettori.
10 Tutto qui! Ma non è poco, e spieghiamo perché. E innanzi tutto, diciamo che la nobile signorina toscana non aveva guardato Giovanni
Percolla di sfuggita, con quello sguardo che ci
passa sulla faccia come un barlume di sole ri-
15 mandato da un vetro che venga chiuso o aperto: ma, al contrario, lo aveva guardato in pieno viso, al disopra del naso, forse negli occhi,
ma non proprio nelle pupille, piuttosto fra i so-
praccigli e la fronte, ch'era la parte della perso-
20 na in cui Giovanni preferiva di essere guardato,
e che metteva subito avanti nella sala del foto-
grafo, sebbene costui gli dicesse affettuosamen-
te: « Ma così mi venite come un bue! ». E in
tal modo, non lo aveva guardato per un istante,
25 ma per un intero minuto, e così attenta e com-
piaciuta che era graziosamente inciampata in
una bambina che le camminava davanti.
Bisogna poi aggiungere che la storia più importante di Catania non è quella dei costumi, del
30 commercio, degli edifici e delle rivolte, ma la
storia degli sguardi. La vita della città è piena di
avvenimenti, amicizie, risse, amori, insulti, solo
negli sguardi che corrono fra uomini e donne;
nel resto, è povera e noiosa. Del segretario della
35 Provincia, Alberto Nicosia, morto nella vasca
da bagno un pomeriggio di domenica, la signora
Perretta, dopo cinque giorni di dolore forsen-
nato, ricordò tutta la vita, e i rapporti che lo
legavano a lei, con queste semplici parole « Ah,
40 come mi guardava! ».

Vitaliano Brancati, *Don Giovanni in Sicilia*,
Bompiani, Milano.

Osservazioni grammaticali

- *lo* aveva guardato
- sebbene costui *gli* dicesse
- che *le* camminava davanti
- e i rapporti che *lo* legavano a *lei*

Per la conversazione

- Qual è il valore della continua ripetizione del
verbo *guardare* e del sostantivo *sguardo*?

- Perché l'autore sottolinea a due riprese che Ni-
netta è nobile e toscana?
- Perché lo sguardo della ragazza turba a tal punto
l'animo di Giovanni?
- Quale ambiente sociale e psicologico suggerisce
la frase « la storia più importante di Catania non
è quella dei costumi, del commercio, degli edifici
e delle rivolte, ma la storia degli sguardi »?
- In che modo si manifesta l'ironia dell'autore nei
diversi paragrafi del testo? È un'ironia critica,
mordace, divertita o distaccata?
- Vi sembra ancora attuale il mito del Don Giovanni meridionale? In cosa consiste questo mito?
- Non vi sembra che l'autore metta malizisiamen-
te in risalto la natura tutta fantastica e velleitaria
del dongiovannismo siciliano?
- Come può essere considerata la donna in questo
ambiente chiuso e provinciale dove solo gli sguardi fanno la storia?

Come si lancia un dentifricio

Mi trovavo ad un meeting. Si trattava di un
nuovo dentifricio che non avendo alcuna particolare qualità, bisognava lanciare come un dentifricio di gran classe, per un pubblico di gran
classe. Prezzo alto. Confezione di lusso. Nessun concorso. Un manifesto con Lui in smoking, Lei in abito da sera. Dalla finestra si vedeva, in lontananza, una caccia alla volpe. In
primo piano un candeliere d'argento. Da qualche parte una tenda di velluto rosso. Qualcuno
propose « Dental Cream pour l'élite ». Niente
parole straniere. Pubblico di gran classe ma
analfabeta. Un altro ripiegò su « Il dentifricio
che più piace a chi più esige », dopo essere passato attraverso « Il dentifricio che esige clienti
esigenti ». Troppe esigenze. Il solito "account"
propose « Il dentifricio che vi distingue ». Era
uno slogan che proponeva sempre. « La lavatrice che vi distingue » « La lametta che vi distingue ».
Per tutti i prodotti. Senza distinzione. Io avevo
nella mia borsa la carta vincente ma aspettavo
a tirarla fuori. Per stimolare le nostre capacità
inventive, ci fecero assaggiare il dentifricio.
Strizzarono bianchi vermetti su piattini e noi,
con il dito, ne passammo una puntina sulla lingua. Sapeva di dentifricio. Ma di dentifricio
quando manca all'improvviso l'acqua, lo spazzolino s'aggruma e la schiuma si incrosta sulle
labbra che diventano quelle di un clown. Arrivarono poi i dentifrici della concorrenza. Do-

I manifesti « autogestiti » della rivista milanese « Panorama »,
una trovata pubblicitaria che ha suscitato vivo interesse.

vemmo assaggiarli tutti. Dopo tre ore, con la
bocca che sapeva di otturazione provvisoria, la
lingua di velluto, il fiato farmaceutico, mi alzai
e parlando a fatica, perché la punta della lingua era diventata un lampone, dissi: « Fignori,
queſta è la mia propoſta. » E presentai (invece
del mio slogan « Un nobile dentifricio per un
nobile sorriso ») una poesia d'amore che Lis
aveva scritto per me e infilata di nascosto fra le
mie carte. Una parafrasi ingenua di Neruda.[1]
E, sotto, un disegnino osceno con le parole « Io
e te ». Ci fu un attimo di perplessità generale.
Poi ebbi una illuminazione che mi salvò. Dissi
che quella era soltanto un'idea ma che secondo
me era l'unica che portasse a un risultato positivo e cioè: Lui e Lei nudi. Tra i due un tubetto
di dentifricio raggiante. Il tutto attraversato
dalla dicitura « Io e te con lui ». Ebbi un ap-
plauso. L'idea fu approvata all'unanimità. Ebbe inizio così l'era del nudo pubblicitario.

Marcello Marchesi, *Il malloppo*,
Bompiani, Milano.

1. *Pablo Neruda*: grande poeta cileno, nato nel 1904 e
scomparso nel 1973.

Osservazioni grammaticali

- un manifesto con *Lui* in smoking, *Lei* in abito da
  sera
- una poesia d'amore che Lis aveva scritto per *me*
- *io* e *te;* secondo *me; io* e *te* con *lui*
- *non* avendo *alcuna* qualità
- *nessun* concorso
- *niente* parole straniere

Per la conversazione

- Mettete in evidenza gli elementi realistici e gli
  elementi caricaturali contenuti nel testo.
- In cosa consiste l'ironia dell'espressione « niente
  parole straniere »?
- È stato detto che il sesso e l'erotismo sono le armi più sicure della pubblicità. Vi sembra che il
  testo possa giustificare questa duplice affermazione?
- Commentate le espressioni: « dentifricio di gran
  classe, per un pubblico di gran classe ». « Pubblico di gran classe, ma analfabeta ».

Testo 18

Cronaca-pubblicità

1 Ubriaco contromano
a 120 all'ora
          Tre morti e due feriti
          stanotte in pieno centro
5 Si schiantano due bolidi
sull'asfalto romano
          Sette orfani innocenti
          una sciagura assurda
« Férmati, pazzo, férmati »
10 urlavano sulla spider
          Di giorno la nevrosi
          di notte Roma è giungla
Arrestato un recluso
che evase da Regina Coeli
15   *Hanno rubato l'auto*
          alle suore dei carcerati

Quattro ragazzini
svaligiano la scuola
          Accoltella un autista
          che gli chiedeva strada
È deceduta la signora
investita dal pirata
          Per colpa di due dita
          camminerà col bastone
Rapina a mezzogiorno
davanti a San Giovanni
          Svedese e americana
          scippate all'Aventino
Dibattito sui danni
della cattiva amministrazione
          Irruzione della Mobile
          in una bisca clandestina

...una città come le altre dove la vita continua:
Nati maschi 106, femmine 77, matrimoni 139
Sposa in carcere la ragazza un giovane di 21 anni   35
ANTICIPAZIONI massime su PEGNO
Saldo Generale Per Autunno Inverno
Corsi per direttori di aziende industriali
Corsi professionali per *Estetiste* specializzate
VENDITA FALLIMENTARE ULTIMI GIORNI   40
Verde + Tranquillità + Signorilità + Residenziale
          minimo contante dilazione TRENTENNALE

Per la pulizia della *Dentiera* un liquido *Smagliante*
6000 prezzi bassi alla Romana Supermarkets
Avviatissimo negozio ventennale abbigliamento   45
          uomo donna bambini cedo causa matrimonio
Desidererei sposare alta bella intelligente
          multidotata anche piccolo difetto
Gattina biancogrigia coda mozza smarrita
          lauta mancia telefonando notizie o riportando   50
Extralusso giovanissima massaggiatrice esperta
          metodo brillante - effetti prodigiosi...

...una città come le altre dove la vita continua...

Elio Filippo Accrocca, *Roma, così*,
De Luca, Roma.

26

- Ricollegate questa orgia di parole al testo precedente e commentate le caratteristiche del linguaggio cronachistico e di quello pubblicitario.
  Finiremo col parlare tutti un linguaggio stereotipato, neologistico e standardizzato?
  Esprimete chiaramente le vostre opinioni in proposito.

Testo 19

L'Italia e i rumori

(In Italia) il baccano è assordante. La gente chiacchiera, fischia, bestemmia, canta, impreca, grida, urla, piange, si chiama, conduce a gran voce complicate discussioni o trattative delicate. Le madri gridano parole tenere ai loro figlioletti e invitano gli astanti ad ammirare e ad osservare il fascino o la testardaggine dei loro tesori. Altre madri chiamano i figli dalle finestre agli ultimi piani, con un volume di voce che raggiunge la provincia più vicina. Le campane fanno cadere profonde note bronzee dalla sommità del sovrastante campanile, soffocando ogni altro suono. Allora ogni conversazione cessa. Qualcuno, nel vicinato, si sta sempre esercitando con la cornetta o con il trombone. A volte lo stesso motivetto popolare o la stessa famosa aria d'opera sembrano giungere, si direbbe, da ogni parte, dalle radio in ogni negozio, dalle finestre aperte degli appartamenti, di sotto i tavolini dei caffè, dalle tasche degli avventori, dall'addome delle massaie di passaggio. Vespe, automobili, motociclette, autocarri passano con motori ruggenti.

L'aria è in effetti così piena di frastuono che in genere si deve parlare a voce molto alta per essere capiti, accrescendo di conseguenza lo strepito generale. Gli altoparlanti degli aeroporti sono messi al massimo, così forti che non emanano più parole ma boati infernali, assolutamente incomprensibili. Gli innamorati in tutto questo baccano, sono spesso costretti a bisbigliarsi « Ti amo » nello stesso tono di voce degli strilloni che vendono i giornali della sera. Risulta che italiani sul letto di morte, in camere che danno su piazze o vie particolarmente rumorose, hanno rinunciato a esprimere le loro ultime volontà o a dare gli estremi consigli ai parenti in lacrime, essendo troppo deboli per farsi sentire. Si tratta, quasi sempre, di uno strepito gaio e felice, intensificato dalle strade strette, dalle mura di pietra, non attutito dalla fronda degli alberi che mancano. Continua dall'alba fino alle ore piccole della notte, quando gli ultimi nottambuli si fermano sotto la finestra della tua camera da letto per discutere una delicata questione politica o la personalità di un comune amico, parlando contemporaneamente e con tutto il fiato che hanno in corpo. 45

Luigi Barzini, *Gli Italiani*,
Mondadori, Milano.

Osservazioni grammaticali

- la rad*io* → le rad*io*
- *soffocando* ogni altro suono
- *accrescendo* lo strepito generale
- *essendo* troppo deboli per...
- *parlando* contemporaneamente
- si sta *esercitando*

Per la conversazione

- In che modo l'autore giustifica l'affermazione: « il baccano è assordante »?
- È vero che in Italia la gente chiacchiera, fischia, bestemmia, canta ecc. senza nessun ritegno?
- In che modo Luigi Barzini presenta le madri italiane? Luogo comune o realtà?
- Perché ogni conversazione cessa quando suonano le campane?
- Come viene presentata l'Italia canora? *sweet*
- In quali passaggi Luigi Barzini diventa chiaramente caricaturale?
- È vero che si tratta quasi sempre di « uno strepito gaio e felice »?
- Come appare il popolo italiano in questo testo?
- Siete d'accordo con l'autore? L'esuberanza italiana è solo e sempre una manifestazione della gioia di vivere? O non è piuttosto un mezzo come un altro per dimenticare i problemi dell'esistenza? Esprimete il vostro parere a questo riguardo.

Testo 20

Divertimenti familiari

Il signor Gino aveva comprato una macchina da presa ed una da proiezione e si divertiva a riprendere scene familiari, panorami ed altro. 1
« Adesso », disse il signor Gino, « vi faccio vedere un film che ho fatto quest'estate in campagna »... 5
Il signor Gino innestò alcune prese, schiacciò tre o quattro bottoni accendendo e spegnendo una mezza dozzina di lampadine. « Ora ci siamo », disse. « Quando dico di spegnere la luce, spegnete ». 10

Guardammo tutti verso lo schermo e il signor Gino disse: « Spegnete ».

Sprofondammo subito nel buio. Si sentì il fruscio della macchina da proiezione e un quadro vicino alla finestra si illuminò improvvisamente.

« Accendete », disse il signor Gino fermando la macchina.

Sua moglie accese la luce e il signor Gino disse che la macchina era un po' storta.

Raddrizzò la macchina e disse:

« Spegnete ».

Tornò il buio e lo schermo si illuminò pian piano.

Si sentì un boato e una signora si precipitò ad accendere la luce urlando.

« Cosa è successo? », balbettò la signora guardandosi attorno spaventata.

« Ma no », disse il signor Gino. « Mi ero dimenticato di dirvi che il film è sonoro ».

La signora tornò a sedere tranquillizzata e il signor Gino disse ancora di spegnere la luce.

Poi si sentì di nuovo il boato di prima e sullo schermo cominciò a lampeggiare.

« C'era il temporale », disse uno, ma poi i lampi cessarono e si vide il piede di un bambino.

« Augustino », disse il signor Gino e tutti applaudirono contenti, ma il piede sparì improvvisamente e apparve mezza testa dal naso in su.

Il signor Gino disse che Augustino era la prima volta che si faceva cinematografare e non era capace di star dentro nel quadro, ma più avanti c'era riuscito. Vedemmo infatti una figura indistinta in mezzo alla nebbia, poi vedemmo la stessa figura fino al ventre e coi piedi in testa.

« Ma come ha fatto? », disse una signora.

Poi Augustino ritornò normale e ricominciò a tuonare e a lampeggiare.

« Accendete », disse il signor Gino. « Si è rotta la pellicola ».

Aggiustò la pellicola e tornammo a concentrare l'attenzione sullo schermo.

Vedemmo un albero e una palla, poi Augustino rovesciato che camminava sul soffitto.

« Accendete », disse il signor Gino. « Ho montato la pellicola a rovescio ».

Tornò la luce e commentammo il film mentre il signor Gino si affaccendava attorno alla pellicola.

Poi finalmente guardammo ancora lo schermo, sentimmo il rumore di un treno che passa su un ponte di ferro, due o tre lampi e buio assoluto.

« Sono saltate le valvole », disse il signor Gino.

« Mi dispiace che non possiamo vedere il film; sarà per un'altra volta ».

Al buio ci alzammo e cercammo di districarci dalla pellicola che si era aggrovigliata attorno alle nostre gambe.

Carlo Manzoni, *È sempre festa*, Rizzoli, Milano.

Osservazioni grammaticali

- macchina *da* presa
- macchina *da* proiezione
- *in* campagna
- *in mezzo alla* nebbia
- *dal* naso *in* su
- ho montato la pellicola *a* rovescio
- attorno *alle* nostre gambe

Per la conversazione

- Commentate le diverse fasi di questa piccola commedia familiare.
- Vi sembra che l'insuccesso "tecnico" della proiezione avvilisca e deluda il signor Gino?
- Come si comportano gli invitati durante la proiezione del film?
- Rilevate e commentate le battute più umoristiche del testo, come pure i gesti che le accompagnano.
- Quali sono le possibilità e i limiti del cinema da dilettante?
- Tentate di tracciare una breve storia della tecnica del cinema dal 1895 ai giorni nostri.

Testo 21

Milano

Fra le tue pietre e le tue nebbie fare
villeggiatura. Mi riposo in Piazza
del Duomo. Invece
di stelle
ogni sera si accendono parole.
Nulla riposa della vita
come la vita.

Umberto Saba, *Parole*, Einaudi, Torino.

Per la conversazione

- Commentate gli ultimi due versi della breve lirica:
  « Nulla riposa della vita
  come la vita »
  e dite in che modo anche una città industriale, nebbiosa e frenetica, può diventare un luogo sognato di « villeggiatura ».

Testo 22

Temi in classe

Mi telefonò dalla scuola, chiusa nella cabina di vetro.

« Presto, presto » mi disse « il titolo del tema è: "L'effetto della pubblicità sul pubblico" ».

« Come? » chiesi senza capire. Erano le otto e mezzo del mattino e per quanto l'Anna avesse avvertito che mi avrebbe telefonato il titolo del tema da svolgere in classe, perché glielo facessi io o quantomeno le suggerissi pensieri intelligenti, mi trovai perplessa. Lì per lì fare "presto, presto" un bel tema per telefono era difficile. Altri professori i titoli dei temi li davano con diversi giorni di anticipo e i genitori potevano lavorare con tutto comodo.

Avrei dovuto concentrarmi un momentino.

« Dunque » dissi « potresti scrivere più o meno questo... »

« Per carità, non dirmi quello che potrei scrivere » si stizzì lei « dimmi quello che devo scrivere, dèttami. Dài, fa' presto, c'è il bidello che mi guarda dalle scale ».

« Cosa c'è? » domandò ansioso il Bosi uscendo dal bagno e vedendomi tutta preoccupata. « È successo qualcosa? Qualcuna sta male? ».

« È l'Anna che vuole che le faccia il tema d'italiano. »

Mi strappò il ricevitore di mano: « Non se ne parli neppure » disse all'Anna « il tema devi farlo tu ».

« Presto, fatemi subito il tema! » gridò con voce soffocata l'Anna. Così il Bosi si mise a dettare. Lui era abituato a dettare gli articoli al telefono quando faceva l'inviato e andava in giro per il mondo. Di solito scriveva l'articolo alla svelta e poi lo dettava per telefono agli stenografi: ma se il tempo era poco gli capitava anche di improvvisare sui due piedi, senza nemmeno consultare gli appunti.

Così ora, all'Anna, gli zigomi ancora insaponati, il rasoio in una mano, il ricevitore del telefono nell'altra, la canottiera sopra i pantaloni del pigiama, dettava quali erano gli effetti della pubblicità sul pubblico.

Bravissimo. Non una ripetizione, e tutto un distillato di concetti, ora profondi ora arguti. Alla fine fece il predicozzo: « Guarda, Anna » disse « che non è una cosa seria fare così ».

Ma l'altra aveva già riattaccato.

Prese 6. Il professore, un giovane supplente con la barba, scrisse a commento: « Concetti interessanti che, tuttavia, andavano sviluppati di più ».

« Certo, con la premura che avevi, come facevo a sviluppare quei concetti? » si giustificò il Bosi. « D'altronde era un lavoro che avresti dovuto fare da sola. »

Ma l'Anna mi bisbigliò in un orecchio: « La prossima volta il tema lo fai tu, intesi? ».

Ed eccomi lì, un lunedì mattina, ad aspettare la telefonata davanti a una tazza di caffè.

Il Bosi era già uscito, ma la sera prima mi aveva detto minaccioso: « Guai a te se fai il tema. Cosa impara quella se i compiti glieli facciamo noi? È una cosa inaudita, senza senso ».

Geloso? Così diceva l'Anna. « È geloso perché ha paura che tu ti possa dimostrare più brava di lui. » E per quanto mi rendessi conto che giocava d'astuzia e che quel dettare i temi al telefono era poco serio, l'insinuazione mi stimolò a fare del mio meglio.

Il Bosi nel suo tema era stato un po' impersonale e concettoso: io avrei abbondato in estro e originalità. Siccome poi questa volta non c'era più il giovane supplente con barba, ma era ritornata l'anziana professoressa che durante le tumultuose assemblee cercava di far tacere gli studenti gridando accorata, con le braccia aperte: « In nome di Cristo! », mi sarei gettata nel pathos e nella retorica.

Verso le nove l'Anna mi telefonò. Era agitata. « Presto, presto, per carità, c'è il preside in giro. Dèttami subito! ».

« Dimmi almeno il titolo del tema! »

« Le differenze sociali. »

Oh, che bello! Come ero fortunata! Personalizzai il tema, spiegai quanto e come mi facessero soffrire le differenze sociali e terminai dicendo che delle volte mi veniva l'impulso di dimostrare aperta simpatia verso i non-privilegiati (negri, immigrati, eccetera), ma non lo facevo perché temevo che questo mio atteggiamento avrebbe potuto pur sempre essere ritenuto un atto di presunzione. Il sottolineare la mia simpatia verso "i diversi", in fondo in fondo, sarebbe stato razzismo.

« Sarebbe stato cosa? » chiese l'Anna nervosa.

« Razzismo. »

« Ciao, grazie. »

Prese 6 più. Ma al terzo tema la professoressa, a tutti quelli che ricordandosi improvvisamente di aver dimenticato una cosa importante a casa volevano telefonare, disse: « Mi spiace, ma questa volta non esce nessuno fino a quando non avrete consegnato il tema ». L'argomento era: « Turismo di élite e turismo di massa: considerazioni ».

« E tu come te la sei cavata? » (sottinteso: se

te la sei cavata, povera sciocchina) le chiedem-
mo il Bosi e io.
110 « Devo essere andata fuori tema » disse lei. E
ci riferì per sommi capi le idiozie un po' puerili (senz'altro fuori tema, oltre tutto) con cui
aveva affastellato il suo tema.
Ripeto: idiozie, banalità, non ci sono dubbi.
115 Prese 7, e ci disse: « Peccato, coi vostri temi mi
avete rovinato la media ».

Luisella Fiumi, Come donna, zero,
Mondadori, Milano.

Per la conversazione

- Riassumete il testo in stile indiretto.
- Svolgete, a vostra volta, un piccolo tema sui tre
  argomenti proposti dai professori:

1) « L'effetto della pubblicità sul pubblico ».
2) « Le differenze sociali ».
3) « Turismo di élite e turismo di massa: considerazioni ».

- Come si spiegano i tre diversi voti ricevuti dalla
  giovane studentessa? Perché « i pensieri intelligenti » e i « concetti, ora profondi ora arguti »
  sembrano meno apprezzati delle « idiozie un po'
  puerili »?

- Dite ciò che sapete sull'ordinamento scolastico
  italiano e commentate l'articolo 34 della Costituzione: « La scuola è aperta a tutti. L'istruzione
  inferiore impartita per almeno otto anni è obbli-
  gatoria e gratuita. I capaci e i meritevoli, anche
  se privi di mezzi, hanno diritto di raggiungere il
  grado più alto degli studi ».
  Articolo 34: mito o realtà!?

**Una riunione di alunni e genitori in un liceo milanese.
Le scuole italiane sono rette da un Consiglio di Istituto,
composto da insegnanti, personale non insegnante, genitori
e alunni, eletti a maggioranza.**

Capitolo 2

Mosso

Testo 1

La petite promenade du poète

Me ne vado per le strade
Strette oscure e misteriose:
Vedo dietro le vetrate
Affacciarsi Gemme e Rose.
Dalle scale misteriose
C'è chi scende brancolando:
Dietro i vetri rilucenti
Stan le ciane [1] commentando.

. . . .

La stradina è solitaria:
Non c'è un cane: qualche stella
Nella notte sopra i tetti:
E la notte mi par bella.
E cammino poveretto
Nella notte fantasiosa,
Pur mi sento nella bocca
La saliva disgustosa. Via dal tanfo
Via dal tanfo e per le strade
E cammina e via cammina,
Già le case son più rade.
Trovo l'erba: mi ci stendo
A conciarmi come un cane:
Da lontano un ubriaco
Canta amore alle persiane.

Dino Campana, *Canti orfici e altri scritti*,
Mondadori, Milano.

1. *ciana* (toscanismo) = popolana, donna pettegola, poco pulita, dagli atteggiamenti volgari (dal nome della protagonista del melodramma del sec. XVIII *Madama Ciana* di A. Valle).

Per la conversazione

- Commentate il valore dell'aggettivo « misterioso » due volte ripetuto nella prima parte della poesia.
- Non vi sembra che le *Gemme* e le *Rose* facciano un arguto contrasto con le « ciane », il « tanfo » e gli ubriachi?
- Perché il poeta ripete tre volte *via via via*? Che cosa vuole esprimere con quest'avverbio di rifiuto?
- Commentate il sentimento di liberazione che prende il poeta alla vista dell'erba:
    « Trovo l'erba: mi ci stendo
    A conciarmi come un cane ».
- A quale bisogno intimo ubbidisce questa passeggiata che assomiglia molto a una fuga?
- Non vi sembra che, nonostante tutto, vi sia in Campana una profonda attrazione per la città?
- « La petite promenade du poète ». Perché questo titolo francese? Fascino dell'esotico o motivazioni più profonde?

Testo 2

Modena: Ferrari e Maserati

Il modenese vive nel furor dei motori, e mescola alla sua passione il pittoresco, la speciale follia emiliana. Qui tocca il vertice la mania dei motori veloci ma essa è versata nella tecnica, nella precisione, e nell'atavismo di quello che fu uno dei nostri grandi centri artigiani. Fabbriche d'automobili, ma d'eccezione: Ferrari, Maserati, Stanguellini; non è soltanto un caso se si trovano tutte a Modena. Una visita a questi stabilimenti spalanca un curioso panorama umano fatto di tecnicismo, di spirito artigianale, di ossessione sportiva, di stravaganze personali. Alla Ferrari, per esempio, si fanno cento macchine all'anno e non più, i pezzi eseguiti a uno a uno. « Le macchine sono persone », mi confessa Ferrari, « ogni macchina ha un'anima, e fabbricarle è come prendere la cocaina. » Questi capolavori della tecnica automobilistica nascono in una agitazione romantica: il celebre costruttore si commuove al ricordo della sua gioventù, quando traversando l'Abruzzo in una gara, fu fermato dai lupi.
Curioso è anche Stanguellini, il trasformatore. Egli trasforma in automobili da corsa o da grande turismo comuni automobili Fiat, tappa intermedia verso la Ferrari e la Maserati. L'idea gli venne gareggiando con gli amici quand'era giovane; trasformava la propria macchina per vincere qualche gara. Non saprei immaginare industria più italiana, nata da un più preciso intuito degli italiani, tutti maniaci di primati.

Guido Piovene, *Viaggio in Italia*,
Mondadori, Milano.

Osservazioni grammaticali

- *si fanno* cento macchin*e*
- *ogni* macchin*a*
- *qualche* gara
- automobili *da* corsa
- automobili *da* grande turismo

Per la conversazione

- In che cosa consiste, per l'autore, « la speciale follia emiliana »?
- Quali sono le principali fabbriche automobilistiche di Modena?
- Partendo dal testo e ricorrendo anche alle vostre conoscenze personali, dite tutto ciò che sapete su Enzo Ferrari e sulle sue automobili.
- Commentate l'espressione di Enzo Ferrari: « ogni macchina ha un'anima, e fabbricarle è come prendere la cocaina ».

Il corridore austriaco Niki Lauda, campione del mondo 1975 di
Formula 1, controlla la sua Ferrari prima della partenza
in occasione del Gran Premio d'Italia a Monza.

Sopra.
La nuova
Ferrari 312 T 2.
A fianco.
Gianni Agnelli,
presidente della Fiat,
e l'ingegner
Enzo Ferrari osservano
un modello della
celebre casa
modenese.

Testo 3

Il sorpasso

Siamo sulla Via Aurelia, di domenica. Il protagonista (Gigi), si reca da Roma a Santa Marinella insieme con Ines (la sua ragazza) e a Tullio, un amico. Strada affollata. Il guidatore è esasperato a causa del comportamento troppo confidenziale di Tullio e Ines, e a causa di una vecchia giardinetta sovraccarica che rifiuta ostinatamente di lasciarlo passare.

1 Eravamo su un rettifilo che, in fondo, finiva in una salita. Sul lato destro avevo una siepe in cima ad un rialzo terreno, sul sinistro una fila di platani inchinati verso la strada, coi tronchi fasciati di bianco. Misi la terza, premetti a fondo
5 l'acceleratore, schiacciai il clacson e via di gran corsa, strombettando, con un ruggito potente del motore. Ci credereste? Il padre di famiglia, al mio strombettamento, invece di mettersi a destra come avrebbe dovuto, si piazza in mezzo
10 alla strada e accelera anche lui. Fui così costretto ad accodarmi; Tullio disse: « Ahò, ma che fai, non ti vergogni? » poi alzai gli occhi e vidi il ragazzino che mi tirava la lingua. Allora mi
15 gettai di nuovo sulla sinistra e sempre strombettando cominciai a correre a paro alla giardinetta. Eravamo ormai quasi in fondo al rettifilo dove la strada si arrampicava per la salita, il padre di famiglia accelerava, io non ce la fa-
20 cevo e crepavo dalla rabbia; poi, tutto ad un tratto, presi a guadagnare terreno. Ma ecco, proprio in quel momento, sbucò alla voltata una macchina che mi veniva incontro a velocità moderata ma sempre sufficiente a impedirmi di
25 compiere il sorpasso. Avrei dovuto rinunziare, accodarmi di nuovo; ma non so che diavolo mi suggerì di sorpassare. La macchina del padre di famiglia accelera anche lei, faccio appena in tempo a gettarmi tutto a sinistra, nel fosso, per
30 evitare il cozzo, e vedo il tronco di un platano venirmi incontro. Mi parve di udire la voce di Tullio che gridava: « Frena, frena »; e poi non sentii più niente.
Inutile raccontare quello che avvenne dopo: an-
35 date a prendere il giornale del lunedì e ci troverete tutti i particolari.

Alberto Moravia, *Nuovi Racconti Romani*,
Bompiani, Milano.

Osservazioni grammaticali

• la velocità → le velocità
• il lunedì → i lunedì

• rilevate tutti i verbi irregolari del testo e coniugateli al presente indicativo e al passato remoto
• *sul* lato destro
• *sul* sinistro
• mi gettai *sulla* sinistra
tutto *a* sinistra
faccio appena in tempo a gettarmi
mettersi *a* destra

Per la conversazione

• Dite quali sono i motivi psicologici che spingono il giovane ad effettuare il sorpasso.
• Che cosa avrebbe dovuto fare per evitare l'incidente?
• Cercate, in un codice stradale, tutte le norme che regolano il sorpasso.
• Quali sono, a vostro parere, le cause più frequenti degli incidenti stradali?
• Immaginate il seguito di questo racconto: l'incidente, i primi soccorsi, i testimoni, il trasporto dei feriti all'ospedale, la cronaca giornalistica locale ecc.
• Perché l'automobile cambia spesso la psicologia e il comportamento degli utenti?
• Commentate il proverbio italiano: « donne e motori, gioie e dolori ».
• L'industria automobilistica italiana dalle origini ai giorni nostri.

Testo 4

Bella ciao

Stamattina mi sono alzata
   o bella ciao bella ciao bella ciao ciao ciao
stamattina mi sono alzata
e ho trovato l'invasor [1]

O partigiano portami via
che mi sento di morir

E se io muoio da partigiano
tu mi devi seppellir

Seppellire lassù in montagna
sotto l'ombra di un bel fior

E le genti che passeranno
e diranno o che bel fior

È questo il fiore del partigiano
morto per la libertà

1. Le strofe che seguono hanno la stessa struttura di questa prima.

Sta mat - ti - na ____ mi so-no al - za - ta ____ o bel - la

ciao bel - la ciao bel - la ciao ciao ciao sta mat - ti - na ____

__ mi so-no al - za - ta e ho tro - va - to l'in - va - sor. ____

Per la conversazione

- Leggete attentamente questa celebre canzone partigiana e cercate di spiegare i motivi del suo straordinario successo in Italia e all'estero.
- Cercate tutte le versioni esistenti di « Bella ciao »: canti di protesta, canti di risaia, canzoni nate in occasione delle lotte di fabbrica...
- Confrontate « Bella ciao » con « Fischia il vento », altra celebre canzone della Resistenza, e dite quale preferite e perché.

N.B. Per l'acquisto dei dischi, cfr. il catalogo dei DdS: Dischi del Sole (Ed. Del Gallo, via Melzo 9, 20129 Milano).

Testo 5

Azione partigiana

L'azione si svolge nel 1944. Orazio, Metastasio e un giovane operaio, di cui non si conosce il nome, percorrono, al volante di due camion, la strada che va da Pavia a Milano. Il loro scopo è quello di compiere « azioni partigiane ». Passa sulla strada una motocarrozzetta con due tedeschi. L'operaio, che è un novellino, vuole imparare ad « essere in gamba ».

L'operaio si chinò, cercò sotto il sedile, poi fu col 91 in mano.   1
« Preparami l'altro, » disse Orazio.
« Perché » disse l'operaio. « Non li manco. »
« Lo stesso preparamelo. Mettimelo vicino. »   2
« Tu sollevami un po' più il vetro. »
« Si capisce, » disse Orazio. « Tira prima al tedesco in sella. »
« Ma quello in carrozzetta è un mezzo generale. »   10
« Anche se è un generale e mezzo, tira prima a chi guida. »
L'operaio mirò. « Allora a chi guida? »
« A chi guida. »
Tirò un colpo, e subito un secondo colpo.   15
« Cavolo, » disse Orazio. « Non lo prendi. »
Partì il terzo colpo.
« Non lo prendi. »
« Devo averlo ferito. »
« Vedi come si volta? Non l'hai ferito. »   20
Partirono un quarto e un quinto colpo.
« Accelerano, » disse Orazio. « Cercano di scappare. »
L'operaio tirò ancora. « Porca bestia, » disse.
Proiettili vennero contro la gronda del camion.   25
« Quel mezzo generale ci fa fuori il camion, » Orazio gridò.
L'operaio finì i suoi colpi.

Due documenti della lotta partigiana nell'Italia settentrionale. Sopra. Sabotaggio di una linea ferroviaria nella pianura padana. A fianco. I partigiani sfilano in piazza del Duomo, a Milano, ormai liberata.

« L'ho preso, » disse.

Non venivano più proiettili.

« Ma prendimi quello che guida, » gridò Orazio. « Tira col mio. »

L'operaio sorrise. « Avevi ragione. »

Sollevò l'altra arma, e tirò, la motocarrozzetta si infilò, con tutta la sua corsa, nell'argine del canale.

« Ecco, » disse l'operaio.

Oltrepassarono una macchia di sangue ch'era, larga e lucida, sull'asfalto della strada.

« Dài dentro una scarica ora che passiamo, » disse Orazio.

Ma videro che la motocarrozzetta bruciava, e che i due corpi erano immobili, con fuoco di benzina sulla faccia. Non occorreva dar dentro scariche.

« Cani, » disse l'operaio.

« Carogne, ormai, » disse Orazio.

E guardò il compagno.

« Mica è andata male. »

« No? Non è andata male? »

Elio Vittorini, *Uomini e no*,
Mondadori, Milano.

Osservazioni grammaticali

* prepara*mi*
* prepara*melo*
* solleva*mi*
* prendi*mi*
* devo aver*lo* ferito
* non *li* manco
* non *lo* prendi
* non *l'*hai ferito
* non *l'*ho preso

Modi di dire

* quel mezzo generale *ci fa fuori* il camion
* mica è *andata male*
* non è *andata male?*

Per la conversazione

* Perché l'operaio ha tanta difficoltà ad uccidere i due tedeschi?
* Perché questi giovani tramano agguati e attentati? Perché uccidono? In nome di che cosa?
* Commentate le ultime righe del brano e cercate di ricreare l'atmosfera che regnava a Milano durante l'occupazione nazista.
* Perché, a vostro parere, il romanzo di Elio Vittorini s'intitola « Uomini e no »? Chi sono gli uomini? E chi sono i non-uomini?
* Notate la « scrittura » particolare di Elio Vittorini, la cosiddetta « scrittura all'americana »: ripetizioni, frasi brevi, sintassi semplice, ritmo musicale e martellato... Qual è lo scopo che l'autore vuole raggiungere (*nel nostro testo in particolare*) con questa prosa scarna e iterativa?

Testo 6

Terza classe

Dipendesse da me, passerei molto tempo fra partire e arrivare, fra treni e stazioni. Qui si fanno gl'incontri, si fa conoscenza con la gente, voglio dire la gente che parla, in terza classe, la gente per la quale un viaggio è spesso un mutamento importante, spesso un nuovo destino. Le strane valigie, i fagotti, le provviste di viaggio. Solo a vedere queste cose si capisce una contrada, la sua gente, la sua condizione. E poi, la felicità di parlare; perché parlano, e dicono molte cose. Una notte, mentre ero assopito in uno scompartimento di terza classe, sentii dietro la spalliera della mia panca una confessione di donna, fatta ad alta voce, come si immaginano le confessioni solenni. Era una storia d'una semplicità e verità da far tremare, come accade davanti ai segreti della natura. La gente semplice parla, in viaggio, si confida con qualcuno che non vedrà mai più. E la mia non è curiosità. È ricerca dei veri aspetti della vita, assaporarla ancora alla sua sorgente. Non è curiosità.

L'altro giorno trovai un treno carico di operai. Faceva caldo. Si vedevano, lungo i finestrini, braccia e gomiti nudi; la macchina, irta di quelle braccia, acquistava un aspetto mansueto di vecchio carro, proprio come i carri che trasportano artiglierie. Il calore del treno scaldato dal sole era superato da quel calore vivente, e le grida, pur così energiche della stazione, parevano fioche di fronte all'energia e verità di quelle voci. Esse parlavano tutte d'una sola cosa: dell'acqua da bere. Ne parlavano con un accento, un tono, un dialetto che mi parve di riconoscerle; lo risentivo aperto e nasale, rapido come un gorgoglio; apriva un paesaggio: un mare deserto e troppo turchino, una pianura gialla, un monte senza traccia d'uomini, un treno, a una stazione, divenuto piccino di fronte a tanta solitudine: lentamente, al suo muoversi, si potevano scorgere lontano, confusi con la pietra della montagna, i villaggi sdegnosi.

Corrado Alvaro, *Incontri d'amore*,
Bompiani, Milano.

Osservazioni grammaticali

* il bracci*o* → le bracci*a*
* il grid*o* → le grid*a*
* fra *partire* e *arrivare*
* solo a *vedere*
* la felicità di *parlare*
* da *far tremare*

- *assaporarla* ancora
- mi parve di *riconoscerle*
- al suo *muoversi*
- qui *si fanno* gli incontr*i*
- *si fa* conoscenza
- *si capisce* una contrad*a*
- come *si immaginano* le confession*i* solenn*i*
- *si vedevano* bracci*a* e gomit*i* nud*i*
- *si potevano* scorgere... i villagg*i* sdegnos*i*

Per la conversazione

- Perché l'autore, se potesse, passerebbe molto tempo « fra treni e stazioni »?
- Perché il bisogno di confidarsi con uno sconosciuto sembra essere, per Corrado Alvaro, una prerogativa della « gente semplice »? Siete d'accordo con l'autore?
- Perché i viaggiatori del treno operaio parlano tutti dell'« *acqua da bere* »? Che mondo potete ricreare dietro questa ossessione dell'acqua?
- Immaginate, per contrasto, la conversazione dei viaggiatori di un treno di lusso come il « Settebello ».
- Quali sono i treni T.E.E. (Trans European Express) che interessano direttamente la rete ferroviaria italiana?

Testo 7

Evviva la Svizzera

1

Taciturni e di malumore sino alla stazione di Domodossola, i miei compagni di scompartimen-
5 to cominciarono a diventare euforici appena il treno si fu fermato a quella di Briga in territorio svizzero.
« Guarda che differenza! » disse il signore grasso alla signora che gli stava di fronte e che ve-
10 rosimilmente era sua moglie. « Guarda che pulizia, che ordine, che proprietà!... Guarda quelle aiuole, come son tenute, con i fiori annacquati di fresco e che nessuno calpesta, nemmeno i bambini... »
15 « Eh, sì » interloquì il signore magro che mi sedeva a fianco. « È tutt'un'altra cosa... Guardi le divise degl'impiegati: bene attillate, stirate appuntino, con i galloni al loro posto, senza una macchia né una sdrucitura, i bottoni in ordi-
20 ne... » « E i cessi? » intervenne a sua volta il signore con gli occhiali, appollaiato nell'altro angolo. « Li osservi e mi dica lei... Sembrano cliniche... Il grado di civiltà di un paese, c'è poco da fare, lo si riconosce dai cessi... Scommetto

che lì dentro c'è anche la carta igienica bene arrotolata... »
« E che carta! » disse il signore grasso... « Perché in Italia la carta igienica è una vergogna... »
« La carta igienica soltanto? » interruppe il signore magro. « Tutto in Italia, è una vergogna... Ecco, guardi lo strillone dei giornali e lo metta a confronto con quello scamiciato, sudato e urlante, che abbiamo visto a Domodossola... Guardi, guardi che dignità nell'offrire la sua merce. Eccolo lì che spinge il suo carrello... »
« Carrello con le gomme » disse il signore con gli occhiali « per non far rumore... »
« Ah, non parliamo poi dei rumori! » disse il signore magro levando le braccia al cielo. « Io fuggo dall'Italia, soprattutto per i rumori. Non si vive più. Arrivo alla sera con la testa talmente frastornata dai clacson, dagli scoppi dei micromotori, dallo stesso modo di salutarti e di parlarti che hanno gl'Italiani... Ehi, ciao!... Come stai?... E tua moglie?... E tuo fratello?... È vero che hai comprato un altro stabilimento?... E urli, pacche sulle spalle, tutto messo in piazza... Guardi quei due Svizzeri là che si parlano... Sembra che preghino... Guardi l'educazione delle loro maniere... » « È un'altra civiltà, c'è poco da dire » sospirò il signore grasso. « Anzi, questa è la civiltà. La nostra... ».

Indro Montanelli, *Andata e ritorno*,
Vallecchi, Firenze.

Osservazioni grammaticali

- Notate, in tutto il testo, l'alternanza fra la forma *tu* e la forma *lei*. Mettete il *tu* al posto del *lei* e viceversa
- *guarda* che differenza
- *guarda* che pulizia
- *guarda* quelle aiuole...
- *guardi* le divise degli impiegati
- li *osservi* e mi *dica* lei
- *guardi* lo strillone dei giornali e lo *metta* a confronto... ecc.
- come *stai*? È vero che *hai* comprato un altro stabilimento?

Per la conversazione

1. Come si spiega l'euforia che assale i viaggiatori in territorio svizzero?
2. A quale classe sociale appartengono, secondo voi, questi viaggiatori? Vi sembrano emigranti che vanno all'estero in cerca di lavoro?
3. Quali sono, a vostro parere, le battute più umo-

ristiche del testo? Analizzatele e commentatele.

- Vi sembra che questi viaggiatori facciano un'analisi molto approfondita delle differenze che intercorrono fra la Svizzera e l'Italia?

- Vi sembra che gli Italiani soffrano *davvero* di un complesso d'inferiorità nei riguardi di certe nazioni straniere? Di quali nazioni? E perché?

- I rumori... confrontate il testo di Montanelli con quello di Luigi Barzini (*L'Italia e i rumori*, pag. 27) ed esprimete le vostre opinioni personali sull'esuberanza del popolo italiano.

- « Il grado di *civiltà* di un Paese, c'è poco da fare, lo si riconosce dai cessi... ». « È un'altra *civiltà*, c'è poco da dire. Anzi, questa è la *civiltà*. La nostra... ».
  Commentate queste due frasi e dite che cosa significa per voi la parola *civiltà*.

Testo 8

I fanciulli battono le monete rosse

I fanciulli battono le monete rosse
contro il muro. (Cadono distanti
Per terra con dolce rumore). Gridano
A squarciagola in un fuoco di guerra.
Si scambiano motti superbi
E dolcissime ingiurie. La sera
Incendia le fronti, infuria i capelli.
Sulle selci calda è come sangue.
Il piazzale torna calmo.
Una moneta battuta si posa
Vicino all'altra alla misura di un palmo.
Il fanciullo preme sulla terra
La sua mano vittoriosa.

Leonardo Sinisgalli, *18 poesie*,
« All'Insegna del Pesce d'Oro », Milano.

Per la conversazione

- Analizzate l'importanza del colore *rosso* in tutta la poesia:
  « monete rosse »
  « fuoco di guerra »
  « la sera / incendia le fronti »
  « calda è come sangue ».
- Mostrate come il gioco infantile diventi il simbolo di una vera *guerra* e di una vera *conquista*:
  « Il fanciullo preme sulla terra
  La sua mano vittoriosa ».

- Commentate il valore di tutti gli aggettivi contenuti nella poesia e spiegate perché le ingiurie possono essere « dolcissime ».

Testo 9

Una bambina senza "monete rosse"

Dopo colazione facevamo lunghe passeggiate. Attraversavamo la città fino a piazza d'Armi, dove i soldati facevano le esercitazioni. Soltanto se pioveva ci era permesso camminare sotto i portici (i famosi portici di Torino) e guardare le vetrine dei negozi. Guardarle senza fermarsi, naturalmente, perché una passeggiata è una passeggiata e non un trascinarsi in giro che non fa bene alla salute.

Torino era, anche allora, una città nota per le pasticcerie. Nella luce artificiale delle vetrine apparivano torte arabescate, paste piene di crema, cioccolatini, marzapani, montagne di brioches, fondants colorati disposti in tondo sui piatti come fiori, ma noi non ci saremmo mai sognati di poter entrare in un negozio a comprare quelle tentatrici delizie. « Non si mangia tra i pasti; it ruins your appetite » era una regola ferrea che mai ci sarebbe venuto in mente di discutere.

Così camminavamo dalle due alle quattro, paltò alla marinara e berrettino tondo alla marinara con il nome di una nave di Sua Maestà Britannica scritta sul nastro, Miss Parker in mezzo a due di noi da una parte e uno o due di noi dall'altra finché non era l'ora di tornare a casa.

Guardavamo con invidia i bambini a cui era permesso giocare sui viali di corso Duca di Genova o ai giardini pubblici. C'erano gruppi di balie con la sottana colorata, il grembiule di pizzo e il fazzoletto di seta lucente tenuto in testa con gli spilloni di filigrana d'oro. Portavano tutte la stessa giacchetta di coniglio nero che faceva parte del corredo cui avevano diritto quando entravano in una famiglia a dare il latte al nuovo bebè; poi finivano col fare la balia asciutta. I bebè stavano seduti in carrozzina, i bambini più grandi giocavano tra di loro, avevano il cerchio, le biglie, il monopattino; avevano amici, bisticciavano, parlavano, saltellavano, gridavano. Noi camminavamo.

Miss Parker disapprovava le balie che tiravano

giù le mutandine ai bambini e facevano « Pss, pss », tenendoli per le gambe contro un albero. Qualche famiglia aveva la signorina inglese. In questo caso Miss Parker non voleva che giocassimo con bambini i cui genitori non erano ricevuti a casa nostra. « Don't forget you are an Agnelli » aggiungeva.

45

Susanna Agnelli, *Vestivamo alla marinara*,
Mondadori, Milano.

Osservazioni grammaticali

- un *trascinarsi* in giro
- noi non ci *saremmo* mai *sognati* di poter entrare in un negozio
- era una regola ferrea che mai ci *sarebbe venuto* in mente di discutere
- guardavamo con invidia i bambini *a cui* era permesso giocare
- faceva parte del corredo *cui* avevano diritto
- non voleva che giocassimo con bambini *i cui* genitori non erano ricevuti a casa nostra

A fianco. Un'antica pasticceria torinese. Sotto. Un curioso cartello a Milano contro l'aumento della vita. Vicino ad una caricatura di Gianni Agnelli la scritta dice: « Il manzo aumenta mangeremo Agnelli »: un gioco di parole facilmente intuibile.

- Torino degli anni '30: in che modo Susanna Agnelli ricrea la vita e l'atmosfera della città.
- Servendovi di una pianta di Torino, ricostruite l'itinerario di queste lunghe passeggiate giornaliere.
- Come vi appare, attraverso questo testo, l'infanzia di Susanna Agnelli e dei suoi fratelli e sorelle? Sono bambini da invidiare o da compatire? L'una e l'altra cosa nello stesso tempo?
- Perché questi bambini « borghesi » sono educati in modo così « aristocratico »?
- Commentate le parole di Miss Parker: « Don't forget you are an Agnelli ».
- Cercate tutte le informazioni possibili su Giovanni Agnelli, nonno dell'autrice e fondatore della F.I.A.T. nel 1899. Il personaggio e la sua opera.

Testo 10

Città meridionale sotto la neve

Una mattina di febbraio, la città si svegliò sotto la neve. Un simile fenomeno era così raro da quelle parti, che si segnavano come date degne di memoria tutte le volte ch'esso capitava in un secolo. Molti maestri di scuola eran costretti a dar vacanza perché gli scolari smaniavano sui banchi, nella brama di giocare con la neve. Da un uscio all'altro, e fra i passanti, si sentiva ripetere: — La neve! La neve! — e i cittadini, per solito taciturni, sembravano ubriacarsi di quella luce glaciale e dell'echeggiante sonorità delle loro voci. A tutti pareva d'aver trasmigrato, durante la notte, in un'altra città, perché le architetture e i colori apparivan quasi irriconoscibili, e da ciò nasceva una festa, ma effimera, simile alle feste celebrate nei sogni, i cui palagi[1] di vetro son sempre sul punto d'incrinarsi. Molte signore, avvezze a poltrire fino a mezzogiorno, quella mattina si levavano presto, piene di curiosità e di fervore. E avvolte in pellicce, o in iscialli dai colori vivaci, popolavano i balconi, le terrazze, i tetti, da dove guardavano lontano coi binocoli, vociando gaiamente, come a uno spettacolo di fuochi d'artifizio. C'era chi raccoglieva la neve nelle tazze, per farne dei sorbetti. E davanti ai portoni delle case signorili, i portieri, armati di scope e di pale, sgombravano la

strada alle carrozze; essi scambiavano intanto i loro commenti coi cocchieri, mentre i cavalli, animati da quell'aria nuova, agitavano la criniera e la coda. Naturalmente, per l'inesperienza dei cittadini, frequenti erano le cadute, soprattutto verso mezzogiorno, quando, incominciato il disgelo, le strade si coprivano di fanghiglia. Uno dei luoghi più rischiosi ad attraversarsi era un viale alberato che da un mercato assai noto scendeva verso il centro della città. Al piede di questa discesa si apriva, dinanzi a un breve spiazzo, una elegante pasticceria; e qui s'eran dati convegno, quella mattina, alcuni giovani dall'umore allegro, che avevano scelto il posto come un comodo osservatorio per divertirsi alle scene dei capitomboli. Il loro divertimento si doveva soprattutto al fatto che i passanti, in quel viale e a quell'ora della mattina, erano in maggioranza donne di ritorno dal mercato con le proprie spese: per lo più ragazze del popolo, servette e massaie.
Di sulla porta vetrata del caffè, i giovani le adocchiavano una per una fin dal loro primo apparire in cima al viale. Ciascuna che sembrasse graziosa veniva scelta, a turno, da uno di loro. Il quale scommetteva coi suoi compagni (che tuttavia restavano, benché scommettitori, suoi fedeli alleati), di farla capitombolare nella neve col solo mezzo della suggestione: per concedersi, quindi, il diritto di aiutarla a rialzarsi.

Elsa Morante, *Menzogna e sortilegio*,
Mondadori, Milano.

Osservazioni grammaticali

- *tutte* le volte
- a *tutti* pareva
- *molti* maestri
- *molte* signore
- da *un* uscio all'*altro*
- in un'*altra* città
- *alcuni* giovani
- *ciascuna* che sembrasse graziosa

Per la conversazione

- Quali sono gli elementi che permettono di situare il testo in una città del Meridione?
- Reazione degli abitanti dinanzi alla neve: bambini, signore, portieri, cocchieri, giovanotti spensierati... immaginate, nei particolari, i loro commenti e le loro reazioni.
- Commentate la frase: « a tutti pareva di aver trasmigrato, durante la notte, in un'altra città, perché le architetture e i colori apparivano quasi irriconoscibili, e da ciò nasceva una festa, ma *effimera*... ».

1. (letterario) = palazzi.

- Quale ambiente economico-sociale traspare attraverso il testo di Elsa Morante?
- La neve come strumento della società dei consumi.
- La neve e gli sport invernali.

Testo 11

Neve a Milano

Siamo a Milano, in un seminterrato dove alloggia una intera famiglia di immigrati lucani: Rosaria – la madre – e i suoi cinque figli: Vincenzo, Simone, Rocco, Ciro e il piccolo Luca. È inverno, l'alba. Un vocìo confuso sveglia Vincenzo il quale si accorge che un fitto strato di neve copre il cortile del casamento. Tutto eccitato, chiama a gran voce i fratelli...

1 VINCENZO: Simone! Rocco! Ciro! Sveglia! Oggi lavorate tutti.

I fratelli si rivoltano infreddoliti, aprono gli occhi, guardano verso la finestra.
VOCI FRATELLI: Che succede?
Sei ammattito?
Lasciami dormire.
Sulla porta della camera si è affacciata Rosaria.
ROSARIA: Nevica! Nevica fitto!
LUCA (balzando dalla branda): La neve!
VINCENZO: Bisogna spicciarsi, o trovate già che vi hanno preso il posto. Nevica brutto. E i milanesi non ne vogliono vedere di neve per la strada.
Vincenzo scavalca una delle brande per andare verso il gabinetto. Inciampa, si riprende a fatica:
... Sbrigatevi, forza dormiglioni!
LUCA: Ma', è giorno o notte ma'?
ROSARIA (gridando): Giorno, giorno. Parola di san Nicola, stasera mi dovete tornare tutti coi soldi o non siete più figli miei...
Tutti si sono buttati giù dai letti. Ora i movimenti per vestirsi, lavarsi, prepararsi, incartare un po' di roba da mangiare, si fanno sempre più frenetici.

Piazza del Duomo, a Milano, stranamente deserta nel giorno di Natale. La bianca coltre di neve è quasi intatta.

L'arrivo della famiglia Parondi alla stazione centrale di Milano: una delle scene più significative del film « Rocco e i suoi fratelli » di Luchino Visconti, che evoca le vicende di una famiglia di immigrati meridionali nella capitale lombarda.

ROSARIA: Rocco di mamma. Tu sei stato malato. Mettiti sotto pure due delle maglie mie.
ROCCO (riluttante): Mamma, ma che ci faccio io con queste maglie da donna?
Simone scoppia in una risata.
ROSARIA: Non dar retta, tu senti a mamma. Tanto sotto chi ti vede?
Uno ad uno, imbacuccati nelle maglie e nei cappotti, i figli baciano la madre e snocciolano via dalla porta d'ingresso.

Luchino Visconti, *Rocco e i suoi fratelli,*
« Dal soggetto al film »,
Cappelli, Bologna.

Per la conversazione

• Confrontate questa sequenza cinematografica con il testo precedente e mostrate che cosa rappresenta la neve per Rosaria e i suoi cinque figli.
• Analizzate e commentate le seguenti battute:
« Oggi lavorate tutti ».
« Bisogna spicciarsi, o trovate già che vi hanno preso il posto ».
« Parola di san Nicola, stasera mi dovete tornare tutti coi soldi o non siete più figli miei... ».
• Quali sono i problemi più importanti affrontati dal film di Visconti « Rocco e i suoi fratelli »? (1960).
• Conoscete altri film di Luchino Visconti? Parlatene.

Intermezzo

Una storia vera

1 « Scrivo dunque di cose che non ho vedute, né ho sapute da altri, che non sono, e non potrebbero mai essere: e però i lettori non ne debbono credere niente »: così Luciano di Samosata

5 attaccando a raccontare la sua *storia vera*. Le cose che stiamo per raccontare le vediamo invece, mentre scriviamo, in una ventina di fotografie; le abbiamo lette nelle pagine di cronaca cittadina dei due quotidiani palermitani; e ben-

10 ché siano di quelle che non potrebbero mai essere, e mai dovrebbero essere credute, sono accadute e speriamo siano credute da coloro che leggeranno questa breve relazione.

Il 2 ottobre del 1965, sabato, giornata calda co-

15 me di piena estate e appena appannata dallo scirocco, Palermo bruscamente si scrollò dalla sonnolenza della controra per precipitare, ad occhi aperti, in un incubo. Le strade, quasi vuote in quell'ora, furono improvvisamente corse

20 dagli urlanti automezzi della polizia, dei carabinieri, dei vigili del fuoco. Nelle case squillarono disperatamente i telefoni. Da un balcone all'altro, da una porta all'altra, allarme e panico si diffusero nei quartieri popolari. Era una

25 notizia spaventosa, ma suscitava uno stato d'animo in cui la curiosità prevaleva sullo spavento e vi si insinuava come la soddisfazione di un evento, previsto anche se temuto, che finalmente si realizzava: i marziani erano calati a Palermo,

30 e per di più accompagnati da mostri.

Le persone che seguendo la scia delle sirene si avvicinavano al luogo in cui l'evento si compiva, una piazza intitolata a san Giovanni Bosco, coglievano notizie sempre più precise e allar-

35 manti: i marziani non erano appena calati, ma si trovavano a Palermo già da tempo, e facevano casa in quelle grotte che si aprivano dietro la piazza; e gli animali erano dinosauri, addomesticati ai marziani come i cani agli uomini.

40 Ma che fossero più di uno, marziani e dinosauri, era una illazione: in verità era stato visto un solo marziano, tutto vestito di nero e coi baffi, che si tirava a guinzaglio un animale grande come un cane, testa grossa e coda lunghissima, tutto

45 coperto di scaglie.

La piazza san Giovanni Bosco era incordonata dalle forze di polizia in assetto di guerra. La folla premeva dalle strade adiacenti. Nella piazza stavano le autobotti, le camionette, il furgone della televisione, carabinieri, guardie in borghese armate di mitragliatori, fotografi, giornalisti. Il marziano e il mostro erano scomparsi nella grotta. Non si sapeva che fare. Avventurarsi dentro? Tra cittadini e forza pubblica i volontari non mancavano. Furono autorizzati a entrare; ma tornarono subito dicendo che il marziano c'era certamente, avevano notato impronte di un piede che sembrava umano *sembrava*: solo che, confidò un carabiniere a un giornalista, nell'impronta non c'era traccia del mignolo. Fu presa la decisione di gassare il marziano e il mostro (i marziani, i mostri). Erano anche arrivate le autoambulanze, stavano col motore acceso. Prima di attaccare coi gas qualcuno propose di mobilitare i cacciatori della città, che venissero coi loro cani e i loro fucili. Ma calava la sera, non c'era tempo da perdere. Furono lanciati i gas. Fucili e sifoni di autobotti e obiettivi furono puntati sull'imbocco della grotta. Agli spasmi della tensione, dell'attesa contratta sulle armi, le pompe, i motori, le levette di scatto, si aggiunsero gli effetti del gas che la grotta rigurgitava.

I bambini che avevano visto il marziano entrare nella grotta col dinosauro al guinzaglio erano lì, un po' in disparte, giustamente protetti dalla irruzione, prevedibilmente selvaggia, di marziani e mostri dalla caverna. Quando fu evidente o che i marziani nella caverna non c'erano o che erano del tutto refrattari ai gas lacrimogeni, qualcuno pensò di tornare ad interrogarli. Ma proprio in quel momento il caso ebbe una svolta drammatica e risolutiva: il marziano era fuori, tra la gente, subdolamente si era fatto spettatore degli sforzi che forza pubblica e zelanti cittadini facevano per snidarlo e catturarlo. I bambini lo indicarono improvvisamente, senza esitazione. Sembrava uno come gli altri, era vestito come gli altri; e non aveva baffi. Le sue parole e i suoi gesti di protesta, a vedersi indicato come marziano, furono quelli di un palermitano autentico: lo vediamo in una fotografia mentre agita la mano, le dita raccolte a pigna, nel gesto tipico dei comici meridionali (irresistibile in Totò) quando senza parlare chiedono che cosa mai volete, e fatevi gli affari vostri, e non scocciate, e per caso non vi ha dato di volta il cervello. Ma nessuno era disposto a farsi prendere in giro da un marziano perfettamente mimetizzato in palermitano: chi sa da quanto tempo stava a Palermo (risorgeva nella memoria la leggenda di quel colonnello americano che per tutta la durata della guerra era stato a fingersi commerciante, e all'arrivo di Patton era venuto fuori in divisa) e poi non per niente era marziano, si sa quali capacità inventive e mimetiche hanno i marziani.

Le sue proteste dunque non valsero: fu caricato su una camionetta e portato in caserma: dove, dice il cronista, per qualche ora fu intrattenuto e interrogato. In camicia com'era, probabilmente non aveva un documento che dimostrasse la sua identità: e anche se l'avesse avuto, in quel momento non sarebbe bastato (anche il colonnello americano l'aveva). Forse furono fatti accertamenti nel quartiere dove il marziano diceva di abitare, forse furono chiamati a riconoscerlo familiari ed amici. O ad un certo punto qualcuno, tra le autorità, fu assalito dal sospetto che tutto fosse fantasia e scherzo dei bambini: quei due terribili bambini che già in mezzo a quel trambusto, a quel furore e a quella paura, si facevano fotografare e intervistare sorridendo e ammiccando, scambiandosi gomitate d'intesa e parlandosi di tanto in tanto all'orecchio. Fatto sta che quel povero operaio, unico al mondo ad avere affrontata l'accusa di essere un marziano allevatore di dinosauri, fu rilasciato in serata. Ma del rilascio, e che tutto era stato uno scherzo, la città seppe l'indomani dai giornali. Seppe anche come ai bambini era venuta l'idea dello scherzo: avevano visto il giorno prima, in televisione, il film *Il risveglio del dinosauro*; e avevano ridotto il mostro alle proporzioni di un cane, lo avevano addomesticato a un marziano, del marziano si erano detti amici, e che andavano ogni pomeriggio a trovarlo in quelle grotte di cui era favola in Palermo come luogo di riunione della setta dei « Beati Paoli » (che era poi, secondo un romanzo popolare, la setta dei franco-muratori: e ne era capo quel Francesco Paolo di Blasi che come giacobino fu decapitato nel 1795). Ma i bambini non pensavano di poter giuocare un'intera città, con la storia del marziano: volevano soltanto impressionare altri bambini, le mamme, qualche passante. Forse nemmeno la donna o l'uomo che avvertì i carabinieri aveva creduto al marziano: sospettava e si preoccupava che qualcuno tentasse di adescare i bambini. Ma passando da una bocca all'altra, da un ufficio all'altro, la storia perse di

inverosimiglianza e fu accettata alla lettera. Seicentomila abitanti, la questura, la legione dei carabinieri, i vigili urbani e i vigili del fuoco, le redazioni dei giornali, della radio, della televisione: per cinque o sei ore tutti credettero che nelle grotte dei « Beati Paoli » si nascondesse la minaccia di una apocalisse.

Una grande città, abbastanza moderna anche se piena di contraddizioni e di remore, nel pomeriggio del 2 ottobre di quattro anni fa, realizzò una specie di enorme parodia dell'*Ispettore* di Gogol. E potremmo metterci in fantasia anche noi: il falso marziano catturato, i seicentomila abitanti che se ne vanno a letto rasserenati, rassicurati; ed ecco che nella piazza solitaria, dalla grotta dei « Beati Paoli », vien fuori il marziano vero col suo dinosauro al guinzaglio. Veloce come un turbine si avvia al palazzo d'Orleans, sede del governo regionale: tutte le luci del palazzo si accendono: il rumore delle carpette che si aprono, dei documenti che si sfogliano, si amplifica nelle sale vuote, rimbomba tra le vecchie mura, esplode nella città. È l'ispezione. Quella vera, finalmente.

Ma si può trovare alla favola una morale meno « soprannaturale ». E potrebbero essere queste battute, di una cronaca più recente: « *Presidente:* Non sa che cosa sia questa organizzazione che viene chiamata mafia? *Imputato:* Non ne ho idea, so che esiste perché l'ho letto sui giornali. *Presidente:* La mafia è una organizzazione di mutua assistenza, una specie di massoneria di cui si parlava fin dai tempi di Garibaldi... *Imputato:* Lo sto sapendo da lei, io di queste cose non mi intendo ».

Più lontana del marziano col dinosauro al guinzaglio. Più inverosimile.

Leonardo Sciascia, « *Corriere della Sera* », 2 aprile 1969.

Testo 12

Acquisto o conquista?

1 Venerdì mattina non si vedono signore in spiaggia. Il venerdì mattina, accade qualcosa che fa
impazzire le donne, una specie di voce irresistibile e misteriosa le mette in agitazione fin dal-
5 le prime ore: migliaia di mogli, madri, nonne
camminano come automi affannati, parlano con
eccitazione in tutte le lingue, convergono verso
i vialetti che costeggiano il canale.
Durante la notte i mercanti di Russi, Bagnaca-
10 vallo, Alfonsine,[1] sono arrivati con le loro caro-
vane di camioncini e motocarri, hanno preso si-
lenziosamente possesso dei vialetti stipandoli di
bancherelle, tendoni, hanno esposto le merci,
chilometri di orecchini, scarpe, prendisole, spil-
15 le, collane, vimini, ceramiche, tritacarne, seg-
giole, cravatte, abiti da sera, baby doll. Ed è
qui che si ammassano, si pigiano le bagnanti, si
aggirano spiritate fra i banchi, toccano, provano, si strappano di mano, tirano sul prezzo e,
20 quando acquistano, non è un acquisto ma una
conquista, il loro viso stravolto e felice lo conferma.
Mortificate da un anno di compere nei negozi e
nei grandi magazzini a prezzo fisso, intimidite
25 dai freddi commessi cui non si può chiedere, a
quanto me lo mette?, spente nella loro atavica
vocazione mercantile dalla civiltà dei consumi
pianificati, le distinte signore si scatenano al
mare il venerdì mattina, ritrovano la furia an-
30 cestrale, riscoprono la voluttà delle contratta-
zioni, degli estenuanti bracci di ferro col ven-
ditore...
Negli alberghi all'una c'è il rientro delle com-
battenti con borse, borsette, cesti di vimini; si
35 scambiano le prede, le esaminano, si fanno i
complimenti per i prezzi ottenuti, si accorgono
che la stessa borsetta pagata millenove, un'altra
signora l'ha portata via per milletré. E allora si
arrabbiano, perdono le staffe parlano di truffa:
40 una volta, di fronte a una di queste reazioni, ri-
tenni di intervenire severamente: signora, dissi,
se accettiamo le leggi della domanda e dell'offer-
ta dobbiamo accettarle fino in fondo, vince il
migliore, e poi bisogna tener conto di un altro
45 fattore che incide sul prezzo, l'ora: è perfettamente normale che una borsetta che costa tremila lire alle otto di mattina, all'apertura del
mercato, ne costi duemila alle undici e crolli

1. Tre località dell'Emilia-Romagna.

a milletré verso l'una, quando gli ambulanti,
rimbambiti di caldo e fracasso levan le tende.
La sera i viali si inondano di nuovi colori, collane, orecchini, bracciali, camicette, le signore
s'incontrano, si squadrano, commentano mental-
mente: duemilacinque, tremiladue, milletré.

Luca Goldoni, Italia veniale,
Cappelli, Bologna.

Osservazioni grammaticali

- migliai*o* → migliai*a*
- qualcosa *che* fa impazzire le donne
- ed è qui *che* si ammassano
- intimidite dai freddi commessi *cui* non si può chiedere...
- è perfettamente normale *che* una borsetta *che* costa tremila lire...

Per la conversazione

1 - In che modo l'autore riesce a creare un ambiente animato e pieno di movimento? (cfr. verbi, sostantivi, aggettivi, punteggiatura, imitazione del linguaggio pubblicitario ecc.)
2 - Commentate l'espressione: « e quando acquistano, non è un acquisto ma una conquista... ».
3 - Perché queste signore sono così contente di fare acquisti alle bancarelle dei mercanti ambulanti?
4 - Perché i prezzi variano secondo le ore della giornata?
5 - Dite quali sono, a vostro parere, i caratteri della « civiltà dei consumi pianificati ».

Testo 13

Una lezione drammatizzata

« Che lezione ha preparato per stamattina, signor maestro Mombelli? ».
« Una lezione su... Cristoforo Colombo! » dissi. Feci aprire il libro agli scolari e cominciai a spiegare.
« Ma questa è una lezione libresca. Via il libresco » gridò il direttore.

« Scuola attiva! scuola viva! Drammatizziamo, signor maestro, drammatizziamo! Scolari, in piedi... Voi siete la ciurma! Tu sarai Cristoforo Colombo » disse a un ragazzino: « il vostro signor maestro sarà il marinaio che guarda se si vede la terra...
Signor maestro, vada alla finestra... Non ha un cannocchiale? »

« Veramente no! »

« Non importa! Il fanciullo ha tanta fantasia da sostituire col pensiero l'idea degli occhiali con quella del cannocchiale ».

« Cosicché il cannocchiale sarebbero i miei occhiali? »

« Esattamente! »

Dopo un momento tutta la scuola inveiva contro il ragazzino che faceva Cristoforo Colombo.

« Siamo stanchi di viaggiare » urlava uno.

« Vogliamo tornare a casa! » urlava un altro.

« Calma ciurma! Calma ciurma! » urlava Colombo.

« Ho lasciato mia moglie, e i miei figli. Dove sono i miei figli? »

« Calma ciurma calma! »

« Non andiamo più in America da questa parte! »

« Nelle Indie » urlò il direttore.

« Calma ciurma calma! »

« Abbiamo sete! »

« Abbiamo fame! »

« Alle catene alle catene alle catene alle catene. Colombo alle catene! »

« Calma ciurma calma! »

« Da tre anni ci dici: calma ciurma! »

« Quattro mesi » corresse il direttore.

« Da quattro mesi che ci dici: calma ciurma! »

Il direttore si affaccendava dall'uno all'altro scolaro a dire di gridare i nomi delle navi.

« Noi della *Pinta* siamo stanchi! »

« Noi della *Santa Maria* siamo esausti! »

« Noi della *Nina* non ne possiamo più! »

« Calma ciurma calma! »

« A morte Colombo a morte Colombo a morte Colombo a morte a morte. »

« Calma calma calma! »

Il direttore si avvicinò a un ragazzino: « Parla a Colombo della tua città! »

« Sono di Torino, città che si trova nel cuore del Piemonte e che conta seicentomila abitanti; dove ci scorre il fiume Po che nasce dal Monviso. Ha affluenti a sinistra, e a destra, e si getta nel mar Adriatico con un largo delta... »

« Calma ciurma calma! »

Il direttore mi fece segno di gridare.

« Terra! Terra! » gridai.

« Davvero? » gridò Colombo.

« Terra! Terra! » ripetei.

« Terra terra terra terra terra terra terra terra terra terra terra. »

« Evviva Colombo! » urlò il direttore.

« Evviva Colombo! » gridò la ciurma.

Lucio Mastronardi, Il maestro di Vigevano,
Einaudi, Torino.

Osservazioni grammaticali

- il *vostro* signor maestro
- i *miei* occhiali
- *mia* moglie, i *miei* figli
- parla a Colombo della *tua* città

Per la conversazione

- Quali sono gli errori storici contenuti nel testo? Rilevateli, e raccontate con esattezza il viaggio di Cristoforo Colombo.
- Vi sembra che i bambini sappiano drammatizzar bene la lezione? Quali rapporti intercorrono fra la scolaresca, il direttore e il maestro?
- Cosa ne pensate del direttore? Perché le sue pretese pedagogiche finiscono col diventare comiche e quasi caricaturali?
- Vi sembra che Lucio Mastronardi sia per la lezione « libresca » a scapito della lezione « attiva »? O vuole semplicemente divertirsi alle spalle del suo superiore gerarchico? (Non dimenticate che l'autore è stato lui stesso maestro elementare...).
- Inventate una « lezione attiva » su un tema a vostra scelta.

Testo 14

Il dottor Mistico è desiderato al telefono

Due amici vanno al cinema. Uno di essi, il dottor Mistico, è distratto e segue la trama senza entusiasmo. Sembra assente, come in attesa di qualcosa.

Improvvisamente la voce dell'altoparlante riempie la sala: « Il dottor Mistico è pregato di venire al telefono ».
Mistico ha ascoltato immobile.
Lo scuoto: « Ehi, cercano te! »
« Sst. »
L'altoparlante ripete: « Il dottor Mistico, il medico, è desiderato al telefono. Si tratta di un ammalato ».
Mistico si alza: « Non ti muovere, aspettami. Torno subito ». Lentamente percorre il corridoio centrale. I mutuati lo guardano, e lui si

offre, eretto e sicuro, alla loro curiosità. Vedo che si scambiano dei commenti, additandolo.

15 Scompare dietro i tendoni verdi, in fondo: il telefono è nell'atrio, alla cassa.

Incomincia il secondo tempo: dovrò raccontare a Mistico il pezzo che perde. Poveraccio, che scocciatura. Ha così pochi mutuati, e lo rag-
20 giungono anche al cinema: perché si tratta senz'altro di una chiamata per una visita urgente. Comunque, si guadagna almeno il prezzo del biglietto.

Sarà bene che a suo tempo prenda anch'io l'abi-
25 tudine di lasciar detto a mia madre dove mi può rintracciare, quando la sera vado in un posto prestabilito: i mutuati devono ricavare una impressione ottima da un accorgimento del genere. Il loro medico si diverte — è umano che lo
30 faccia — ma non si dimentica di loro neppure quando si diverte: neppure quando è con una donna (devo dirlo a Teresa: certamente capirà cosa significa far l'amore con un medico).

Dopo qualche minuto Mistico torna al suo posto.
35 « Allora? »

« Niente. Già fatto. »

« Non ci sei andato? »

« Taci. Era mia cugina. »

« Qualcuno dei suoi sta male? »
40 « No. Eravamo d'accordo che mi chiamasse. »

« Come, l'hai fatto apposta? »

« Perché, cosa c'è di male? È pubblicità. »

Do un'occhiata al film.

« Non ti va l'idea? » mi fa Mistico. « A me sem-
45 bra buona: e non costa niente. »

Diavolo di un marocchino.

« Peccato che c'è poca gente. L'idea m'è venuta l'altro giorno, quando sono andato a trovare un collega. L'importante è far circolare il no-
50 me, diceva lui. »

« Ma come ha fatto tua cugina a sapere quando c'era l'intervallo? »

« Non lo sapeva. Ha chiesto lei di farmi chiamare durante l'intervallo. Di fronte alle disgra-
55 zie tutti sono gentili. »

Per un poco guardiamo il film, che sta migliorando: pare infatti che l'assassino non sia chi pensavo io. Ad un certo punto Mistico riattacca: « Forse ho commesso un errore. Che stu-
60 pido. »

« Piantala. »

« Noi non siamo medici da prima visione. La nostra clientela frequenta i cinema di seconda visione. Questi qui sono quasi tutti paganti, ci
65 scommetterei. »

Il ragionamento è abbastanza logico, lo ammetto.

« La prossima volta organizzerò la pubblicità in seconda visione, senz'altro. »

Certo che mia madre e Mistico insieme andrebbero molto lontano. Arriverebbero dove vogliono.

Giuseppe D'Agata, *Il medico della mutua*
Feltrinelli, Milano

Osservazioni grammaticali

- il cinem*a* → i cinem*a*
- il fil*m* → i fil*m*
- *non* ti *muovere*, aspetta*mi*
- sarà bene che *prenda* anch'io l'abitudine
- è umano che lo *faccia*
- eravamo d'accordo che mi *chiamasse*
- pare che l'assassino non *sia* chi pensavo io
- N.B.: peccato che *c'è* poca gente

Per la conversazione

1 • Perché il dottor Mistico fa ripetere l'appello dell'altoparlante prima di muoversi?
2 • Analizzate le riflessioni silenziose dell'amico.
3 • Commentate queste parole del dottor Mistico: « Noi non siamo medici da prima visione. La nostra clientela frequenta i cinema di seconda visione. Questi qui sono quasi tutti paganti, ci scommetterei. »
4 • Spiegate il significato dei termini « mutua », « mutuato » e dite perché, a parer vostro, il dottor Mistico ha bisogno di ricorrere a questo genere di pubblicità « per far circolare il nome ».
5 • Che cosa ne pensate di questa messinscena? Disonestà o necessità?

Testo 15

L'arrivo del campionissimo

La schiena gialla, fradicia di sudore si piegò; il quadro di tela biancastra del numero « 32 » apparve mezzo staccato su quella curva; la seguì piegandosi anch'esso. Fu un attimo; gli occhi della folla che si eran attaccati ai suoi polpacci ebbero appena il tempo di vederlo scattare, affondar i pedali, raspar l'asfalto.

Facendo sibilar l'aria, ributtandola come una nube incolore verso la folla che era rimasta intontita, la macchina si piegò a sinistra. Poi insieme al corpo che vi si era incarnato si riportò con prepotenza ancor maggiore sul centro. Da lì cambiando nuovamente la fase della pedalata precipitò sulla destra.

Dalle braccia e dai gomiti si vedeva la tensione scaricarsi attraverso i muscoli, i tendini e le ve-

Fausto Coppi, il « Campionissimo », protagonista dell'ultima
grande stagione del ciclismo italiano, mentre « si arrampica »
in una tappa di montagna del « Giro d'Italia ». Il ciclismo è
stata una delle grandi passioni degli italiani: oggi la
popolarità di questo sport « povero » si è un po' attenuata.

ne, nei pugni che, quasi gemendo, si stringeva-
no ai corni del manubrio.

20 Nello spostarsi alternato da destra a sinistra e
da sinistra a destra i metri venivano ingoiati
dalle ruote sibilanti; il peso del corpo sembrava
cader ogni volta dentro la parete della folla, ma
sul punto di piombarvi un nuovo strappo lo ri-
metteva diritto, poi di nuovo nella parte oppo-
25 sta, dove si ripeteva per la folla raccolta in quel
punto la stessa, angosciosa paura di vederselo
piombar nel mezzo.

Alcune gocce di sudore venendo giù dalla fronte, dove i capelli stanchi s'eran tuttavia driz-
30 zati in nodi umidi e grovigliosi, venivan fermate nel loro percorso da quegli strattoni con-
tinui e contrari. L'odor di sudore, terra e polvere, scendeva sulla folla durando, come una
scia palpabile, anche dopo il passaggio.

35 « Dante! »
« Dante! »
« Dante! »

Il Pessina alzò la testa; gettò gli occhi in avanti
e con una felicità avida e eccitata guardò co-
40 me se la toccasse la striscia larga, grassa e bianca che poco più avanti di lui tagliava la strada.
Poche pedalate ancora, "come un bolide", "come un dio", aprendosi la strada da solo, con la
potenza del suo solo corpo, ora che le staffette
45 erano rimaste indietro...

Giovanni Testori, *Il ponte della Ghisolfa*,
Feltrinelli, Milano.

Osservazioni grammaticali

- la seguì *piegandosi*
- *facendo* sibilar l'aria
- *ributtandola* come una nube incolore
- *cambiando* nuovamente la fase
- quasi *gemendo*
- l'odor di sudore... *durando*... anche dopo il passaggio
- *aprendosi* la strada
- piegando*si*
- veder*lo*
- ributtando*la*
- scaricar*si*
- spostar*si*
- piombar*vi*
- aprendo*si*
- veder*selo*
- guardò *come se* la *toccasse*

Per la conversazione

- Mostrate con quali procedimenti « visivi » l'autore traduce lo sforzo e la resistenza fisica del
corridore ciclista.
- Il corridore e le reazioni della folla.
- Commentate l'espressione: « come un bolide, come un dio » e dite come può spiegarsi l'uso e
l'abuso delle iperboli sportive.
- Cercate di giustificare la « felicità avida e eccitata » di Dante Pessina, sul punto di varcare il
segno del traguardo.
- Dante e la folla osannante appartengono al mondo duro e difficile della periferia proletaria milanese. Che cosa può rappresentare la forza musco-
lare, il vigore del corpo, per questa gente socialmente umiliata e frustrata?
- Quali sono i grandi nomi (presenti e passati) del
ciclismo italiano?
- Le più importanti gare ciclistiche di livello internazionale.
- I giovani e il ciclismo.

Testo 16

Lotta per la vita

Le strade intorno ai Mercati erano nere di gente, i Mercati vuoti come un cimitero, sotto un
sole che li sgretolava: appena aperti i cancelli,
si riempirono in un momento.
Ai Mercati Generali non c'era niente, manco [1]
un torso di cavolo. La folla si mise a girare pei
magazzini, sotto le tettoie, negli spacci, ché non
si voleva rassegnare a restare a mani vuote. Finalmente un gruppo di giovanotti scoprì una
cantina che pareva piena: dalle inferriate si vedevano dei mucchi di copertoni e di tubolari, tele incerate, teloni, e, nelle scansie, delle forme
di formaggio. La voce si sparse subito: cinque
o seicento persone si scagliarono dietro il gruppo dei primi. La porta fu sfondata, e tutti si
buttarono dentro, schiacciandosi. Il Riccetto e
Marcello [2] erano in mezzo. Vennero ingoiati per
il risucchio della folla, quasi senza toccar terra
coi piedi, attraverso la porta. Si scendeva giù
per una scala a chiocciola: la folla di dietro
spingeva, e delle donne urlavano mezze soffo-
cate. La scaletta a chiocciola straboccava di
gente. Una ringhiera di ferro, sottile, cedette, si
spaccò, e una donna cadde giù urlando e sbatté
la testa in fondo contro uno scalino. Quelli rimasti fuori continuavano a spingere. « È morta » gridò un uomo in fondo alla cantina. « È
morta » si misero a strillare spaventate delle
donne; non era possibile né entrare né uscire.
Marcello continuava a scendere gli scalini. In
fondo fece un salto scavalcando il cadavere, si
precipitò dentro la cantina e riempì di coperto-

<hr>

1. Nemmeno, neanche, neppure.
2. Due ragazzi delle borgate romane.

ni la sporta insieme agli altri giovani che prendevano tutto quello che potevano. Il Riccetto era scomparso, forse era riuscito fuori. La folla si era dispersa. Marcello tornò a scavalcare la donna morta e corse verso casa.

Pier Paolo Pasolini, *Ragazzi di vita*,
Garzanti, Milano.

Osservazioni grammaticali

- *non* c'era *niente*
- *non* era possibile *né* entrare *né* uscire
- restare *a* mani vuote
- una scala *a* chiocciola
- e tutti si buttarono *dentro*
- forse era riuscito *fuori*

Per la conversazione

- La folla e i Mercati Generali: attesa, speranza, delusione...
- La folla e l'assalto alla cantina: descrivete la scena in tutto il suo orrore e la sua angosciosa tristezza.
- Immaginate la vita di due ragazzi come Marcello e Riccetto nelle borgate romane del dopo-guerra.
- Quali sono, a vostro parere, i rapporti fra il mondo delle borgate e quello della società borghese che lo circonda e lo condiziona?
- Quali film di Pier Paolo Pasolini hanno avuto per sfondo le crudeli borgate dei suoi romanzi? Perché Pasolini – come scrittore, come sceneggiatore, come regista – è stato sempre tanto sensibile al problema del sottoproletariato romano?
- Raccontate, commentandolo, il film di Pier Paolo Pasolini che più vi è piaciuto.

Testo 17

Renzo e Musetta

Firenze, via del Corno, durante i primi anni del Fascismo. Musetta Cecchi, « cornacchiaia » [1] *fin dalla nascita, incontra un giorno il giovinetto Renzo – nuovo arrivato in questa piccola strada fiorentina – e comincia a parlare con lui con disinvolta spontaneità.*

Egli arrossì, ed anche lei, vedendolo arrossire. Poi lui disse:
« Tu come ti chiami? »
« Musetta. Tu, Renzo, lo so. La tua mamma ha già fatto amicizia con la mia, e con le altre donne. »
« Sei la figliola del caposquadra della Nettezza, vero? »
« Sì, e mia sorella è la padrona della carbonaia. »
« Chi è quella tua amica con le trecce sulle spalle? »

« Adele, ma con lei non c'è nulla da fare. È fidanzata a mio fratello. »
« Lo chiedevo per curiosità. E quella bassina? » 15
« Piccarda, dici? È la sorella dell'ex ferroviere che abita al n. 2. Anzi, è la cognata della sorella di Adele, perché Bruno, l'ex ferroviere, ha sposato Clara. E i loro genitori si sono messi insieme... Già a spiegarlo è piuttosto complicato, 20 ma basta che ti affiati con la strada, e vedrai che non c'è nulla di straordinario. In via del Corno, anche se a volte c'è buriana, [2] ci vogliamo tutti bene. »
« Me ne accorgo! Siete tutti parenti! » 25
« Siamo tutti una ghega, [3] dice lo Staderini. Lo Staderini saprai chi è, spero. »
« Mi ha recitato un canto dell'Inferno mentre mi metteva una toppa a questa scarpa. »
« Dante è la sua fissazione, ma in via del Corno 30 non lo ascolta più nessuno. È costretto a declamare nella bettola di via dei Saponai. »
« Eppure recita i versi come un professore! Ti piacciono le poesie? »
« Le capisco poco, e a te piacciono? » 35
« A me sì... Leggere ti piace? »
« Abbastanza, ma non trovo mai il tempo. »
« Io ho una biblioteca di quattordici volumi. Se vuoi ti posso prestare qualche romanzo. »
« Parlano d'amore? » 40
« Anche... ».
E siccome vi fu un silenzio, egli rispose:
« Dunque non ti piace nemmeno Ridolini perché non parla d'amore! »
« Infatti no, e a te? » 45
« A me sì. Tom Mix ti piace? »
« No, e a te sì? »
« Siamo di gusti differenti. Cosa ti piace? »
« Le pellicole passionali! » ella disse: « Ma anche quelle allegre. L'hai visto *Scampolo* con 50 Carmen Boni? Io sì... Bada ad attraversare la strada, c'è una macchina. »
« Era una lambda. »
« Ti intendi di automobili? »
« Le riconosco dalla targhetta sul radiatore. » 55
« In via del Corno c'era Maciste che possedeva un *sidecar*. »
« Maciste chi era? Il sovversivo ammazzato dai fascisti? »
« Sei pazzo a gridare in questo modo! » 60
E vi fu di nuovo un silenzio tra i due ragazzi.

Vasco Pratolini, *Cronache di poveri amanti*,
Mondadori, Milano.

1. Abitante di via del Corno.
2. *buriana* (termine dialettale):
a) senso proprio → temporale, tempesta;
b) senso figurato → baldoria, confusione.
3. *ghega* o *ghenga* = banda di malviventi; dalla voce inglese *gang* = (scherzoso) gruppo di amici, di complici.

- la *tua* mamma ha già fatto amicizia con la *mia*
- *mia* sorella
- quella *tua* amica
- a *mio* fratello
- i *loro* genitori
- Dante è la *sua* fissazione
- con lei *non* c'è *nulla* da fare
- *non* c'è *nulla* di straordinario
- *non* lo ascolta *nessuno*
- *non* trovo *mai* il tempo
- *non* ti piace *nemmeno* Ridolini
- *basta* che ti *affiati* con la strada

Per la conversazione

- Come appare via del Corno attraverso le parole dei due ragazzi?
- Come può spiegarsi la « fissazione » dello Staderini? Cosa rappresenta Dante per i fiorentini purosangue, anche per quelli più umili?
- Commentate la battuta di Musetta: « In via del Corno, anche se a volte c'è buriana, ci vogliamo tutti bene ».
- Movendo dal loro ingenuo conversare, tracciate un ritratto psicologico dei due ragazzi e mettete in evidenza i loro gusti e la loro mentalità.
- Quali elementi ci permettono di localizzare il testo intorno agli anni 1925-26?

Testo 18

Notte di luna, notte d'amore

Il protagonista del testo è innamorato da tempo di Micòl Finzi-Contini. La ragazza ha lasciato Ferrara per continuare i suoi studi a Venezia. Una sera d'inverno il fratello di Micòl telefona al giovane innamorato per dirgli che una sorpresa l'aspetta a casa Finzi-Contini.

1 Era una splendida notte di luna, gelida, limpidissima. Per le vie non passava nessuno o quasi, e corso Giovecca e corso Ercole I d'Este, d'un biancore quasi salino, si aprivano dinanzi a me
5 lisci e sgombri come due grandi piste. Pedalavo al centro della strada, in piena luce, con le orecchie indolenzite dal gelo; ma a cena avevo bevuto parecchi bicchieri di vino, e il freddo non lo sentivo, anzi sudavo. Le gomme della bici-
10 cletta frusciavano leggermente nella neve indurita, e l'asciutto polverio che sollevavano mi riempiva d'un senso d'allegria spericolata, come se stessi sciando. Andavo in fretta, senza paura di sbandare. Intanto pensavo alla sorpre-
15 sa che, secondo le parole di Alberto, avrebbe

dovuto aspettarmi a casa Finzi-Contini. Cos'era: forse tornata Micòl? Però era strano. Per quale ragione non era venuta lei, al telefono? E perché, prima di cena, non si era fatta vedere al Tempio? Se al Tempio ci fosse stata, lo avrei già saputo. Mio padre, a tavola, facendo la solita rassegna dei presenti alla funzione (l'aveva fatta anche per me: per rimproverarmi indirettamente di non essere intervenuto), non si sarebbe certo dimenticato di nominarla. Li aveva nominati tutti, Finzi-Contini e Herrera, ma lei no. Possibile che fosse arrivata per conto suo all'ultimo momento, col direttissimo delle nove e un quarto?

Nel chiarore anche più intenso della neve e della luna, mi inoltrai attraverso il Barchetto del Duca puntando sulla *magna domus*. A metà strada, ricordo, poco prima che infilassi il ponte sul canale Panfilio, mi si parò dinanzi improvvisamente un'ombra gigantesca. Era Jor.[1] Lo riconobbi con un attimo di ritardo, quando già stavo per gridare. Ma non appena l'ebbi riconosciuto, lo spavento si tramutò, in me, in un senso quasi altrettanto paralizzante di presagio. Dunque era vero – mi dicevo –: Micòl era tornata. Avvertita dal campanello di strada, si era alzata da tavola, era scesa da basso, e adesso, mandatomi incontro Jor, mi aspettava sulla soglia della porticina secondaria che serviva unicamente ai famigliari e agli intimi. Poche pedalate ancora, e quindi Micòl, proprio lei: figuretta bruna incisa su uno sfondo di luce bianchissima, da centrale elettrica, e lambita alle spalle dall'alito protettore del calorifero. Ancora qualche secondo, e avrei udito la sua voce, il suo « ciao ».

« Ciao », disse Micòl, ferma sulla soglia. « Che bravo, a venire. »

Avevo previsto tutto con molta esattezza: tutto, tranne che l'avrei baciata. Ero sceso di sella, avevo risposto: « Ciao. Da quando sei qui? », lei aveva avuto ancora il tempo di dire: « Da oggi pomeriggio, ho fatto viaggio con gli zii », e poi... poi l'avevo baciata. Era accaduto d'un tratto. Ma come? Stavo tuttora col viso nascosto nel collo tiepido e profumato di lei (era un profumo strano: un odore misto di pelle infantile e borotalco) e già me lo chiedevo. Come era potuto succedere? L'avevo abbracciata, lei aveva compiuto un debole tentativo di resistenza, infine mi aveva lasciato fare. Era andata così? Forse era andata così. Ma ora?

Mi staccai lentamente. Adesso lei era lì, il viso a venti centimetri dal mio. La fissavo senza parlare né muovermi, incredulo, già incredulo. Ad-

1. Il cane di Micòl.

A fianco. La piazza del Duomo di Ferrara, in un giorno di mercato. A Ferrara è ambientato il romanzo « Il giardino dei Finzi-Contini » di Giorgio Bassani, che narra le vicende di una famiglia ebrea distrutta dai nazisti. Sotto. L'arresto della famiglia in una scena del film omonimo di Vittorio de Sica.

dossata allo stipite della porta, le spalle coperte da uno scialle di lana nero, anche lei mi fissava in silenzio. Mi guardava negli occhi, e il suo sguardo entrava in me dritto, sicuro, duro: con
75 la limpida inesorabilità di una spada.
Fui io il primo a distogliere gli occhi.
« Scusa », mormorai.
« Perché scusa? Sono stata io, forse, che ho sbagliato a venirti incontro. La colpa è mia. »
80 Scosse il capo. Poi abbozzò un sorriso buono, affettuoso...

Giorgio Bassani, *Il giardino dei Finzi-Contini*,
Einaudi, Torino.

Osservazioni grammaticali

- Notate la struttura dei modi e dei tempi nelle frasi seguenti:
- intanto *pensavo* alla sorpresa che *avrebbe dovuto* aspettarmi a casa Finzi-Contini
- [era] possibile che *fosse arrivata* per conto suo all'ultimo momento?
- se al Tempio ci *fosse stata*, l'avrei già *saputo*
- *avevo previsto* tutto con molta esattezza: tutto, tranne che l'*avrei baciata*
- *sono stata io*, forse, che *ho sbagliato* a venirti incontro
- come se *stessi sciando*
- quando già *stavo per gridare*

Per la conversazione

1 - Analizzate, nel 1° paragrafo, le caratteristiche del notturno lunare e il contrasto che esiste fra la fretta del giovane e l'immobilità della città invernale.
2 - Perché il giovane si fa tante domande durante la sua frenetica pedalata? Qual è il senso di questo accavallarsi d'ipotesi diverse?
3 - Quali elementi ci rivelano che tutti i personaggi ricordati nel testo appartengono alla società israelita ferrarese?
4 - Mostrate in che modo l'apparizione di Micòl diventa agli occhi dell'innamorato una specie di « visione » quasi miracolosa.
5 - Analizzate i sentimenti del giovane, in seguito al bacio rubato a Micòl. Perché tante domande? Perché tanta incredulità?
6 - La reazione della ragazza. Studiate i suoi stati d'animo successivi e dite quale sarà, a parer vostro, la *vera* Micòl: quella dallo sguardo « duro » o quella dal sorriso « buono, affettuoso »? L'una e l'altra nello stesso tempo?
7 - *Il giardino dei Finzi-Contini*: un celebre romanzo diventato poi un celebre film di Vittorio De Sica. Sarebbe interessante se qualcuno di voi potesse dire se il regista scomparso ha reso bene l'atmosfera poetica e suggestiva del libro di Giorgio Bassani.

Testo 19

Genitori e figli

Un giorno, a tavola, ci fu una discussione, quasi un litigio. Lo zio[1] aveva mosso un blando rimprovero al figliolo:
« Capisco che tu sia voluto andare a teatro... Ma cenare, potevi cenare a casa. » Si riferiva alla sera avanti.
Remo ebbe un gesto di fastidio.
« Lo so, ti fa più piacere stare con gli amici » disse la madre inviperita. « Ma almeno a pranzo e a cena, potresti stare con noi... »
Improvvisamente si mise a piangere. La guardarono stupefatti.
Lo zio si commosse. Le posò la mano sul braccio:
« Che ti prende, mamma? »
« Si vergogna di noi » rispose lei tra i singhiozzi. « Perché siamo gente da nulla... »
« Che vai dicendo » fece Remo. Aveva sempre l'aria infastidita.
« Anche i tuoi amici, perché non ce li hai fatti conoscere? Ce ne avessi almeno parlato. Niente, non vuoi dirci niente... »
A un tratto attaccò a parlare Remo:
« Che ve ne parlerei a fare? Se non mi state nemmeno a sentire. Voi, a parte gl'interessi, non vi occupate d'altro... Vi dovrei raccontare di me, dei libri che leggo? Dei discorsi che faccio con gli amici? Di quello che ho visto iersera a teatro? » Si rivolse al padre: « Cosa credi che sia andato a vedere, le ballerine? Perché prima l'hai detto con un tono... Come se i soldi li buttassi al vento. Sono andato a vedere una commedia di Pirandello. Ma voi non lo sapete nemmeno, chi è Pirandello ».
« Remo, ma non è colpa nostra se non siamo gente istruita. Non abbiamo avuto il tempo di farci un'istruzione... »
« Almeno tu, il tempo lo avresti. Non fai niente dalla mattina alla sera... »
« La pensate tutti nello stesso modo » disse la madre rabbiosa. « Ma i sacrifici che ho fatto per voi quando eravate piccoli, di quelli, non ne sapete niente. Sì, di quando vostro padre era in guerra... e io dovevo farmi in quattro per mandare avanti la baracca... »
« Si parla di ora, mamma. Che vita fai, scusa? Ti potresti interessare di qualcosa. Potresti leggere qualche libro. Potresti andare a teatro. Ti ci porterei io, a teatro. Potresti andare ai concerti con Adriana. Ma tu, niente, preferisci rice-

1. Lo zio di Gisella, la narratrice.

56

vere le amiche... Voi credete di aver fatto abbastanza allevandoci e assicurandoci una vita agiata. Ma vi siete curati di capirci? Non parlo solo di me. Parlo di Adriana. E di Gisella: fa parte anche lei della famiglia. »

« Gisella lasciala stare » s'indispettì la madre.

« Già, lei è beata, ha il fidanzato, cos'altro può desiderare una ragazza? Adriana, certo, mi dà pensiero... »

« Mamma, per favore, lasciami in pace. Alle mie cose ci penso da me... ».

« Figlioli, io non vi capisco. Un po' mi dite di lasciarvi in pace, un po' mi accusate di non pensare a voi... ».

Remo aveva ripreso la sua aria assente. Gisella era stupita di avergli sentito fare tutto quel discorso. Di solito, a fatica apriva bocca.

Remo se ne andò, Adriana fece lo stesso; se ne andò anche lo zio. « Ecco » commentò la zia « loro se ne vanno e mi lasciano sola. Se la prendono perché ho un po' di amiche. Ma se non avessi loro, mi dici che vita farei? Eh, anche in una famiglia ognuno deve pensare a sé » aggiunse come se riflettesse a voce alta. « Noi donne lo capiamo sempre troppo tardi. Ci dedichiamo tutte al marito, ai figlioli... E questa è la ricompensa » disse indicando i posti vuoti. « Appena finito di mangiare se la svignano e non li rivedi più fino all'ora di cena. »

Carlo Cassola, *Gisella*,
Rizzoli, Milano.

Osservazioni grammaticali

- Rilevate, nel testo, tutti i pronomi personali che sono eccezionalmente numerosi:
  soggetti e complementi
  – atoni e tonici
  – forme atone accoppiate.
- qual è il valore e il significato di questa specie di « orgia » pronominale?
- [se] ce ne *avessi* almeno parlato
- *come se* i soldi li *buttassi* al vento
- *se* non ci *avessi* loro
- *come se* riflettesse
- che *vai dicendo*
- sono *andato* a *vedere*

Per la conversazione

- Partendo dal testo, sviluppate il tema – sempre più attuale e scottante – del contrasto fra le generazioni. I torti dei figli, quelli dei genitori, le rivendicazioni degli uni e degli altri, le incomprensioni reciproche, i malintesi, gli assurdi rinfacci...
- Parlate della contestazione giovanile nei suoi differenti aspetti e chiarite il significato del fenomeno nelle sue componenti sociali e psicologiche.

Testo 20

Alla stazione di Milano

Stazione di Milano. Florestano e il narratore aspettano un certo Bartoletti che deve arrivare da Bologna. Florestano si rivolge all'amico e gli dice: « Io rimango qui, alla porta di sinistra, tu vai a destra... Il primo di noi che vede Bartoletti, chiama l'altro. Ma non distrarti e guarda bene ».

Io m'infilai tra la nuova calca che usciva dalla porta di destra; e, spronato dalla fiducia, e dalla raccomandazione di Florestano, mi misi con infinito scrupolo a esaminare gli arrivati. Mi stabilii e fermai solidamente sulle due gambe un [5] po' aperte, per non essere travolto dalla fiumana; il mio corpo costituiva così una roccia incrollabile contro cui la corrente veniva a fendersi, si apriva un momento in due corsi uguali, che giravano attorno ruvidamente per ricongiungersi subito dall'altra parte, dietro di me, verso [10] il destino.

Mille aspetti maniaci e duemila sguardi sbarrati si proiettavano verso il sogno beffardo d'una carrozza libera o di un facchino: ma non vidi [15] Bartoletti. Scorsi ancora una balia col bambino in braccio, un cane, una donna vecchia.

Non c'era più nessuno.

Florestano mi raggiunse.

« Non l'hai visto? » [20]

« No. »

« Ma sei sicuro d'aver guardato bene? »

« Per chi mi prendi? »

Riprendemmo lenti e tristi la via del ritorno.

« Sono confuso » diceva Florestano « e non so [25] che fare. »

« Bartoletti partendo mi aveva dato le chiavi di casa sua... Guardale qua... È un uomo preciso, esatto e puntuale; se avesse perduto il treno, avrebbe mandato un telegramma. Eppure » riprese testardo Florestano « qualche cosa mi dice che Bartoletti è arrivato. » [30]

Improvvisamente anch'io sentii una voce occulta gridarmi che Bartoletti era arrivato.

M'invase la certezza che il Bartoletti era arrivato. [35]

« Eppure io ho visti tutti » insisteva Florestano « uno per uno, quelli che sono passati. E tu sei sicuro d'aver guardato bene tutti? »

« Per Bacco! Uno per uno, e ti assicuro... ah! » [40] Questo « ah! » fu un grido; ed emettendo quel grido mi sentii impallidire. Davanti a Florestano allibito, barcollai, perché in quel momento m'ero ricordato che Bartoletti io non l'avevo visto né conosciuto mai.

Massimo Bontempelli, *Romanzi e racconti*, Mondadori, Milano.

Osservazioni grammaticali

- il telegramm*a* → i telegramm*i*
- *mille* aspetti maniaci
- *duemila* sguardi sbarrati
- *non* c'era più *nessuno*
- io *non* l'avevo visto *né* conosciuto *mai*
- se *avesse perduto* il treno, *avrebbe mandato* un telegramma

Per la conversazione

- La calca dei viaggiatori vista dagli occhi di Massimo Bontempelli: si può parlare a questo proposito del cosiddetto « realismo magico »? In che senso?
- Non vi sembra che questi viaggiatori abbiano qualcosa di burattinesco e di geometrico? Analizzate attentamente tutto il periodo: « *due* corsi uguali », « *mille* aspetti maniaci », « *duemila* sguardi sbarrati » ecc.
- Analizzate il crescendo dell'ultima parte del brano:
  1) « Qualche cosa *mi dice* che Bartoletti è arrivato. »
  2) « Anch'io *sentii una voce occulta gridarmi* che Bartoletti era arrivato. »
  3) « *M'invase la certezza* che il Bartoletti era arrivato. »
- Che cosa pensate dell'inattesa battuta finale? Arte raffinata o artificio da giocoliere?

Testo 21

Paladini di Francia

1 Sotto le rosse mura di Parigi era schierato l'esercito di Francia. Carlomagno doveva passare in rivista i paladini. Già da più di tre ore erano lì; faceva caldo; era un pomeriggio di prima
5 estate, un po' coperto, nuvoloso; nelle armature si bolliva come in pentole tenute a fuoco lento. Non è detto che qualcuno in quell'immobile fila di cavalieri già non avesse perso i sensi o non si fosse assopito, ma l'armatura li reggeva
10 impettiti in sella tutti a un modo. D'un tratto, tre squilli di tromba: le piume dei cimieri sussultarono nell'aria ferma come a uno sbuffo di vento, e tacque subito quella specie di mugghio marino che s'era sentito fin qui, ed era, si vede,
15 un russare di guerrieri incupito dalle gole metalliche degli elmi. Finalmente ecco, lo scorse-

ro che avanzava laggiù in fondo, Carlomagno su un cavallo che pareva più grande del naturale, con la barba sul petto, le mani sul pomo della sella. Regna e guerreggia, guerreggia e regna, dài e dài, pareva un po' invecchiato, dall'ultima volta che l'avevano visto quei guerrieri. Fermava il cavallo a ogni ufficiale e si voltava a guardarlo dal su in giù « E chi siete voi, paladino di Francia? »
« Salomon di Bretagna, sire! » rispondeva quello a tutta voce, alzando la celata e scoprendo il viso accalorato; e aggiungeva qualche notizia pratica, come sarebbe: « Cinquemila cavalieri, tremilacinquecento fanti, milleottocento i servizi, cinque anni di campagna. »
« Sotto coi brètoni, paladino! » diceva Carlo, e toc-toc, toc-toc, se ne arrivava a un altro capo di squadrone.
« Ecchisietevòi, paladino di Francia? » riattaccava.
« Ulivieri di Vienna, sire! » scandivano le labbra appena la griglia dell'elmo s'era sollevata. E lì: « Tremila cavalieri scelti, settemila la truppa, venti macchine da assedio. Vincitore del pagano Fierabraccia, per grazia di Dio e gloria di Carlo re dei Franchi! »
« Ben fatto, bravo il viennese, » diceva Carlomagno, e agli ufficiali del seguito: « Magrolini quei cavalli, aumentategli la biada. » E andava avanti: « Ecchisietevòi, paladino di Francia? » ripeteva sempre con la stessa cadenza: « Tàtta-tatatài tàtà-tàtà-tatàta... ».

Italo Calvino, *Il cavaliere inesistente*, Einaudi, Torino.

Osservazioni grammaticali

- cinque*mila* cavalieri
- tre*mila*cinquecento fanti
- *mille*ottocento i servizi
- tre*mila* cavalieri
- sette*mila* la truppa
- magrolini quei cavalli, aumentate*gli* la biada
- non *è detto* che qualcuno... già non *avesse perso* i sensi o non si *fosse assopito*

Per la conversazione

- Confrontate questo testo con il precedente e mostrate le differenze che esistono fra il « realismo magico » di Bontempelli e il « surrealismo » di Calvino.
- Analizzate i procedimenti caricaturali con i quali l'autore distrugge il mito dei paladini di Francia e del loro imperatore.
- Perché lo scrittore vuol dare dimensioni umane e mediocri a questi eroi da leggenda?
- I paladini di Francia nella tradizione popolare siciliana.

Sciopero dei telefoni

Sciopero dei telefoni. Le singole comunicazioni si intrecciano, le linee sono ingombre. Confusione, risate, irruzione continua di voci in una ridda inestricabile. L'autore ascolta in silenzio. Clara e Franchina parlano di vestiti e si chiedono a vicenda cosa possono indossare l'indomani per andare « dalla Giulietta » a prendere il tè...

Si udì a questo punto una voce d'uomo, nuova, bellissima, giovanilmente aperta e autoritaria, che stupiva per la eccezionale carica di vita:

« Clara, se mi permette glielo dico io, lei domani si metta la gonna blu dell'anno scorso con il golf viola che ha appena dato da smacchiare... E il cappellino nero a *cloche*, intesi? »

« Ma lei, chi è? » La voce della Clara era cambiata, adesso aveva un'incrinatura di spavento. « Mi vuol dire chi è? »

L'altro tacque.

Allora la Franchina: « Clara, Clara, ma come fa questo qui a sapere?... »

L'uomo rispose molto serio: « Io parecchie cose so »

La Clara: « Storie! Lei ha tirato a indovinare! »

Lui: « Ho tirato a indovinare? Vuole che le dia un'altra prova? »

La Clara, titubante: « Su, su coraggio. »

Lui: « Bene. Lei, signorina, mi stia bene a sentire, lei signorina ha una lenticchia, una piccola lenticchia... ehm, ehm... non posso dirle dove... »

La Clara, vivamente: « Lei non può saperlo! »

Lui: « È vero o non è vero? » « Lei non può saperlo! » « È vero o non è vero? » « Giuro che nessuno l'ha vista mai, giuro, tranne la mamma! » « Vede che ho detto giusto? »

La Clara quasi si metteva a piangere: « Nessuno l'ha mai vista, questi sono scherzi odiosi! » Allora lui rasserenante: « Ma io non dico mica di averla vista, la sua piccola lenticchia, io ho detto soltanto che lei ce l'ha! »

Un'altra voce d'uomo: « E piantala, buffone! »

L'altro, pronto: « Adagio lei, Giorgio Marcozzi fu Enrico, di anni 32, abitante in passaggio Chiabrera 7, altezza uno e 70, ammogliato, da due giorni ha mal di gola, ciononostante sta fumando una nazionale esportazione. Le basta?... È tutto esatto? »

Il Marcozzi, intimidito: « Ma lei chi è? Come si permette?... Io... io... »

L'uomo: « Non se la prenda. Piuttosto, cerchia-

mo di stare un poco allegri, anche lei Clara: È così raro trovarci in una così bella e cara compagnia. »

Nessuno osò più contraddirlo o sbeffeggiarlo. Un timore oscuro, la sensazione di una presenza misteriosa era entrata nei fili del telefono. Chi era? Un mago? Un essere soprannaturale che manovrava i centralini al posto degli scioperanti? Un diavolo? Una specie di folletto? Ma la voce non era demoniaca, anzi, se ne sprigionava un fascino incantevole.

« Su, su, ragazzi, di che avete paura adesso? Volete che vi faccia una bella cantatina? »

Voci: « Sì, sì ». Lui: « Che cosa canto? ». Voci: « *Scalinatella*... no, no, una samba... no, *Moulin Rouge... Aggio perduto o' suonno... Aveva un bavero... El baion, el baion!* ». Lui: « Eh, se non vi decidete... Lei, Clara, che cosa preferisce? »

« Oh, a me piace *Ufemia*. »

Cantò. Sarà stata suggestione o altro, mai avevo udito in vita mia una voce simile. Un brivido saliva su per la schiena, da tanto era splendente, fresca, umile e pura. Mentre cantava, nessuno osò fiatare. Poi fu un'esplosione di evviva, bravo, bis. « Ma sa che lei è un cannone! Ma sa che lei è un artista!... Lei deve andare alla radio, farà milioni glielo dico io. Natalino Otto può andare a nascondersi! Su, su ci canti qualche cosa ancora! »

« A un patto: che anche voi cantiate insieme. » Fu una curiosa festa, di gente col microfono all'orecchio, sparsa in case lontanissime dei più opposti quartieri, chi in piedi in anticamera, chi seduto, chi sdraiato sul letto, legati l'uno all'altro da esilissimi chilometri di filo. Non c'era più, come al principio, il gusto del dispetto e della burla, la volgarità e la stupidaggine. Per merito di quel problematico individuo che non volle dirci il nome, né l'età, né tanto meno l'indirizzo, una quindicina di persone che non si erano viste mai e probabilmente non si sarebbero nemmeno mai vedute per l'eternità dei secoli, si sentivano fratelli. E ciascuno credette di parlare con donne giovani e bellissime, ciascuna si illudeva che dall'altra parte dei fili ci fossero uomini di magnifico aspetto, ricchi, interessanti, dal passato avventuroso; e, in mezzo, quel meraviglioso direttore d'orchestra che li faceva volare in alto sopra i tetti neri della città, portati via da un fanciullesco incanto.

Fu lui — era quasi mezzanotte — a dare il segnale della fine.

« Bene, ragazzi, adesso basta. È tardi. Domattina devo levarmi presto... E grazie per la bella compagnia. »

Un coro di proteste: « No, no, non ci faccia

questo tradimento!... Ancora un poco, ancora una canzone, per piacere! »

« Sul serio, devo andare... Perdonatemi... Signore e signori, cari amici, buonanotte. »

Tutti restarono con l'amaro in bocca. Flaccidi e tristi, furono scambiati gli ultimi saluti: « Beh, quand'è così, allora buonanotte a tutti, buonanotte... chissà chi era quello lì... mah, chissà... buonanotte... buonanotte. »

Se ne andarono chi da una parte chi dall'altra. La solitudine della notte discese di colpo sulle case.

Ma io stavo ancora in ascolto.

Difatti, dopo un paio di minuti, lui, l'enigma, ricominciò a parlare sottovoce:

« Sono io, sono ancora io... Clara, mi senti, Clara? »

« Sì » fece lei con un tenero bisbiglio « ti sento... Ma sei sicuro che gli altri se ne siano tutti andati? »

« Tutti meno uno » rispose lui bonario « meno uno che finora è stato tutto il tempo ad ascoltare ma non ha mai aperto bocca. »

Ero io. Col batticuore, misi giù immediatamente la cornetta.

Chi era? Un angelo? Un veggente? Mefistofele? O lo spirito eterno dell'avventura? L'incarnazione dell'ignoto che ci aspetta all'angolo? O semplicemente la speranza? L'antica, indomita speranza la quale si va annidando nei posti più assurdi e improbabili, perfino nei labirinti del telefono quando c'è lo sciopero, per riscattare la meschinità dell'uomo?

Dino Buzzati, *Sessanta racconti*, Mondadori, Milano.

Per la conversazione

- Riassumete il testo, paragrafo per paragrafo, in forma indiretta.
- Mostrate come l'autore, partendo da una visione concreta della realtà, riesce a creare un'atmosfera magica e misteriosa di favola.
- Le donne e la « telefonite ».
- Gli innamorati e il telefono.
- Che cosa rappresenta il telefono nel mondo moderno? I vantaggi di una simile invenzione sono evidenti... parlate piuttosto degli inconvenienti, dato e non concesso che essi esistano ai vostri occhi.

Capitolo 3

Allegro... ma non troppo

Testo 1

In testa ho paesi bianchi

In testa ho paesi bianchi
E scale a chiocciola.
In testa ho clarini che volano
Più veloci delle rondini
Che tornano dall'Egitto.
E occhi lunghi come barche
Come le barche che vincono
Il campionato dei fiumi
Ho voci che mi chiamano
In idiomi che non capisco.
Mi chiamano laggiù dalle isole
E mi gettano ponti d'amore.
Ponti di giunco e di piuma
Ho in testa dove passeggiano
I figli dei miei figli
E mia madre è ancora giovane.
In testa ho paesaggi vermigli
Con grandi giocattoli gialli.
In testa ho un cielo aperto
Con angeli a cavallo.

Raffaele Carrieri, *La civetta*,
Mondadori, Milano.

Per la conversazione

- Libertà delle immagini, i bianchi paesi della Puglia insieme a « paesaggi vermigli / con grandi giocattoli gialli »; clarini che volano come le rondini e gli angeli; nipotini che passeggiano insieme ad una madre sempre giovane...
- Quali sono le vostre reazioni dinanzi ad una poesia così piena d'interferenze spaziali e temporali? Esprimete con sincerità la vostra opinione.

Testo 2

Lettera dalla Campania

...Sono una ragazza 18enne e sono fidanzata da 2 anni con uno, a cui piacciono molto i capelli lunghi.
Ma pochi giorni fa andai dalla parrucchiera e mi feci tagliare i capelli corti. Il mio fidanzato s'indispettì molto e mi disse che non sarebbe più venuto da me finché i miei capelli non fossero stati lunghi come prima.
I miei capelli crescono molto poco e così mi rivolgo a lei, come posso fare per farli crescere presto.

Gabriella Parca, *Le italiane si confessano*,
Feltrinelli, Milano.

Testo 3

Lettera dal Veneto

...Vi chiedo un consiglio estremamente importante per me. Io sono vergine, non sono mai andata con nessun uomo ed ho intenzione di mantenermi pura fino al giorno del mio matrimonio. Però ho perso la mia tranquillità da quando ho letto su un libro che si può perdere la verginità con l'entrata nel corpo di oggetti, come non so, un pezzo di legno o qualche cosa del genere. La mia nipotina ha sempre il vizio di giocare con dei bottoni e di lasciarli poi sul mio letto. Io ho l'ossessione che qualche bottone sia entrato nel mio corpo, dato che al mattino quando mi sono alzata ho sentito un leggero dolore con l'uscita di due o tre gocce di sangue.
Vi pregherei di volermi dare qualche spiegazione al più presto possibile e dirmi inoltre se quando mi sposerò e avrò rapporti con mio marito, si sente tanto dolore al momento della perdita della verginità. Io sono la prima a rendermi conto dell'assurdità della mia domanda, ma vi prego di rispondermi.

Gabriella Parca, *Le italiane si confessano*,
Feltrinelli, Milano.

Testo 4

Lettera da Genova

...Sono una bionda ragazza di ventitré anni; oltre a sapere di essere dotata di quei requisiti morali che possono degnarmi d'interesse, ho la consapevolezza di essere tanto bella che per questa ragione mi sento una disgraziata, vittima della mia maledetta bellezza.
Dovrei dirvi che un particolare della mia esagerata attrattiva sono i miei grandi occhi dal colore verde-mare, da cui gli uomini sono estremamente attratti e rimangono ammaliati; di conseguenza essi sono la causa delle mie e delle altrui sofferenze, e soprattutto della mia infelicità. Dopo aver avuto più di un fidanzato, mi trovo ancora sola e con poca speranza di poter avere un giorno un qualsiasi marito, perché la cosa più difficile è sempre far decidere il mio innamorato a sposarmi. Così, stanca di apparire l'eterna fidanzata, mi separo da lui a malincuore, maledicendo me stessa per non essere come tutte le altre che riescono a essere condotte all'altare dal loro fidanzato. Pensando di essere destinata

a restare sola con me stessa, avrei allora in mente di studiare canto per fare l'artista lirica. Ho
25 sempre avuto una gran passione per l'opera e ho sempre aspirato a diventare cantante. Pensate che sia troppo tardi ora per iniziare gli studi e prendere la via dell'arte? Ho una bella voce di contralto.

Gabriella Parca, *Le italiane si confessano*,
Feltrinelli, Milano.

Per la conversazione

• Si tratta di lettere autentiche, arrivate alla « piccola posta » di due settimanali « a fumetti », alla fine degli anni '50. Non sono spassose invenzioni di Gabriella Parca.
La prima reazione, davanti a missive di questo tipo, è la voglia di ridere... Poi si riflette e la voglia di ridere diminuisce.
Leggete attentamente le tre lettere, scritte da tre ragazze diverse, nate e cresciute in tre regioni diverse: Liguria, Veneto, Campania. Esprimete con sincerità *tutte* le riflessioni che esse suscitano in voi.
• Le tre lettere risalgono al 1959. Credete che le ragazze italiane ragionino così, negli anni '70? (cfr. tutti i testi inclusi nell'*Antologia* che trattano della condizione femminile).
• Le autrici delle trecento lettere che figurano nel libro *Le italiane si confessano* appartengono quasi esclusivamente al proletariato o alla piccola borghesia. Non ci sono lettere di donne della media e dell'alta borghesia. Cosa si può dedurre da questa constatazione?
• « Osservate la lingua in cui queste lettere sono scritte: è un italiano perfettamente *anonimo*, corretto, scorrevole, come si impara a scuola (magari con qualche piccolo errore, qualche svista sintattica). Non ho mai visto la lingua italiana media realizzata con tanta precisione e con tanto rilevante valore stilistico. » Siete d'accordo con questo giudizio di Pier Paolo Pasolini? Discutetene.

Testo 5

Matria potestà

1 L'idea che in Svezia i papà avrebbero goduto di sei mesi di licenza dal lavoro ogni volta che nasceva un figlio, come leggemmo sui giornali, a mia madre non andava giù. « Ci mancava an-
5 che questa! » diceva « Che i padri abbiano la licenza-parto come se i bambini li facessero loro! »
« E, invece, chi li fa? » dissi io polemica.
« Chi li fa? La madre perdiana! »

« E i figli di chi sono? » dissi io.
« Della madre, diamine! » rispose lei.
« Infatti » dissi io « portano tutti il cognome della madre, la madre esercita la matria potestà »
« No » disse lei « portano il cognome del padre, che scoperta. E la patria potestà dovrebbero esercitarla tutti e due »
« Perché tutti e due » dissi io « se dici che i figli sono della madre? »
« Oddio, come sei noiosa, come sei suffragetta, non so dove vuoi parare! » esclamò lei « E va bene. I figli sono di tutti e due. Però li fa la madre. »
« Ci risiamo » dissi « Li fa da sola questa madre? »
« Ma no, uffa, li fa in collaborazione con il padre. »
« Brava, hai detto in collaborazione col padre. Il quale, mi sembra naturale che, di conseguenza, collabori a occuparsene. »
« Ma cosa vuoi che capisca un uomo? » disse mia madre. E cercò di cambiare argomento, come sempre quando non riesce a convertire l'interlocutore e si annoia: « Hai sentito cosa è successo all'Annetta? »
« Dicevi: che cosa vuoi che capisca un uomo », insistei.
« Ma sì, ma sì » fece lei seccata « l'uomo è un cretino. »
« È un cretino e quindi è meglio che si occupi di lavori extradomestici, la donna è intelligente, quindi deve curarsi dei bambini. »
« Uffa » fece lei presa in trappola « Insomma, cosa vuoi che ti dica? La donna fa materialmente i bambini, li partorisce, è quindi logico che li allevi lei. Se poi si chiamano come il padre, sarà ingiusto, ma a me, come ti ho già detto tante altre volte, non me ne importa niente. Uffa, come mi annoi. D'altronde, scusa (azzardò, convinta di colpire nel segno) a te sarebbe piaciuto che il Bosi allevasse le tue figlie? »
« Le nostre figlie. Sì. E il bello è che sarebbe piaciuto anche a lui, se l'avesse fatto. »
Mi guardò con disprezzo. In quel momento arrivò il Bosi: « State parlando di femminismo? » domandò sbiancando.
« Sì, sì, c'è questa suffragetta che hai sposato che vorrebbe trasformare gli uomini in donne di casa. »
« Io, per me » disse il Bosi « ci sto. »
« Ci stai » si arrabbiò mia madre « perché non sai che cosa vuol dire fare la donna di casa. »
« Lo so benissimo, invece » disse il Bosi sprofondando in una poltrona « è mia moglie che non lo sa. »

« Lo sai per modo di dire » tagliò corto mia madre « e in ogni caso io disprezzo gli uomini che vogliono fare le donne di casa. »

«Che cosa dovrebbero fare gli uomini? » chiesi.

« L'uomo fa l'uomo. Ai miei tempi questi problemi non esistevano. L'uomo faceva l'uomo e la donna la donna. »

Luisella Fiumi, Come donna, zero,
Mondadori, Milano.

Osservazioni grammaticali

- a *mia* madre non andava giù
- *le tue* figlie
- *le nostre* figlie
- è *mia moglie* che non lo sa
- tutti *e* due
- mi sembra naturale che *collabori*
- ma cosa vuoi che *capisca* un uomo?
- è meglio che si *occupi* di lavori extradomestici
- cosa vuoi che ti *dica*?
- è logico che li *allevi* lei

N.B.: non sai che cosa *vuol* dire

Per la conversazione

- Analizzate le battute della figlia e quelle della madre; le evidenti contraddizioni di quest'ultima; la reazione del marito che sbianca sentendo parlare di « femminismo » e mettete in evidenza i i problemi *seri* affrontati, con bonario umorismo, da questo testo semi-serio.
- Vi sembra che la narratrice meriti l'appellativo di « suffragetta »?
- Commentate l'ultima battuta del testo: « L'uomo fa l'uomo. Ai miei tempi questi problemi non esistevano. L'uomo faceva l'uomo e la donna la donna ».

  Che cosa significa, per voi, « fare l'uomo » e « fare la donna »?

Testo 6

Così vanno trattate le donne

Due amici s'incontrano e finiscono col parlare dei loro problemi personali. Ferruccio si limita a qualche breve osservazione, Mario si lancia invece in lunghe disquisizioni interrotte da sonore risate.

« Tu con tua moglie non ci parli? »

« Me ne guardo bene. »

« E... non ne hai stima? »

« Cosa vuoi che ti risponda? Mica ci ho mai pensato. »

« Vuoi dire che l'hai sposata così, alla cieca, senza preoccuparti di come fosse... »

« Mi sono preoccupato di una cosa sola: che non fosse petulante. Perché una donna petulante, non la potrei sopportare. Le donne devono stare a cuccia... Se proprio lo vuoi sapere, io mia moglie non la considero nemmeno un essere pensante. Ti sembro disumano? Ma le donne vanno trattate così. Le donne sono come i cani. Credi sul serio che una donna sia superiore a un cane? » [10] [15]

Ferruccio si mise a ridere. Lieto che la sua battuta avesse avuto successo, Mario continuò:

« Un cane, come lo devi trattare? Ogni tanto una carezza, poi un calcio e lo cacci. Quello ti riviene intorno, e tu fingi di non accorgertene nemmeno. Lui ti guarda fisso, agita la coda, ogni tanto lancia un guaito per richiamare la tua attenzione... Tu allora allunghi la mano, lo accarezzi distrattamente e ti rimetti a quello che stai facendo. E per un'ora non dai segno di accorgerti della sua presenza. Così lo fai felice. Intendo dire, quei cinque minuti che gli dedichi bastano a renderlo felice per tutta la giornata... Così vanno trattate le donne. Guai a parlarci, guai a dar loro ascolto... Il cane non ha una vita propria, vive solo per il padrone; e la donna, lo stesso. La sua mentalità è quella di una schiava. Ma che, vuoi attribuire alle donne una vita interiore? dei sentimenti? un'anima? » E scoppiò in una delle sue risate fragorose. [20] [25] [30] [35]

« Dici così perché hai in mente un certo tipo di ragazza, sottomessa, priva di autonomia; ma ci può essere qualche eccezione. »

« Certo che l'eccezione c'è; ma non credere che io la giudichi positivamente. L'eccezione è la donna isterica. Tutto quello che credi di scorgere di personale in una donna, è isteria e basta. » [40]

Carlo Cassola, Troppo tardi,
Rizzoli, Milano.

Osservazioni grammaticali

- le donne *vanno* trattate così
- *mica* ci ho *mai* pensato
- *non* la considero *nemmeno* un essere pensante
- fingi di *non* accorgertene *nemmeno*

Modi di dire

- *me ne guardo bene*
- alla cieca; ogni tanto; lo stesso
- *guai* a parlarci, *guai* a dar loro ascolto

Per la conversazione

- Le battute di Mario sono volutamente caricaturali e paradossali. Desidera divertirsi a spese dell'amico e le sue « risate fragorose » ne sono una conferma.

  La verità, tuttavia, affiora qua e là attraverso il paradosso. Cercate questi elementi veridici, analizzateli, commentateli ed esprimete in seguito le vostre opinioni personali sulla donna « petulante », la donna « schiava », la donna « isterica ».

Testo 7

E loro cosa hanno?

È la conversazione di due amici sulle miserie della vita coniugale. Un monologo più che un dialogo.

1 « Non credere che non ti capisca... Eccome se ti capisco... Ci si sposa, chissà perché, ci si crede felici... E, invece, ci accorgiamo di non conoscere affatto chi ci vive accanto... Credevamo
5 di sapere tutto sul suo conto, e che questo tutto ci piacesse... Ma ora?... Ora ci troviamo con nulla in pugno... anzi, magari si trattasse di nulla... »
Si è ficcato una sigaretta in bocca, storce le
10 labbra.
« Altro che nulla... Siamo pieni di incomprensioni, asti, rancori... ci deludiamo a vicenda, e, di delusione in delusione, si finisce come si finisce... È orribile non sopportare i gesti, le paro-
15 le, i pensieri di chi ci vive accanto... Ci si sente intrappolati... la trappola è scattata una volta per tutte... Siamo dentro, si invecchierà, stiamo già invecchiando senza più speranze...»
Ha acceso un fiammifero, contempla, quasi non
20 sapesse cosa farsene, la fiammella. Ho ascoltato monologhi recitati peggio a teatro. La fiammella palpita. Sinché gli scotta le dita, allora lui soffia sulla fiammella, poi parla ancora, con la sigaretta che gli batte, spenta, livida, contro il
25 mento.
« Ci domandiamo se davvero sia finito tutto... Si invidiano gli innamorati che camminano sottobraccio per strada, che si baciano nei cinema e nei giardini... si invidiano le loro carezze, i lo-
30 ro bisticci, i loro sguardi, i loro sottintesi... Noi cosa abbiamo?... Le nostre mogli... »
Ha acceso un altro fiammifero. Provo a parlare io.
« E loro cosa hanno?... »
35 « Chi loro?... »
« Le nostre mogli... »

Oreste Del Buono, *La nostra età,*
Einaudi, Torino.

Osservazioni grammaticali

- *ci si* sposa
- *ci si* crede felici
- *ci si* sente intrappolati
- *magari si trattasse* di nulla
- *quasi non sapesse* cosa farsene
- *sinché gli scotta* le dita
- la moglie → le mogl*i*
- il dito → le dit*a*
- il cinem*a* → i cinem*a*

Per la conversazione

- Mettete in evidenza tutte le caratteristiche teatrali del lungo monologo sulla solitudine a due. Teatralità del linguaggio e teatralità dei gesti.
- Commentate le ultime tre battute e dite tutto ciò che pensate di questo finalino "a sorpresa". Comprensione affettuosa per le « mogli » o semplice modo per far tacere un amico troppo chiacchierone?

Testo 8

I cuori comunicanti

Una legge di fisica prescrive a un liquido contenuto entro due vasi comunicanti di raggiungere tosto un unico e medesimo livello. Ben altra e anzi opposta è la preziosa legge del cuore, biecamente avverso a quanto sa di ragionevole, tollerabile e stabilito. L'amore di due cuori comunicanti è sempre orribilmente sbilanciato, e questo è il motivo che mi conduceva spesso a litigare colla mia buona amica; la quale chiedeva soltanto di essere un poco amata e prezzata [1] da me, ma non capiva che tale era appunto anche il mio desiderio, e tale è l'inesorabile legge dei cuori. Che potevo io se quando il mio cuore era quasi pieno il suo era quasi vuoto? O se quando il mio quasi vuoto il suo quasi pieno (dico quasi perché grande era il nostro amore e grande il nostro cuore; dei cuori piccini diversa è la vicenda, essi o in realtà non comunicano affatto, o infrangono il privilegio di pena adottando subito un comune livello)? Che poteva ella se quando il suo cuore era quasi vuoto il mio era quasi pieno, o se quando il suo quasi pieno il mio quasi vuoto? E se mai loro avvenne d'accordarsi in un'unica, seppur moderata, quantità d'amore? E intanto è avvenuto, per dato e fatto di questa dura legge, che quando ella se n'è andata (o è morta) io son rimasto col cuore quasi vuoto, e nessuno ormai potrà riempirlo più: giacché in quel momento il suo, non il mio era quasi pieno. E così, avendo sofferto ed essendoci affaticati per tutto il tempo della nostra vita insieme, io pure son rimasto col cuore quasi vuoto e nessuno ormai potrà riempirlo più: nel suo è il sangue del mio cuore.

Tommaso Landolfi, *Ombre,*
Vallecchi, Firenze.

Osservazioni grammaticali

- Rilevate tutti gli aggettivi e i pronomi possessivi (numerosissimi) contenuti nel testo e cercate di cogliere il loro significato e il loro valore

1. arcaismo = stimata.

- Commentate la teoria dei « cuori comunicanti », argutamente espressa da Tommaso Landolfi, e dite che cosa pensate di quest'affermazione: « l'amore di due cuori comunicanti è sempre orribilmente sbilanciato... ».
- Con quali aggettivi potreste definire la « scrittura » di Tommaso Landolfi? Si può dire – e la definizione è dell'autore stesso – che è « falsamente classicheggiante, falsamente nervosa, falsamente sostenuta, falsamente abbandonata... »?
- Cuore e ragione.
- I giovani d'oggi e l'amore.

Testo 9

Goal

Il portiere caduto alla difesa
ultima vana, contro terra cela
la faccia, a non veder l'azzurra luce.
Il compagno in ginocchio, che lo induce
con parole e con mano a sollevarsi,
scopre pieni di lacrime i suoi occhi.
La folla – unita ebbrezza – par trabocchi
nel campo. Intorno al vincitore stanno,
al suo collo si gettano, i fratelli.
Pochi momenti come questo belli,
a quanti l'odio consuma e l'amore,
è dato, sotto il cielo, di vedere.
Presso alla rete inviolata il portiere,
– l'altro – è rimasto; ma non la sua anima,
ché la persona vi è rimasta sola.
La sua gioia si fa una capriola.
Si fa baci che manda di lontano.
Della festa – egli dice – anch'io son parte.

Umberto Saba, *Canzoniere*,
Einaudi, Torino.

Per la conversazione

- Il gioco del calcio visto dagli occhi « puri » di un poeta. Mettete in evidenza lo stato d'animo dei vincitori e quello dei vinti, il contrasto amaro fra il dolore e la gioia, i sentimenti della folla osannante e commentate i tre versi seguenti:
  « Pochi momenti come questo belli,
  a quanti l'odio consuma e l'amore,
  è dato, sotto il cielo, di vedere. »
- Secondo Saba la gente non si eccita tanto per il gioco in sé quanto per tutto quello che, attraverso i simboli espressi dal gioco, parla all'anima individuale e collettiva. Siete d'accordo con il poeta?
- Raccontate una partita di calcio particolarmente palpitante (degli ultimi Mondiali, p. es.), tentando di usare un linguaggio conciso, essenziale, e « sportivo ».

Testo 10

Tutte abbandonate per tre settimane

Un miliardo di persone davanti al video: tutti i maschi delle terre felici dove prospera l'antenna, se non la pace e l'abbondanza, sono entrati in coma. Centinaia di migliaia di milanesi barricati in casa, le persiane serrate affinché non un raggio di sole deturpi la sacralità opaca del televisore: strade deserte nei giorni di festa, attraversate solo da qualche vecchietta perduta in tanto vuoto: intasamenti insani nei giorni di lavoro, verso sera, quando infuria l'ansia di arrivare a tempo all'Australia-Germania o all'Argentina-Haiti. L'obbligo di vivere in coppia finalmente si sfalda: i sessi ritrovano la tradizionale segregazione: i campionati mondiali di calcio allentano l'ala di noia del fare tutto insieme, finalmente si respira. Gli uomini, come in una predizione di amazzoni particolarmente inferocite, non ci sono più. [...]
Basta anche, meno male, per i prossimi quattro « fine settimana », con le mostruose spedizioni fuori casa: la vacanza, il riposo, lo svago sono lì, in cucina o in salotto, già pagati, davanti al più grande spettacolo del mondo: più confusa la situazione ambientale di chi, anche senza ripetitori, per fortunata collocazione geografica, riceve anche la Svizzera, di cui invece milioni di settentrionali sono stati con tanta crudeltà privati. Nelle case di questo privilegio, si ammassano come campeggiatori uomini in canottiera e talvolta anche in mutande, incapaci di ritrovare il loro pudore neppure se per un momento passasse nella penombra e tra il fumo vociante Laura Antonelli. Per forza, in questi casi i televisori sono due, magari nella stessa stanza, l'accumulo di partite non ha limiti.
Dire che, rigorosamente, solo i maschi staranno assenti dalla vita per ventiquattro giorni non è esatto: donne tifose, si sa, ce ne sono ormai molte, ma mai come in queste occasioni esse dimostrano di appartenere al sesso debole. Nei giorni di furia gloriosa per l'accavallarsi delle partite, esse si accendono alla prima, cercano di star su alla seconda, ma alla terza, annientate, sentono il bisogno di vedere se il gas è spento, vengono assalite improvvisamente dalla necessità di stirarsi un vestito. Abituate da secoli all'instancabile attività di servizio, non sono in grado di godere del regale privilegio maschile dell'immobilità assoluta, dell'annientamento totale, del diventare monumento pietroso inattac-

1

5

10

15

20

25

30

35

40

45

50

Gli italiani sono noti per la loro passione per il calcio, una passione a volte simile ad una vera malattia: il « tifo » sportivo. I « tifosi » nelle grandi città si contano a centinaia di migliaia.
Il « tifo » esplode in manifestazioni clamorose in occasione dei grandi avvenimenti internazionali: la « febbre » si trasforma in vero e proprio delirio.

cabile dagli elementi, eroe guerriero che sulla tolda della sua nave fissa indomito lo spettacolo del nemico che avanza, e neppure le frecce velenose (bambino che strilla, minestra che sfredda, principio di incendio, allagamento del bagno) ne interrompono la fissità da polena. Sarebbe, per le donne finalmente incontrollate, il momento più propizio al tanto sognato Tradimento, alla tanto attesa Avventura. Ma tre sono le ragioni che impediscono la realizzazione di questo sortilegio: primo, neppure il più vistoso adulterio smuoverebbe il marito dal suo essere diventato poltrona, a meno che l'atto del tradimento venisse compiuto davanti al video, ostruendo passaggi e calci d'angolo. Tanta indifferenza toglierebbe molto gusto all'iniziativa. Secondo, questa passione così totale, annientatrice e resistente per un gioco, ridà, se ce n'è bisogno, molta sicurezza alle donne che si sentono circondate da un sesso particolarmente debole, vulnerabile, alquanto difettoso e sciatto: rinasce quel bisogno femminile, in via di estinzione, di proteggere una creatura così dissennata e sola. Terzo, anche volendo proprio approfittare, ci si accorge di gridare in un deserto: anche l'appassionato e tenace corteggiatore si è improvvisamente volatizzato: in casa della sua mamma, in mutande e calzini, minaccia violentemente arbitri e allenatori; l'amore può attendere, Italia-Haiti no.

Natalia Aspesi, « *Il Giorno* », 15 giugno 1974.

Per la conversazione

- Giugno 1974: I Mondiali di Calcio. Gli italiani s'incollano davanti al video e piangono lacrime autentiche quando la squadra « azzurra » viene sconfitta dalla Polonia per 2 a 1.
  Ma, prima delle lacrime, c'è l'attesa, l'ansia, la frenesia, l'oblio... Si dimentica tutto: l'inflazione galoppante, il governo traballante, gli attentati neri, gli scioperi, le contestazioni e perfino *le donne!*
  Analizzate questo spiritoso articolo di Natalia Aspesi e dite quali reazioni suscita in voi questa passione calcistica che fa entrare in coma « tutti i maschi delle terre felici dove prospera l'antenna, se non la pace e l'abbondanza ».
- Analizzate e commentate i tre motivi che impediscono alle donne di consumare l'adulterio o di abbandonarsi alla « tanto attesa Avventura ».
- Come si spiega l'adorazione dei « tifosi » per i semidei dello stadio? Non pensate che possa esserci alla base un sentimento di frustrazione?
- Non vi sembra che il mondo del calcio e dello sport in generale sia attualmente una delle espressioni più vistose della società consumistica? Dimostratelo.

Testo 11

L'industria della canzone

Ogni giorno, sul tavolo dei managers delle imprese discografiche, si abbattono centinaia di lettere che vengono da ogni angolo d'Italia. Esse dicono pressappoco: « Caro direttore, dà anche a me la gloria che hai dato a Gigliola ». Gigliola è la Cinquetti, si capisce. E raramente la supplica resta inevasa. Di solito il postulante viene invitato a un'audizione, su cui il novantanove per cento fanno capitombolo. I pochi eletti sono requisiti dai talent scouts incaricati a un adeguato rodaggio. E siccome solitamente si tratta di ragazzi piuttosto grossolani, che sino a quel momento hanno fatto magari i manovali o i garzoni di bottega, si provvede anzitutto a « scozzonarli ».

È la stessa ditta che se ne assume la cura e le spese. Gli aspiranti menestrelli vengono passati alla varechina, poi condotti da un parrucchiere di fiducia, che adatta la loro chioma al « tipo » che devono incarnare. Il taglio più in voga è quello alla Marlon Brando prima maniera. Ma ce ne sono anche di più elaborati e fantasiosi... Poi, il sarto. La casa regala al suo pupillo tre capi di vestiario, i medesimi per tutti: un abito da sera di raso pagliettato, un completo sportivo composto di giacca a lungo metraggio, provvista di molti bottoni, di moltissime tasche e di un altissimo spacco, e di un paio di pantaloni di vigogna o di gabardine, aderenti ai fianchi come blue-jeans, e a fisarmonica in fondo. La camicia dev'essere attillatissima, con un lungo colletto provvisto di tre bottoni, i calzini bianchi e i mocassini di forma inglese. Il terzo capo è un maglione nero di lana pesante, da indossare sui pantaloni di cui sopra, e che rende obbligatorio un paio di occhiali scuri. Quest'ultima è la divisa per il repertorio lugubre: quello dedicato alla « incomunicabilità » e alle altre disfunzioni della vita moderna.

Così conciati, questi giovanotti formano il parco-buoi delle case discografiche che l'iscrivono alle prove di assaggio per selezionare i più bravi per il Gran Premio di San Remo. Ma intanto incidono. Perché se la canzone ha successo, poniamo, al festival di Castrocaro, l'indomani il mercato dev'essere già inondato dal relativo disco. Molti non sono neanche messi in vendita. Altri ci rimangono una sola stagione, poi scompaiono trascinando nel loro fallimento quello dell'autore e del cantante. Ma qualcuno vince, e quello basta a compensare le spese di alleva-

La cantante Patty Pravo, una delle dive del mondo della canzone italiana, durante un « recital ». In Italia i cantanti di musica leggera sono i tipici rappresentanti di quella che i sociologi definiscono l'« élite senza potere ».

mento. Un disco a successo si vende a centinaia di migliaia di copie. L'Italia spende, in questo articolo, venti miliardi all'anno.

È Milano che ha dato alla canzone questo carattere industriale, e perciò ne è diventata la mecca. Anche l'ispirazione ha finito per risentirne. Fin qui, essa era rimasta monopolio dei napoletani, del loro dialetto, dei loro umori e motivi. Ora Milano ha scoperto di avere anch'essa una vena canora, e ciò dimostra ch'è l'industria che rimorchia l'arte (se di arte si può parlare in questo caso), e non viceversa.

Indro Montanelli, « *Corriere della Sera* », 3 maggio 1965.

Osservazioni grammaticali

- centina*io* → centina*ia*
- miglia*io* → miglia*ia*
- pa*io* → pa*ia*
- il postulante *viene* invitato
- gli aspiranti menestrelli *vengono* passati alla varechina e *vengono* condotti
- Rilevate tutti i verbi irregolari del testo e per ciascuno di essi indicate il passato remoto e il participio passato.

Per la conversazione

- Per quali motivi tanti giovani desiderano diventare cantanti? Credete che sia per amore « dell'arte »?
- Perché i postulanti sono, in genere, « ragazzi piuttosto grossolani, che sino a quel momento hanno fatto magari i manovali o i garzoni di bottega »?
- Commentate il taglio dei capelli e i capi di vestiario descritti da Montanelli (il testo è del 1965). Vi pare che i cantanti del '76 continuino a conciarsi in questo modo?
- Commentate le frasi seguenti:
  « Così conciati, questi giovanotti formano il *parco-buoi* delle case discografiche che l'iscrivono alle *prove di assaggio* per selezionare i più bravi per il *Gran Premio* di San Remo. »
  « Ma qualcuno vince e quello basta a compensare le spese di *allevamento*. »
- È normale, secondo voi, che anche la canzone abbia acquistato « un carattere industriale »?
- Si può parlare di « arte » a proposito della canzone in generale e della canzone italiana in particolare? Rispondete con tutte le sfumature necessarie.
- Perché i divi della canzone hanno generalmente un successo rapido ma effimero?
- Ricerca sul tema: Piedigrotta e la canzone napoletana.

Una cantante si sbraccia al « Festival della canzone » di San Remo, la più importante manifestazione organizzata dall'industria canora in Italia. Oggi il festival di San Remo è piuttosto screditato: i giovani preferiscono altra musica e altre manifestazioni.

Intermezzo

L'impiegato contemplativo

1 Pochi giorni prima di mettersi in letto pensava che così non avrebbe potuto durare. Languire per quella splendida ragazza, averla sempre lì; in ufficio, sempre d'intorno, e dover far finta di

5 niente per non chiudere tutto con uno scandalo. E infatti si ammalò. Durante quei giorni di febbre il suo amore divenne più forte, ma ad un tempo meno doloroso. Più alto, pensava. Non più le piccole cose della vita di ufficio, e il ri-

10 cordo di lei liberato dalle piccole cose. Sapeva, sì, che quell'amore era proibito per lui. L'età, la relazione di ufficio, e altro e altro, gli dicevano che doveva fermarsi ad una consumazione tutta interiore. Ma questo non riusciva a dimi-

15 nuire l'intensità di quel dolce fuoco, anzi. Ed ora la febbre lo aiutava a distruggere tutti quegli ostacoli che lo avvilivano invece, sempre presenti, durante la sua vita di lavoro. Nel mezzo di quelle estasi, i colleghi gli avevano fatto per-

20 venire un pratico manuale dal titolo « Come guarirmi nelle malattie ».
Il libro era arrivato con l'indirizzo scritto a macchina, in rosso e nero, alternati ad ogni parola. Era per ricordare all'impiegato la sua abitudine

25 di abusare del nastro rosso nelle lettere ch'egli scriveva per la Ditta. Lo spirito dei suoi colleghi lo fece sorridere tristemente: il suo animo era altrove, e rabbrividì pensando che, finita la febbre, sarebbe dovuto tornare a quel livello.

30 Dopo pochi giorni era guarito. Uscì di casa con un sole davvero bello per essere di gennaio. Non andò subito in ufficio. Il povero impiegato aveva tanta paura, ormai, di quel nastro rosso e nero. E la fanciulla preferiva ricordarla così dolce e

35 vaga nella memoria, più che rivederla intorno a sé, non poterle dir niente, imporsi anzi di essere freddo ed indifferente con lei. La convalescenza gli dava un languore che era più piacevole del consueto stato della solita vita di lavoro.

40 La sera trovò in casa la cartolina di un amico che era andato a Roma a passare l'inverno. Dopo il silenzio di due o tre mesi, mandava ora una cartolina illustrata e queste parole: « Roma è più divina che mai. Conferma indirizzo e

45 ti scriverò molto a lungo. Ti abbraccio. Giulio ». L'amico era al colmo della felicità senza dub-

bio: il silenzio prima, le poche parole felici di adesso, la promessa di scrivere, di spiegare, e la felice impossibilità di farlo lo dimostravano chiaramente. L'impiegato guardava la cartolina. « Roma - il Campidoglio e la Via del Mare. » Egli aveva vissuto a Roma i dieci anni più belli della sua giovinezza. E di Roma, o di questa, sentiva assai spesso la nostalgia. Ed ora, d'improvviso, la cartolina lo colpiva a segno. Gli riportava i luoghi dove aveva amato assai più felice che nel presente. Riconosceva il viale, e del viale le lampade sotto le cui romantiche luci aveva trepidato nelle attese e gioito per gli arrivi di un volto allora caro. E all'intorno collinette e verde e antiche mura, degno scenario a quegli amori divenuti per lui storici, poi. Una nostalgia così forte si impadronì del povero impiegato, e subito divenne ribellione. Guardò l'orologio. Se domani voleva tornare in ufficio e tornarvi in orario, doveva subito mettersi a dormire. Come sarebbe stato possibile? Risentiva già lo sguardo vigile del Direttore pesare sulle sue povere spalle. Rivedeva passare la fanciulla dei suoi deliri dolce e fiera, e lui che poteva solo furtivamente guardarle i bei riccioli fuggenti all'indietro come in una corsa contro vento. Ma furtivamente, ché il Direttore aveva lo sguardo lui su tutti, gentile e inesorabile. Si sentiva già domandare dai colleghi: « Come state ora: bene? » mentre si sarebbero voltati incuranti ancor prima della risposta. Il Direttore glielo avrebbe poi domandato con un tono che voleva essere amoroso ed era solo di rimprovero.
Quella notte l'impiegato non dormì che poche ore agitate.
E la mattina dopo, grigia di nebbia, stanco da maledire le sue ribellioni, ritornò in ufficio con un'ora di ritardo. Trovò tutti freddi con lui. Non era nemmeno vero quell'interessamento che aveva immaginato. Il Direttore quando arrivò rispose appena al suo saluto. Allora il povero impiegato sentì inutile e impossibile lo sforzo di star lì una giornata. Intanto aspettava di veder passare la ragazza. Cercava di non avere un aspetto troppo sfinito per non fare brutta figura con lei. Ma la ragazza non si vide. L'impiegato lavorava come abbandonato a sé. Nessuno gli chiedeva di far niente. Forse per non stancarlo troppo. Non volle domandar niente della fanciulla ai colleghi per non dare sospetti. Ma chiese se qualcun altro mancava dall'ufficio in quei giorni, se qualcuno era ammalato com'era stato lui. « Credo di no », fu la risposta. E non ebbe il coraggio di aggiungere: « Ma la signorina B...

dov'è allora? ». Si alzò, fece un giro inutile con l'idea di cercare una lettera in archivio, ma in verità solo per incontrare la persona amica della ragazza. Alla quale chiese con indifferenza: « E la signorina B...? sta male forse? ». « Non so, è da ieri che non si vede. Forse avrà mangiato troppi pasticcini », rispose con noncuranza l'amica.

L'impiegato si sentì allora felice. Perché? Non lo capì subito, anzi non se lo domandò. Ma poi salirono in lui dolcemente le ragioni di quella sua contentezza. Pensava che il destino aveva tolto insieme da quell'ufficio loro due, e solo loro due. Questo gli sembrava addirittura un miracolo. Fra tanti impiegati, proprio lei lo aveva, per dir così, imitato. Sentiva in questa coincidenza l'opera del dio d'amore. Ma poi si ricordava di dover soffrire per la povera fanciulla che si figurava in letto, com'era stato lui, proprio come lui, con la febbre a trentanove. Ma possibile? Lei così rosea, così invulnerabile com'era sempre apparsa a lui. Lei sportiva, felice, sorridente, malata ora? E quei riccioli fug-

genti al vento non allietavano più quelle severe stanze razionali. [125]

L'impiegato era salito ormai in un clima di lirica ribellione. L'insonnia della notte lo faceva adesso un poco delirare. Gli venne l'idea di fare il pazzo. Chissà perché pensò di abbaiare contro il Direttore quando questi passava con quell'aria così nobile. Chi sa che bella meraviglia [130] per tutti. Poi si sarebbe alzato dal suo posto e avrebbe fatto mille dolci pazzie: capriole sotto gli occhi della giovanile cinquantenne signorina capo-ufficio, bacio alla mano della telefonista solo da lui non corteggiata ancora, battere a caso [135] sulla macchina da scrivere di tutti gli impiegati come in una danza.

Ma in quel momento si sentì una voce imperiosa chiamare il suo nome, e l'impiegato accorse abbastanza rispettosamente verso il Direttore. [140] Dopo dieci minuti di amabili sorrisi e sospiri di rincrescimento, il Direttore aveva finito col licenziare l'impiegato amoroso.

Sandro Penna, *Un po' di febbre*,
Garzanti, Milano.

Testo 12

Le precauzioni inutili contro le frodi

1 Leo Bussi, piazzista d'anni 30, entrò nella succursale n. 7 del Credito Nazionale per riscuotere un assegno circolare di 4.000 lire (quattromila).

5 Non c'erano sportelli ma un lungo banco dietro al quale gli impiegati lavoravano.

« Desidera? » domandò uno di questi gentilmente.

« Ho un assegno da riscuotere. »

10 « Prego » disse l'impiegato e, preso il foglietto in mano, lo esaminò per diritto e per rovescio. Poi: « Si accomodi più in là, dal mio collega. » Il collega era un uomo sui cinquanta. Contemplò l'assegno a lungo (rigirandolo da una parte

15 e dall'altra), tossicchiò, alzò gli sguardi al di sopra degli occhiali esaminando la faccia del cliente, guardò ancora l'assegno, guardò di nuovo il Bussi, quasi cercando una corrispondenza, infine chiese: « Lei ha qui un conto corrente? »

20 « No » lui rispose.

« Documenti di riconoscimento? »

Il Bussi diede il passaporto. L'impiegato lo prese, lo portò al suo tavolo, sedette, sfogliò il libretto controllandolo, cominciò a prendere no-

25 ta, registrando su un modulo nome, numero, data di rilascio, eccetera. Ma a un certo punto si fermò, aggiustandosi gli occhiali, e brontolò qualche parola.

« C'è qualcosa che non va? » disse il Bussi con

30 la vaga sensazione di essere scambiato per un gangster.

« Niente, niente » fece quello con un sorrisetto ambiguo. Così dicendo, col passaporto in mano, andò a consultare il direttore, che stava in fon-

35 do, a un tavolo più grande.

I due confabularono, alzando ogni tanto gli occhi a esaminare la faccia del piazzista. Finalmente, l'impiegato ritornò.

« È la prima volta » chiese « che lei viene a

40 questa banca? »

« Sì, la prima volta. Ma forse c'è qualche difficoltà? »

« Niente, niente » ripeté l'impiegato rinnovando il sorrisetto. Quindi riempì il modulo per la ri-

45 scossione, lo diede da firmare, riprese il modulo, aprì di nuovo il passaporto, controllò l'uguaglianza delle firme. A questo punto, evidentemente, lo prese un nuovo dubbio. Per la seconda volta andò a consultare il direttore. Dal banco,

il Bussi non poteva afferrare le parole. (" Per 4.000 lire quante storie!" pensava intanto. "E se fossero state centomila?")

Quando Dio volle, l'impiegato tornò al banco, deluso si sarebbe detto di non trovare altri motivi per ampliare le sue investigazioni. « Ecco fatto, si accomodi alla cassa. » E, col passaporto, gli diede un tagliando numerato.

Alla cassa, quando fu il suo turno, il Bussi consegnò il tagliando. Il cassiere, uomo grasso e autorevole, palpeggiò l'assegno attentamente, riscontrò la bolletta relativa, guardò il Bussi e poi l'assegno ancora, pure lui cercando forse una misteriosa somiglianza fra la tratta bancaria e l'uomo, infine, perforò il foglietto con uno speciale timbro a spilli, lo rimirò di nuovo, lo depose di fianco a sé in una cassetta. Dopodiché, con solennità sacerdotale, trasse le banconote, facendole schioccare tra le dita con un colpetto caratteristico: uno, due, tre, quattro fogli da 10 mila (diecimila) lire. E li passò al cliente.

Dino Buzzati, *Sessanta racconti*,
Mondadori, Milano.

Osservazioni grammaticali

- un assegno *da* riscuotere
- si accomodi più in là, *dal* mio collega
- lo diede *da* firmare
- *dal* banco, il Bussi non poteva...
- *da* una parte e *dall*'altra
- *rigirandolo* da una parte e dall'altra
- *esaminando* la faccia del cliente
- quasi *cercando* una corrispondenza
- sfogliò il libretto, *controllandolo*
- *registrando* su un modulo
- *aggiustandosi* gli occhiali
- così *dicendo*
- *alzando* ogni tanto gli occhi
- *rinnovando* il sorrisetto
- pure lui *cercando* una misteriosa somiglianza
- trasse le banconote, *facendole* schioccare

Per la conversazione

- Gli impiegati bancari, visti da Buzzati. Elementi realistici ed elementi caricaturali: mettete in evidenza questa doppia componente.
- Commentate tutti i gesti consecutivi dell'impiegato « sui cinquanta » come pure i « sorrisetti » ambigui e il « niente, niente » due volte ripetuto.
- Perché il piazzista ha la « vaga sensazione di essere scambiato per un gangster »?
- Spiegate brevemente il funzionamento di una Banca, cercando di adoperare una terminologia essenziale, chiara e precisa.
- La Banca e il mondo degli affari.
- La Borsa e il mondo degli affari.

Testo 13

Coro degli impiegati

Roma - Ministero
coro degli impiegati

Per dare gloria a Cheope han fatto una Piramide
Un'ara per Leonida, un arco per i Cesari
Un cippo monolitico per il Vercingetorige
Per ricordare un nautico han battezzato America

Quel continente atlantico scoperto dal Cristoforo.
Col nome di un gran medico han battezzato un microbo
E per finire, i clinici
Pur di passare ai posteri
A corto di Piramidi, ci han battezzato gli organi:

    C'è l'osso di Berio, la tromba di Eustachio
    C'è il nervo di Bario, c'è l'elmo di Scipio
    C'è il cocchio di Dario, ciascuno ha il suo cippo
    Ma nessuno ricorda chi a tutto pensò:

Chi fu quel gran burocrate che ha inventato i moduli
Le cedole di transito, il bollo di verifica
Le pratiche da evadere, la tassazione a carico
Lo scarico bonifico, il buono per gratifica
Il protocollo unico, la carta di certifica
Di lui nessuna lapide ricorda il dì di nascita
E forse nell'anagrafe è iscritto come anonimo.

    Fratelli d'ufficio alziamo la testa
    Del genio dei bolli cantiamo le gesta
    Alziam gli sportelli, laudiamo al Signore

Che per nostro amore qui tutto creò:
I timbri rotondi, la carta bollata
La marca da dieci, la carta intestata
L'usciere di porta, i portapennini
La penna, i cestini, il capo-sezion!

Dario Fo, *Teatro comico*,
Garzanti, Milano.

Per la conversazione

- A partire dal testo umoristico di Dario Fo, riflessioni sul tema: « L'Italia e la burocrazia ». Citate esempi concreti, senza nessuna reticenza verbale o mentale...
- Roma e i suoi 350.000 burocrati. Una città la cui funzione è quasi unicamente amministrativa, può essere definita una vera capitale?
- Parlate delle numerose burocrazie statali, parastatali, religiose e internazionali della « capitale » italiana.
- A proposito di Roma « burocratica » cfr. anche *La raccomandazione* di Alberto Moravia, pag. 85.

Testo 14

Il satellite Telstar e i Napoletani

1 **D**onna Giulia Capezzuto, sventagliandosi con
un pezzo di cartone, dice:
« Che giornata! L'angelo o chi per lui, nel pi-
gliarla dalla teglia bollente, un dito gli si è pro-
5 babilmente scottato; e quello, senza cerimonie,
l'ha buttata giù come una "zeppola". Don Vi-
to, c'è qualche notizia refrigerante nel foglio
che avete letto? » La guardia notturna Cacace
sbadigliando:
10 « L'avvenimento più sostanzioso e apprezzato è
la messa in orbita del Telstar. Non lo avete am-
mirato ieri alla Televisione? »
« Io per me ci volevo andare come faccio spesso: ma donna Sofia Lucinasi aveva aumentato
15 il prezzo: da trenta a cento lire, di colpo, data
l'occasione. E allora ho detto: neh, Telstar, abbiamo campato fino ad oggi, tu e io, senza reciproche informazioni; continuiamo a ignorarci...
ti saluto. »
20 D'accordo. Abbiamo la Televisione in un paio
di "bassi", al Pallonetto; chiunque è ammesso
a godere lo spettacolo, ma aiutando a pagare il
canone dell'abbonamento; e la citata donna Sofia Lucinasi è indubbiamente una profittatrice:
25 venderebbe al minuto il proprio cadavere se ne
avesse due... La guardia notturna Cacace spiega
dottoralmente che l'inaudito scopo del satellite
artificiale è di ritrasmettere immagini e suoni
dall'America all'Europa e viceversa, alla faccia
30 della curvatura della terra. Don Fulvio Cardil-
lo, imbronciato esclama:
« Ah, perché non l'hanno affidata a me una tra-
smissioncella da Napoli? Gli avrei detto papale papale: "Neh, come stanno i quaranta o cin-
35 quanta milioni di tisici e di affamati in Cina, in
Africa in Papuasia? C'è un angolino del Telstar
che gli indirizza esattamente l'apparenza e la
sostanza di un cucchiaio di fagioli?". Invece
non abbiamo visto che grattacieli annebbiati e
40 presidenti col ciuffo; non abbiamo sentito che
vari sindaci col telefono in mano, dire: "Che
momento storico! Buondì. Omaggi. Viva le nostre città collegate dal cielo!" »
E in quel momento, nella stessa località, c'era-
45 no pezzenti a centinaia, che non trovavano spazio da viverci e non trovavano spazio da morirci.

Giuseppe Marotta, « *Corriere della Sera* », 3 agosto 1962.

Osservazioni grammaticali

- Rilevate e commentate tutte le « sgrammaticature » di carattere popolare contenute nel testo

Per la conversazione

- Ritratto psicologico dei personaggi presentati nel
testo. I loro interessi, i loro commenti, le loro
reazioni e le loro riflessioni.
- Partendo dalla lettura e dalle vostre conoscenze,
cercate di ricreare la vita quotidiana nei « bassi »
napoletani.
- Commentate la fine del testo: « E in quel momento, nella stessa località, c'erano pezzenti a
centinaia, che non trovavano spazio da viverci e
non trovavano spazio da morirci ».
- Perché la messa in orbita del Telstar (luglio
1962) è considerata un « avvenimento sostanzioso e apprezzato »?
- Fate una breve storia della conquista dello spazio dai primi tentativi ai giorni nostri.
- Le esplorazioni spaziali: problemi e prospettive
per il 2000.

Testo 15

Il bosco sull'autostrada

*Marcovaldo e i suoi familiari hanno freddo. Sono
poveri e non possono comprare la legna per scal-
darsi. Pensano dunque di andarla a cercare nel « bosco ». L'unico « bosco » della città è quello che si
trova ai lati dell'autostrada. Marcovaldo, seguendo
l'esempio dei suoi figli infreddoliti, si prepara a se-
gare un cartellone pubblicitario.*

L'agente Astolfo della polizia stradale, era un
po' corto di vista, e la notte, correndo in moto
per il suo servizio, avrebbe avuto bisogno degli
occhiali; ma non lo diceva, per paura d'averne
un danno nella sua carriera.
Quella sera, viene denunciato il fatto che sul-
l'autostrada un branco di monelli stava buttando
giù i cartelloni pubblicitari. L'agente Astolfo
parte d'ispezione.
Ai lati della strada la selva di strane figure am-
monitrici e gesticolanti accompagna Astolfo, che
le scruta a una a una, strabuzzando gli occhi
miopi. Ecco che, al lume del fanale della moto,
sorprende un monellaccio arrampicato su un
cartello. Astolfo frena: « Ehi! che fai lì, tu? Sal-
ta giù subito! » Quello non si muove e gli fa la
lingua. Astolfo si avvicina e vede che è la réclame d'un formaggino, con un bamboccione che
si lecca le labbra. « Già, già, » fa Astolfo, e ri-

parte a gran carriera.

Dopo un po', nell'ombra di un gran cartellone, illumina una trista faccia spaventata. « Alto là! Non cercate di scappare! » Ma nessuno scappa: è un viso umano dolorante dipinto in mezzo a un piede tutto calli: la réclame di un callifugo. « Oh, scusi, » dice Astolfo, e corre via.

Il cartellone di una compressa contro l'emicrania, era una gigantesca testa d'uomo, con le mani sugli occhi dal dolore. Astolfo passa, e il fanale illumina Marcovaldo arrampicato in cima, che con la sua sega cerca di tagliarsene una fetta. Abbagliato dalla luce, Marcovaldo si fa piccolo piccolo e resta lì immobile, aggrappato a un orecchio del testone, con la sega che è già arrivata a mezza fronte.

Astolfo studia bene, dice: « Ah, sì: compresse Stappa! Un cartellone efficace! Ben trovato! Quell'omino lassù con quella sega significa l'emicrania che taglia in due la testa! L'ho capito subito! » E se ne riparte soddisfatto.

Tutto è silenzio e gelo. Marcovaldo dà un sospiro di sollievo, si riassesta sullo scomodo trespolo e riprende il suo lavoro. Nel cielo illuminato dalla luna si propaga lo smorzato gracchiare della sega contro il legno.

Italo Calvino, *I racconti*,
Einaudi, Torino.

Osservazioni grammaticali

- il labbro → le labbra
- lo smorzato *gracchiare* della sega
- *viene* denunciato il fatto
- *stava buttando* giù
- per paura d'aver*ne* un danno
- cerca di toglier*sene* una fetta
- *se ne* riparte

Per la conversazione

- Astolfo e i cartelli pubblicitari. I veri e i falsi. Mostrate in che modo si manifesta l'ironia dell'autore nei riguardi del miope agente.
- Significato e funzione della pubblicità nel mondo attuale (confrontate, a questo proposito, anche altri testi precedentemente visti e arricchite il dibattito).
- Riflessione e discussione sul tema:
  La grande città industriale e le « zone verdi ».

Testo 16

Come si diventa fascisti

Una mattina del 1930, il podestà chiamò l'avventizio Aldo Piscitello nel suo gabinetto e gli disse:
« Io dovrei licenziarla perché lei **non è iscritto al fascio!** »
Piscitello si fece pallidissimo, portò la testa indietro, e disse:
« Mamma! »
Poi cadde a sedere su una sedia imbottita posta davanti al tavolo.
« Non faccia così, diamine! » continuò il podestà. « Io devo eseguire, e nel modo più rigido, l'epurazione del personale, perché qui, sia detto fra noi, c'è molta gente bacata. Ma a lei, anche per riguardo a sua moglie, che è sarta della mia signora... »
« Perché dice sarta? » supplicò Piscitello. « Non le permetterei di fare la sarta. Qualche volta aiuta le signore amiche!... »
« Ah! » sbuffò il podestà. » « Insomma, lei farebbe bene a iscriversi al fascio. Vuole un consiglio? S'iscriva in quello di Canicattì, ove il segretario politico è un mio cliente, e se io gli dico una parola, e lei dal canto suo gli fa capire... insomma si regoli lei... nonostante che le iscrizioni siano chiuse, troverà il modo di farla figurare come iscritto! »
« Io » disse Piscitello, « non ho fatto mai politica! E mi son trovato sempre bene! »
« Ma ora deve iscriversi al fascio!... L'ha capito che si tratta del pane? Del pane per lei e per i suoi figli? »
« Signor podestà, se potessi non... »
« Ma Piscitello, lei è impazzito! Ci sono ex-deputati e ministri che regalerebbero un occhio per iscriversi al fascio. E purtroppo ormai sono conosciuti come buoi di fiera per democratici arrabbiati e pipini, e non possiamo prenderli nella barca. E anzi, se non la smettono di brontolare, dobbiamo mandarli al confino... E lei si fa pregare! Ma chi crede di essere, lei? Cosa fa, ci sputa sul fascismo e sul Duce?... Piscitello, arrivederci. Domani mi dirà se desidera rimanere al suo posto o cambiare mestiere! »
Piscitello si alzò mogio mogio, fece due inchini che nessuno vide perché il podestà s'era preso la testa con le due mani e curvato a leggere le le sue carte, e uscì, infilandosi, per la prima volta nella vita, due dita entro il colletto con l'intenzione di allargarlo.

La sera, in casa, raccontò alla moglie quanto gli era successo.

« E che vorresti fare? » disse la moglie. « Ti iscrivi! »

55 Egli non rispose nulla, fino a quando sbucciò meticolosamente la pera, asciugò il coltellino nella salvietta, lo chiuse e conservò in tasca.

« Ma Rosina » disse poi, « io non sono fascista! » « E lo diventi! » fece la moglie.

60 Aldo Piscitello non rispose nulla, porse la pera sbucciata alla moglie, si accese una cicca di sigaro e rimase a guardare, con le mani intrecciate sulla tavola, le buffate di fumo che gli uscivano tarde dalla bocca. Per quasi due ore, restò

65 così e non s'avvide che la tavola era sparecchiata, la lampada del soffitto spenta e sostituita da una piccola luce che veniva dal corridoio, la moglie già in letto.

« Aldo! » gridò lei. « Vieni! Mettiti a letto! De-

70 vo dirti una cosa. »

Egli arrossì vivamente, come se la moglie lo avesse sorpreso ad assaggiare la pasta nella pignatta, e compiute in fretta le solite operazioni della sera, presto fu sotto le coltri.

75 « In fondo, » disse la moglie, « il fascismo è una gran bella cosa! »

« Non dico di no » fece egli che, nei giudizi, era sempre rispettoso.

« Ha fatto le strade; c'è ordine; nessuno più di-

80 sturba i galantuomini; ti ricordi quando i comunisti ti fischiarono perché avevi in mano il pacchetto di dolci, che poi non era nostro? »

« Era del signor sindaco » disse Aldo Piscitello. « Mi piace come fa crescere i giovani! Guarda

85 che i giovani vanno pazzi per Mussolini! »

« Non dico di no, non dico di no! Ma io mi son fatto sempre gli affari miei, e ora non so che cosa vogliano con questo fascismo! »

« Senti! » disse la moglie che cominciava a stiz-

90 zirsi. « Mille e mille persone meglio di te e di me dicono che il fascismo è una grande cosa, e tu fai tante storie per diventare fascista? »

« Oh, io ne sono onorato! Ma vedi?... »

« E il Papa? Sai cos'ha detto il Papa? Che quel-

95 l'uomo lo ha mandato la Provvidenza! Ora se il Papa, che è il Vicario di Dio in terra, non ci pensa due volte... »

E così continuò la moglie, finché levandosi, nella foga dell'eloquenza, sul gomito destro, s'ac-

100 corse che il marito dormiva. Piano piano ricadde supina e seguitò a ragionare per conto suo. Verso le due del mattino, non potendo più resistere alla maligna esultanza che le dava la conclusione cui era pervenuta ragionando, sve-

105 gliò il marito:

« No, tu mi devi dire questo: ti credi meglio del Papa? »

« Che?... No!... il Papa? » esclamò Aldo Piscitello, nello spavento che gl'incutevano di notte le idee di Papa, Imperatori, Re, Dittatori, Ministri, Generali, tanto simili per lui ai baratri profondi e tenebrosi nei quali non abita che il vento. Ma poi si calmò, richiuse gli occhi, e piano piano, tra una bollicina di saliva, disse: « Domani m'iscrivo al fascio! »

Vitaliano Brancati, *Il Vecchio con gli stivali*,
Bompiani, Milano.

Osservazioni grammaticali

- Rilevate l'uso del *Lei* in tutto il dialogo fra Aldo Piscitello e il podestà. Riprendete le battute passando dal ⎰ « lei » al « voi »
  e dal ⎱ « lei » al « tu »
- *nonostante* che le iscrizioni *siano* chiuse
- *se potessi* non...
- *come se* la moglie lo *avesse* sorpreso
- *non so* che cosa *vogliano*

Per la conversazione

- Quali erano le funzioni dei podestà durante il regime fascista? Perché erano stati sostituiti ai sindaci?
- Commentate la frase del podestà: « l'ha capito che si tratta del pane? Del pane per lei e per i suoi figli? »
- Il podestà evoca il problema del « confino ». In che cosa consisteva il confino? Conoscete qualche celebre personaggio italiano che ha subìto questa pena sotto il regime fascista? Conoscete film italiani recenti che affrontano questo argomento? Parlatene.
- Studiate la psicologia dei tre personaggi (podestà, Piscitello, Rosina) e mostrate in che modo l'avventizio arriva alla decisione finale di iscriversi al fascio.
- Aldo Piscitello e sua moglie passano lunghi momenti a riflettere in silenzio. Date una voce alle loro meditazioni e traducete con le vostre parole i loro monologhi interiori.
- Che cosa ci dice questo testo « semi-serio » sul clima politico-morale che regnava in Italia intorno agli anni '30?
- Partendo dalla lettura, cercate di sviluppare gli argomenti seguenti:
  - Mussolini e le coercizioni
  - Mussolini e l'ordine
  - Mussolini e le sue opere pubbliche
  - Mussolini e il Papa
  - Mussolini e i giovani.

Gli zii d'America

L'azione si svolge in Sicilia nel 1948. La zia di cui parla il ragazzo-narratore è una siciliana che vive in America da molto tempo. È ritornata, insieme alla famiglia, a trascorrere un periodo di vacanza nel paese natio.

I bauli arrivarono l'indomani, davanti ai bauli aperti mia zia cominciò la distribuzione della roba — questo è per te, questo è per tuo marito per tuo figlio per tuo cognato — per me venivano fuori antipatiche cose, io avrei voluto un fucile calibro 36, come quello che avevo visto ad un mio amico che lo aveva da uno zio d'America, e un macchina da presa un proiettore magari una macchina fotografica, venivano fuori invece vestiti e vestiti. C'era una radio a batteria e mio zio mostrò tanto entusiasmo che mia zia decise di regalargliela, una scatola bianca che pareva dovesse contenere medicinali; per mio padre e mio zio i rasoi elettrici, dalle prove che subito fecero uscirono conciati come cristi.

Già cominciavano le visite, tutti quelli che avevano parenti a Nuova York venivano a domandare se mia zia li avesse visti, se stavano bene, poi domandavano se c'era qualcosa per loro: mia zia aveva un elenco così lungo, cercava il nome nell'elenco e diceva al marito di pagare cinque o dieci dollari, tutti i paesani di Nuova York mandavano un biglietto da cinque o da dieci dollari ai loro parenti. Era come una processione, centinaia di persone salivano le scale di casa nostra, è sempre così nei nostri paesi quando c'è uno che viene dall'America. Mia zia pareva ci si divertisse, ad ogni visitatore offriva come un'istantanea del parente d'America: un gruppo familiare in florida salute s'inquadrava su uno sfondo in cui facevano spicco simbolici elementi del benessere economico di cui godeva. Il tale aveva una scioppa, quell'altro una buona giobba; chi aveva lo storo, chi lavorava in una farma; tutti avevano figli all'aiscule e al collegio, e il carro l'aisebòcchese la uasetoppe. Con queste parole di cui pochi capivano il significato, ma certo dovevano indicare cose buone, mia zia cantava l'America.

Vennero i parenti di un certo Cardella, ebbero i dollari del congiunto e doni da mia zia: poi mia zia spiegò che Giò Cardella era a Nuova York un uomo potente; raccontò che una volta a lei si presentarono due tipi, chiesero venti dollari — e ogni venerdì vogliamo venti dollari — dissero, e a lei venne l'idea di parlarne a Cardella, è il venerdì successivo Cardella venne allo storo, si mise in disparte e aspettò che quei due si facessero vivi; al momento buono venne fuori e disse ai due — ragazzi, e che vi viene in testa?, questo storo è come se fosse mio, qui nessuno deve venire a fare lo smarto — e i due salutarono con rispetto e se ne andarono.

« Certo! » disse il marito di mia zia « quei due proprio Cardella li aveva mandati. »

Mia zia saltò come l'avesse punta una vespa. « Sciaràp! » disse « tu ogni volta che parli fai danno, anche a pensarle certe cose non si dicono; e poi, certo è che tutti gli altri che hanno storo pagano: e noi mai abbiamo pagato. »

« Ma che è un mafioso questo Cardella? » domandò mio zio che certe cose le capiva a volo.

« Ma che mafioso » disse mia zia fulminando con una occhiata il marito « un galantuomo è; ricco, elegante; protegge i paesani... »

« Già » disse il marito « come ha protetto La Mantia. »

Mia zia soffocava di collera. Il marito disse « qui in famiglia siamo » e ci raccontò che un tale La Mantia, mezzo ubriaco, aveva insultato Cardella, amici si misero subito in mezzo e la sera stessa li pacificarono, si fecero tante scecchenze, bevvero insieme; ma l'indomani La Mantia giaceva su un marciapiedi con una palla in testa.

« E tu parla » disse mia zia « così te la guadagni anche tu una palla in testa. »

Leonardo Sciascia, *Gli zii di Sicilia*,
Einaudi, Torino.

Osservazioni grammaticali

- *mia* zia
- *mio* zio
- *tuo* marito
- *mio* padre
- *tuo* figlio
- *tuo* cognato
- le scale di casa *nostra*
- giustificate l'uso dell'indicativo e l'uso del congiuntivo dopo *se* nel seguente passaggio:
  « Venivano a domandare *se* mia zia li *avesse* visti, *se stavano* bene, poi domandavano *se c'era* qualcosa per loro »

Per la conversazione

- L'America e gli italo-americani visti dalla zia: non credete che questo ritratto sia un po' caricato o, per lo meno, incompleto? Completatelo voi.
- La distribuzione della roba e dei soldi: la zia che dà, tronfia e divertita. La famiglia e i conoscenti

che ricevono i doni d'oltre-Atlantico. Cercate di analizzare i sentimenti intimi degli uni e degli altri.

- Commentate la frase: « Era una processione, centinaia di persone salivano le scale di casa nostra, è sempre così nei nostri paesi quando c'è uno che viene dall'America » e dite ciò che sapete sull'emigrazione di massa del primo decennio del secolo.
- Che cosa ci lascia intravedere la seconda parte del testo?
- Come si spiega il malumore della zia dinanzi alle verità dell'ironico marito? Paura di ricevere « una palla in testa » o desiderio di preservare il mito dell'eldorado americano dinanzi ai parenti poveri?
- Notate e « traducete » tutte le parole italo-americane contenute nel testo. Che effetti vuole ottenere Leonardo Sciascia con quest'orgia di barbarismi?
- Avete certamente letto articoli, interviste, libri e visto film – anche recenti – sulla mafia americana e siciliana. Dite tutto ciò che sapete su quest'argomento.

Testo 18
La democrazia è la democrazia

« Dunque, dicevo: una cosa avevamo di buono in Italia. Una che nessuno, neanche i nostri nemici, potevano contestarci: la pasta. Quello lì, Quello che ora non si può neanche nominare » disse il ragioniere, calcando sulle parole: « Lo sapeva tanto bene che... ma Lei è troppo giovane, non se la può ricordare la battaglia del grano... Andava a mietere anche lui, veniva sul giornale bello bruno, in piedi sulla trebbiatrice o chino sulla falce tra le spighe alte. Faceva sul serio e, alla fine, pretendeva la sua giornata come un bracciante qualunque. Poi, la sera, sull'aia, prendeva le contadine per la vita, le faceva ballare... e via! Era un uomo, Quello » sospirò lo Scarapecchia: « Non era come questi baciapile di oggi. Lui, a palazzo Venezia, mentre lavorava, c'era sempre una donna che l'aspet-

Un raro documento delle trovate istrioniche del « duce »: Mussolini alla trebbiatura, durante una « festa del grano ».

L'aula della Camera dei Deputati a Palazzo Montecitorio a Roma.

tava nel salottino. Pare che avesse fatto aprire una porta di comunicazione, segreta. Tra un colloquio e l'altro, tra un ministro e l'altro, scusate un momento – diceva – apriva la porticina e zac zac!, in quattro e quattr'otto le lasciava senza fiato. Ne sono passate di tutti i paesi, là dentro, e tutte hanno detto che aveva un magnetismo negli occhi: ti guardava e non potevi resistere ». Si soffiò il naso e riprese: « La dittatura ha i suoi difetti, non lo nego, ed è naturale, sacrosanto, che ogni Paese tenda alla democrazia... ». Alzò gli occhi, spiando la reazione del suo interlocutore.

« Questo non si discute » disse Giulio.

« Appunto: la democrazia è la democrazia. Benché, a questo riguardo, si dovrebbero fare varie distinzioni: a cominciare dal carattere degli abitanti. Qui per esempio, io mi domando dove andremo a finire. »

« Tutti ce lo domandiamo » disse Giulio. (Lui, per il momento, si domandava soltanto: « Che fa Ivana? Perché non viene? »).

« Ci vorrebbe un pugno di ferro, per rimettere le cose a posto. Un uomo, ma come s'intende da noi: qui non siamo né in Inghilterra né in Svezia. Qui un uomo che non... » fece un gesto chiaramente allusivo: « Mi capisce, avvocato? »

« Altro che! »

« Il problema è tutto qui. Se invece di fare discussioni, tavole rotonde, inchieste, eccetera, venissero da me, glielo spiegherei subito: uno che non si dimostra uomo, in tutti i sensi, non potrà mai farsi rispettare dagli italiani... »

Alba de Céspedes, *La bambolona,*
Mondadori, Milano.

Osservazioni grammaticali

- Esaminate e commentate le « sgrammaticature » delle frasi seguenti:
  1) « *Lui*, a palazzo Venezia, mentre lavorava, c'era sempre una donna che l'aspettava nel salottino. »
  2) « Se invece di fare tante discussioni, tavole rotonde, inchieste, eccetera, venissero da me, *glielo* spiegherei subito... »

Per la conversazione

- Vi sembra che l'avvocato Giulio sia molto interessato dalle disquisizioni del ragioniere? Perché risponde a monosillabi?
- A chi fa allusione il ragioniere quando parla di « Quello lì, Quello che ora non si può neanche nominare... »?
- Come si giustifica l'uso della maiuscola in « Quello »?
- Per quali motivi il ragioniere ammira tanto « Quello lì »? Vi sembrano motivi sufficienti per giustificare la dittatura?
- Commentate la frase: « Ci vorrebbe un pugno di ferro, per rimettere le cose a posto. Un uomo, ma come si intende da noi: qui non siamo né in Inghilterra né in Svezia ».
- Vi sembra che il ragioniere abbia un'idea molto precisa della « democrazia » e della « dittatura »?
- Esprimete le vostre idee personali sulla democrazia e sulla dittatura.
- Il ragioniere parla della « battaglia del grano ». Perché il fascismo era spinto a insistere sul grano?

Testo 19

Le viole sono dei fanciulli scalzi

1   Sono fresche le foglie dei mandorli
    i muri piovono acqua sorgiva
    si scelgono la comoda riva
    gli asini che trottano leggeri.
5   Le ragazze dagli occhi più neri
    montano altere sul carro che stride,
    Marzo è un bambino in fasce che già ride.
    E puoi dimenticarti dell'inverno:
    che curvo sotto le salme di legna
10 recitavi il tuo rosario
    lungo freddi chilometri
    per cuocerti il volto al focolare.
    Ora ritorna la zecca ai cavalli
    ventila la mosca nelle stalle
15 e i fanciulli sono scalzi
    assaltano i ciuffi delle viole.

Rocco Scotellaro, *È fatto giorno*,
Mondadori, Milano.

Per la conversazione

- Il risveglio della primavera in Lucania: tutto cambia e si trasforma, tutto sorride e ride...
  Riflessione sul tema: puoi davvero « *dimenticarti dell'inverno* »?

Testo 20

L'astrologo di Benares

Bombay, gennaio '65

L'autore è andato a Benares per consultare « il più grande astrologo dell'India e forse del mondo ». Per le sue consultazioni, si serve di migliaia di fogli ingialliti, tramandati di generazione in generazione. Per cominciare, l'astrologo si limita a tracciare la situazione presente del consultante; ad ogni affermazione, Dino Buzzati, risponderà se è vero o no.

« Tuo padre è morto » dice.

« Anche tua madre è morta. »

« Anche i tuoi nonni sono morti » dice. (Le tre cose sono vere, però non ci voleva tanto, data la mia età.)

« Hai qualche zio » dice. (Non è vero.)

« Però li hai avuti », dice. (È vero.)

« Hai due fratelli » dice. (No, faccio rispondere, i miei fratelli sono tre, due maschi e una femmina.)

« Volevo dire » rettifica « che tu hai due fratelli maschi. »

« Hai anche una sorella » aggiunge. (È vero, ma glielo avevo fatto sapere io pochi istanti prima.)

« Tu sei sposato » dice. (Non è vero. Probabilmente ha notato un anello che porto all'anulare sinistro e che può dar luogo a equivoco.)

« Intendevo dire » rettifica « che tu hai avuto rapporti con una donna come se fossi sposato. »

« Tu non sei impiegato governativo, non sei medico, non sei ingegnere. » (Esatto. Però non dice che mestiere faccio.)

« Tu guadagni più di mille rupie al mese » cioè 130.000 lire. (È vero, ma non ci voleva molto a indovinarlo.)

« Tu hai amato molte donne, anche sposate. » (Su questa faccenda delle donne sposate insisterà ripetutamente, sembra che ci tenga moltissimo, e io non ho il coraggio di smentire, benché non sia vero.)

« Tu non sei vegetariano. » (Esatto.)

« Tu bevi alcoolici. » (È vero.)

« Tu lavori in una società anonima. » (Non è vero. Il "Corriere della Sera" è una società in accomandita.)

« Però è sempre una società privata. » (D'accordo.)

« Tu guidi l'automobile. Tu possiedi una macchina. » (È vero.)

« Tu hai avuto un'avventura d'amore in India. » (Non è vero.)

« Però » aggiunge « in India hai desiderato qualche donna. » (Bella forza.)

A questo punto sembra lui stesso un po' deluso. Se tenendosi così sulle generali ha fatto tanti errori, figurarsi quando dovrà passare ai particolari.

Prende quindi un altro pacchetto di fogli e si mette a sfogliarli, ricavandone da ciascuno una notizia sul mio passato.

Ma neppure questa volta la precisione è soddisfacente. Tra l'altro afferma per due volte che io sono stato in prigione oppure ho corso il rischio di andarci. Il che non è vero.

Dice pure che io ho molte persone alle mie dipendenze. Il che non è vero.

Ma ora Gaya Prasad ha un lampo di genio. Sono proprio sicuro di essere nato a mezzanotte? Così almeno mi aveva raccontato la mamma, rispondo. Ma posso escludere che potesse essere mezzanotte e un quarto invece che mezzanotte precisa? No, evidentemente non posso escludere. « Bene » dice. « Proviamo allora l'oroscopo di mezzanotte e un quarto. »

Prega quindi la mia interprete di passargli un altro pacchetto di fogli e col dito, direi a caso, indicava un punto a circa metà della pila.

Queste cartelle, appena scorse, sembrano rivelarsi per quelle buone. Infatti: « Ci siamo » egli annuncia. « Ho trovato. Possiamo cominciare. »

Congiunge le mani, mormora una breve preghiera conchiusa da un piccolo rigurgito gastrico. Mi dà il permesso di prendere annotazioni. Ciò che lui sta per annunciare sono le risposte che undicimila anni fa il bramino Birgu diede al figlio Sukkur il quale lo interrogava appunto sul conto del sottoscritto.

Dino Buzzati, *Cronache terrestri*, Mondadori, Milano.

Osservazioni grammaticali

- Notate l'uso degli aggettivi possessivi davanti ai nomi di parentela, singolari e plurali
- *come se fossi* sposato
- *sembra* che *ci tenga* moltissimo
- *benché* non *sia* vero
- ma posso escludere che *potesse* essere mezzanotte e un quarto?
- ciò che lui *sta per annunciare*
- *il che* non è vero

Per la conversazione

- Mostrate in che modo Dino Buzzati ridimensiona la fama del « più grande astrologo dell'India e forse del mondo ». Commentate i passaggi più impertinenti della sua cronaca.
- Oroscopi su misura, calendari astrologici venduti a migliaia di esemplari, memorie di veggenti, nostradamus dei tempi moderni, l'oroscopo delle dive, l'oroscopo e la salute, l'oroscopo e la bellezza, maghi di ogni ordine e grado che guadagnano fior di quattrini...
  Come può spiegarsi questa tendenza all'« irrazionale » in una società « scientifica » come la nostra?
- Avete mai consultato un veggente più o meno lucido? Raccontate.
- Dite, con sincerità, se leggete gli oroscopi dei settimanali e *perché* li leggete.

Testo 21

Le signore che si intendono di pittura

Quando si apre la Quadriennale molte signore si aggirano sulle guide rosse dei vari saloni. La maggior parte si fermano accanto ai ritratti di donne e bambini, alle nature morte con frutta e cacciagione e ammirano sinceramente esclamando a brevi intervalli: « Molto carino! Guarda quella conchiglia, sembra vera! Guarda quelle spighe come sono fatte bene! Quel fagiano è fatto benissimo! Quel broccato! ». [5]

Altre hanno le scarpe basse, brandiscono l'occhialino e consultano il catalogo con un'aria assorta, assolutamente impenetrabile. Sono le signore che si intendono di arte, frequentano compagnie di pittori e letterati e non possono quindi abbandonarsi ad osservazioni superficiali o troppo semplicistiche. La situazione di queste signore non è delle più facili. Sedendo a tavolate di artisti esse hanno ascoltato discussioni, frasi, giudizi. Hanno sentito esaltare moltissimo certi artisti, hanno visto gettare nella polvere altri. Esse conoscono i nomi dei vari pittori, hanno sentito parlare con insistenza di « pittura tonale », di ricerche, di lirismo. [10] [15] [20]

Visitando le sale della Quadriennale, spesso a fianco di artisti, queste signore si trovano dunque in una posizione abbastanza delicata. Come amiche di artisti e autentiche intenditrici d'arte, esse hanno il dovere di gustare la pittura non come tutte le altre signore, ma in una maniera più sottile e profonda, da gente della partita. [25] [30]

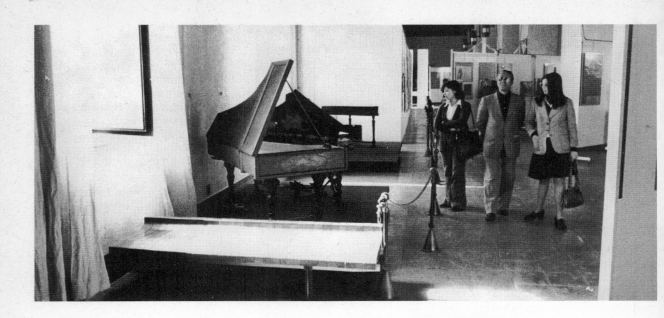

Sopra. Giovani al Museo degli strumenti musicali di Milano.
Sotto. « Intenditrici » ad una mostra d'arte.
In Italia ci sono alcuni dei musei più belli del mondo; non c'è angolo d'Italia che non conti un'opera d'arte importante, ma gli italiani sono spesso distratti davanti a tante bellezze.

Non possono in modo assoluto esprimere il loro spontaneo entusiasmo alla visione dei pesci e pernici che sembrano veri, di ritratti minuziosi pieni di piccoli particolari. Sarebbe troppo comodo. Esse si trovano nella penosa necessità di dover approfondire, di dover perfino mostrare disprezzo per certi quadri che invece a loro piacciono moltissimo.

La pittura per queste signore è una cosa oscura, misteriosissima. Per un crudele gioco del destino i quadri che sarebbero di loro gusto sono il più delle volte dovuti al pennello di artisti di cui hanno sempre sentito parlare con ironia e commiserazione come di perfetti idioti. All'incontrario le cose più quotate sono sempre quelle che loro non capiscono. Esistono certi piccoli dipinti che le signore, se non fossero avvertite, getterebbero, senza pensarvi su un momento, nella spazzatura. Ebbene sono proprio quelli i quadri discussi ed esaltati dai critici.

Le signore che s'intendono d'arte pagherebbero chi sa che per sapere, una buona volta, perché mai certi quadri confusi e scoloriti o geometrici e grigi sono bellissimi e contesi dai collezionisti mentre altri assai chiari, di grandi dimensioni, pieni di vivaci colori, vengono guardati con sogghigni di commiserazione. Vorrebbero chiederlo, ma si guardano bene dal farlo per timore di compromettersi. Esse sanno che è così, sanno che tutti sono d'accordo su questo giudizio e non osano fiatare...

Giù la maschera, gentili signore. Le bottiglie, i lumi e i paesaggi di Morandi [1] non vi piacciono, non li capite, non vi piaceranno mai. Confessatelo una buona volta; non vi sarà fatto nulla di male.

Ercole Patti, Quartieri alti,
Bompiani, Milano.

1. *Giorgio Morandi*: pittore bolognese (nato nel 1890 e morto nel 1964). Occupa un posto di primo piano nella pittura contemporanea.

Osservazioni grammaticali

- la *maggior parte* si fermano
- *quella* conchiglia - *quelle* spighe
- *quel* fagiano - *quel* broccato
- *queste* signore
- le cose più quotate sono sempre *quelle* che loro non capiscono. Sono proprio *quelli* i quadri discussi ed esaltati dai critici

Per la conversazione

- Commentate le esclamazioni delle signore « igno-

ranti » e mostrate in che cosa consiste, per loro, la bellezza dei quadri che esaminano.

- Le signore « intenditrici » sono viste, dall'autore, in scarpe basse, occhialino, catalogo in mano, aria assorta. Non vi sembra che Ercole Patti faccia la caricatura dell'intellettuale ad ogni costo?
- Perché « queste signore si trovano in una posizione abbastanza delicata »? Spiegatelo.
- Che cosa farebbero e direbbero le brave intellettuali se avessero il diritto di essere sincere?
- Leggete attentamente il testo... Si può parlare di misoginia dell'autore? Il falso intellettualismo è una prerogativa esclusivamente femminile?
- Quali sembrano essere le idee di Ercole Patti sulla pittura « astratta »? E le vostre?
- Parlate delle « bottiglie, i lumi e i paesaggi di Morandi ».
- L'Italia e la pittura contemporanea. Fate una breve ricerca su un artista a vostra scelta.
- Voi e la pittura. Riflessioni personali.

Testo 22

La raccomandazione

Era ancora presto ma già faceva quel caldo speciale dell'estate, che i romani chiamano callaccia e che è il caldo tenuto a bollore dal sole nel cielo annebbiato di caldo dei giorni di scirocco. Il tram della circolare apparve, ai miei occhi di disoccupato, circonfuso di sole e di polvere come le trebbiatrici nei campi al momento della mietitura; pieno zeppo dentro e con la gente appesa fuori sui predellini. Mi attaccai anch'io e toccai senza volerlo il fianco di metallo del carrozzone: scottava. Così appeso, mi feci tutti i Lungoteveri fino a piazza Cavour. Arrivo, smonto, corro, salgo otto capi di scala in un palazzo signorile, suono, una cameriera mi fa entrare in una anticamera grande e bella, con due specchi incorniciati d'oro e due consolle di marmo giallo. Aspettai in piedi: ad un tratto una porta laterale si aprì, un bambino piccolo su un triciclo ne sbucò pedalando, mi girò intorno come se fossi stato una guardia in mezzo ad un crocicchio e poi scomparve per un'altra porta. Subito dopo l'avvocato Moglie si affacciò e mi invitò ad entrare dicendo: « Sei fortunato, mi hai preso in tempo, stavo per andare in Tribunale ». Andò, in una grande stanza piena di scaffali pieni di libri, ad un tavolo che era tutto un arruffio di carte e ci sedette, quasi scomparendo: era un uomo piccolo, con la faccia lar-

1

5

10

15

20

25

ga e gialla, e gli occhi neri come il carbone. Disse scartabellando non so che scartafaccio: « Dunque, tu ti chiami Rondinelli Luigi ». Protestai con vivacità: « No, mi chiamo Cesarano Alfredo... ha telefonato per me Pollastrini... per una raccomandazione ». « E chi è Pollastrini? » Mi si annebbiò la vista e risposi con un fil di voce: « Pollastrini Giuseppe... l'autista delle signorine Condorelli ».

L'avvocato si mise a ridere, con un riso, per la verità, gentile, e disse: « Ma sì, certo... devi aver pazienza... lui ha telefonato e io gli ho parlato... tutto vero... ma sai com'è?... stavo compulsando certe carte e gli ho parlato e risposto con la mente ad altro, così che, quando ho buttato giù il telefono, mi sono domandato: ma chi era? che ha detto? che gli ho risposto? Ora tu sciogli il mistero. Dunque, se ben ricordo, Cesarano, tu vuoi una raccomandazione per diventare giardiniere al Comune? ». Protestai di nuovo: « No, avvocato, sono autista, cerco un posto di autista ». Lui disse, come se non mi avesse udito: « Sai che dico a chi mi chiede un posto? un milione, un assegno di un milione posso ancora procurarvelo, ma un posto no... giardiniere al Comune: è una parola ». Dissi di nuovo, con forza: « Avvocato, sono autista... cerco un posto di autista »; e questa volta lui intese e confermò, con un po' d'impazienza: « Autista, sì, che diamine, ho capito ». Chinò la testa, scrisse in gran fretta qualche cosa, poi prese un'agenda, cercò, come mi parve, un indirizzo, scrisse ancora e finalmente mi diede una busta dicendo: « Tieni, va' con questa lettera dall'avvocato Scardamazzi, lui qualche cosa potrà fare di certo per te... e prendi, intanto, ti faranno comodo ». Tolse dal portafogli un biglietto da cinquecento e me lo diede. Protestai, per la forma, che non li volevo; quindi accettai, feci un inchino ed uscii.

L'ufficio dell'avvocato Scardamazzi era negli edifici del Comune, all'Anagrafe, a Via del Mare. Mi parve strano, ma insomma quello era l'indirizzo scritto sulla busta. Ripresi, dunque, la circolare, appeso come prima al predellino, con un raggio di sole che mi seguì per tutto il percorso, bruciandomi le spalle, peggio di un riflettore. Smontai a Bocca della Verità, entrai nell'Anagrafe. Per le anticamere e per le scale c'era una folla da non si dire, tutta povera gente trafelata che andava di qua e di là, ciascuno con un foglio di carta o due in mano, come anime in pena. Salii due o tre capi di scala, sempre domandando di Scardamazzi; nei corridoi, davanti ad ogni porta, c'era una piccola folla e queste piccole folle puzzavano di sudore e sembravano sciogliersi nelle facce come candele. Finalmente un usciere mi indicò l'ufficio che cercavo e per una combinazione nessuno aspettava, così che entrai difilato. Scardamazzi era un giovanotto con le lenti cerchiate di nero, i baffi neri, i capelli a spazzola, in maniche di camicia bianca legate con gli elastici. Mi ascoltò fumando e poi osservò: « Peccato, però, che io non lo conosca affatto quest'avvocato Moglie... tra l'altro io non sono avvocato ma ragioniere e mi chiamo Giovanni e non Rodolfo... tutto quello che posso fare per lei è mandarla dal mio collega Merluzzi... forse lui ne sa qualche cosa ». Prese il telefono e fece subito una telefonata molto lunga. Cominciò domandando se quella era ricicciata, disse proprio questa parola: ricicciata; l'altro dovette rispondergli che non era ricicciata, perché Scardamazzi ci rimase male e disse che non capiva: lui l'aveva vista e lei gli aveva promesso di farsi viva e così via. Finalmente, secco, secco, aggiunse che gli mandava un certo Cesarano Alfredo e buttò giù, avvertendomi: « Vacci subito... si chiama Merluzzi ».

Uscii per andare a cercare questo Merluzzi, ma subito capii che non sarebbe stato facile trovarlo. Gli uscieri non lo conoscevano, e ci fu persino uno che mi disse, da vero ignorante: « I merluzzi li trovi al mercatino del pesce ». Girando da un piano all'altro, da un corridoio all'altro ricordai ad un tratto che l'avvocato Moglie l'indirizzo di Scardamazzi l'aveva cercato in una sua agenda e capii che, nella fretta, lui non si era reso conto di scrivere un indirizzo per un altro. Non mi sbagliavo: ad un telefono pubblico, l'elenco mi rivelò che l'avvocato Scardamazzi abitava in realtà a via Quintino Sella, all'altro capo della città. Ci andai.

Alberto Moravia, *Nuovi Racconti Romani*, Bompiani, Milano.

Per la conversazione

- Riassumete il testo, scena per scena.
- Con quali procedimenti Moravia riesce a tradurre l'atmosfera pesante dell'estate romana?
- La casa dell'avvocato Moglie e l'Anagrafe. Mettete in evidenza gli elementi che più vi hanno colpito nella descrizione dei due « interni ».
- Ritratto fisico e psicologico dell'avvocato Moglie: contrasto fra la « persona » e il « personaggio ».
- Che cosa ci rivela la telefonata di Scardamazzi al suo collega? Analizzatela bene, commentatela.
- Mettete in risalto il valore dei numerosi verbi d'azione contenuti nel racconto.
- Rilevate tutte le parole dialettali o di sapore popolare contenute nel testo: qual è la loro funzione e il loro significato?
- Cercate tutti gli elementi « tragici » di questa « commedia » romana.
- Cercate d'immaginare da soli la fine del racconto... Credete che il povero autista riuscirà a trovare una buona « raccomandazione »?
- Riflessioni personali sull'« industria » della raccomandazione. Credete che sia un'« industria » molto italiana? Rispondete con tutte le sfumature necessarie...

Capitolo 4

Adagio

Testo 1

Lettera di un condannato a morte della Resistenza italiana

Dalle Carceri Giudiziarie di Torino 22 gennaio 1945.

Sandra carissima,

Dopo appena sette giorni dal mio arresto mi hanno condannato a morte, stamani. Non mi dispero per la mia sorte. Ho agito in piena coscienza di ciò che mi aspettava. Il tuo ricordo è stato per me di grande conforto in questi terribili giorni. Non hanno avuto la soddisfazione di veder un attimo di debolezza da parte mia.

Non mi sarei mai immaginato di scrivere la prima lettera ad una ragazza in queste condizioni. Perché tu sei la prima ragazza che abbia detto qualcosa al mio cuore. Mi è occorso molto tempo per capire cosa eri per me. Il mio carattere, la mia vita di quest'ultimo anno mi hanno impedito di corrispondere subito come avrei voluto al tuo affetto. Solo quando sei stata ammalata ho capito che senza di te mi mancava tutto. Io ti amo, ti amo disperatamente.

In questi giorni ho avuto sempre un nome in mente: Sandra; due occhi luminosi – i tuoi – hanno rischiarato la mia cella.

Oso dire che il ricordo carissimo, il ricordo di mia Madre, era unito al tuo tanto che io li confondo in un solo grande affetto. Più grande della mia sciagura – perdonami se con questa mia oso turbare la tua pace – la consolazione di scriverti è così grande ed io sono un grande egoista.

Ritorno dal colloquio – ti ho veduta ed ho la certezza che non mi hai dimenticato. Adesso voglio vivere – per te – per noi, Sandra, non lasciarmi mai.

Perdonami questa mia debolezza, sii forte come voglio e saprò esserlo io.

Da buon garibaldino ho combattuto, da buon garibaldino saprò morire. La nostra idea trionferà ed io avrò contribuito un poco – sono forse un presuntuoso –. Sii felice, è il mio grande desiderio.

Bruno

Sta vicina a mia Madre, ne ha tanto bisogno. Sandra, Sandra.

Lettere di condannati a morte della Resistenza italiana, (8 settembre 1943 - 25 aprile 1945), Einaudi, Torino.

Per la conversazione

- Vi sembra che l'amore per Sandra rappresenti una forma d'aiuto morale per il giovane che sta per morire? Dimostratelo.
- Quali altri affetti sono espressi nel testo e in che senso si può dire che questa lettera è molto « italiana »?
- Vi sembra che il giovane (21 anni) sia animato da una fede sincera, da una fede assoluta nell'ideale? Esprimete le vostre idee.
- Commentate l'ultimo paragrafo della lettera e dite perché, a vostro parere, il giovane Bruno ha saputo affrontare la morte con serenità e coraggio. È veramente più facile morir bene che viver bene?
- A partire dai dati offerti dal testo e da altre letture precedentemente viste, cercate di tracciare un quadro più completo possibile della Resistenza italiana.

Testo 2

Il ritorno del deportato

Giunsi a Torino il 19 di ottobre, dopo trentacinque giorni di viaggio: la casa era in piedi, tutti i familiari vivi, nessuno mi aspettava. Ero gonfio, barbuto e lacero, e stentai a farmi riconoscere. Ritrovai gli amici pieni di vita, il calore della mensa sicura, la concretezza del lavoro quotidiano, la gioia liberatrice del raccontare. Ritrovai un letto largo e pulito, che a sera (attimo di terrore) cedette morbido sotto il mio peso. Ma solo dopo molti mesi svanì in me l'abitudine di camminare con lo sguardo fisso al suolo, come per cercarvi qualcosa da mangiare o da intascare presto e vendere per pane; e non ha cessato di visitarmi, ad intervalli ora fitti, ora radi, un sogno pieno di spavento.

È un sogno entro un altro sogno, vario nei particolari, unico nella sostanza. Sono a tavola con la famiglia, o con amici, o al lavoro, o in una campagna verde: in un ambiente insomma placido e disteso, apparentemente privo di tensione e di pena; eppure provo un'angoscia sottile e profonda, la sensazione definita di una minaccia che incombe. E infatti, al procedere del sogno, a poco a poco o brutalmente, ogni volta in modo diverso, tutto cade e si disfa intorno a me, lo scenario, le pareti, le persone, e l'angoscia si fa più intensa e più precisa. Tutto è ora volto in caos: sono solo al centro di un nulla grigio e torbido, ed ecco, io *so* di averlo sempre saputo: sono di nuovo in Lager,[1] e nulla era ve-

1. Campo di concentramento e di sterminio.

Dopo l'armistizio dell'8 settembre 1943 molti italiani hanno preferito le sofferenze dei campi di concentramento tedeschi alla collaborazione col nazismo e il fascismo della repubblica di Salò. Migliaia di famiglie hanno sofferto e trepidato per loro. Nella fotografia uno dei reduci dai campi di concentramento tedeschi.

ro all'infuori del Lager. Il resto era breve vacanza, o inganno dei sensi, sogno: la famiglia, la natura in fiore, la casa. Ora questo sogno interno, il sogno di pace è finito, e nel sogno esterno, che prosegue gelido, odo risuonare una voce, ben nota; una sola parola, non imperiosa, anzi breve e sommessa. È il comando dell'alba in Auschwitz, una parola straniera, temuta e attesa: alzarsi, « Wstawać ».

Primo Levi, *La tregua,*
Einaudi, Torino.

Osservazioni grammaticali

- *nessuno* mi aspettava
- *nulla* era vero
- la gioia del *raccontare*
- al *procedere* del sogno

Per la conversazione

- Cercate d'immaginare e di ricostruire il lungo viaggio del reduce (« trentacinque giorni di viaggio »).
- Perché nessun familiare aspettava il suo ritorno?
- È stato difficile, per l'autore, ritornare a vivere normalmente? Perché?
- Partendo dal testo, analizzate il sogno del reduce e cercate di spiegare il significato profondo della parola « tregua ».
- Attraverso gli elementi forniti dal testo, cercate d'immaginare quale poteva essere la vita dei deportati durante la seconda guerra mondiale.
- Primo Levi discende da una famiglia di ebrei piemontesi, il che spiega la sua « villeggiatura » ad Auschwitz. Dite, a questo proposito (servendovi anche di testi precedentemente visti) tutto ciò che sapete sulla *vera* natura del fascismo e del nazismo.

Testo 3

Inverno

Sale la nebbia sui prati bianchi
come un cipresso nei camposanti
un campanile che non sembra vero
segna il confine fra la terra e il cielo.

Ma tu che vai, ma tu rimani
vedrai la neve se ne andrà domani
rifioriranno le gioie passate
col vento caldo di un'altra estate.

Anche la luce sembra morire
nell'ombra incerta di un divenire   10
dove anche l'alba diventa sera
e i volti sembrano teschi di cera.

Ma tu che vai, ma tu rimani
anche la neve morirà domani
l'amore ancora ci passerà vicino   15
nella stagione del biancospino.

La terra stanca sotto la neve
dorme il silenzio di un sonno greve
l'inverno raccoglie la sua fatica
di mille secoli, da un'alba antica.   20

Ma tu che stai, perché rimani?
un altro inverno tornerà domani
cadrà altra neve a consolare i campi
cadrà altra neve sui camposanti.

Fabrizio De André

Per la conversazione

- Si tratta di una canzone di Fabrizio De André. Ascoltatela attentamente (PA / LPS 32 volume 2° Produttoriassociati, dischi Ricordi) e mostrate in qual modo parole e musica riescono a tradurre la malinconia che è alla base di molte composizioni di questo cantautore genovese.
- *Inverno*. Bozzetto descrittivo o meditazione sulla precarietà dei sentimenti umani?

Testo 4

Le quattro stagioni in un paese sardo

Allora, come ora, il povero stava male ad Arasolè. Era una bestemmia dire ad un povero: « buon appetito ». Per un povero è meglio, di appetito, averne sempre poco.   1
Ad Arasolè si mangiava pane, soprattutto pane.   5
Poi, secondo le stagioni, altre cose: d'inverno, pane e lardo; di primavera, pane e ricotta; d'estate, pane e pomodori che venivano chiamati « le aragoste dei poveri »; d'autunno, pane e fichidindia.   10
Il povero campava bene solo d'autunno, perciò chiamato « autunno ingrassapovero ».
I fichidindia non si pagavano. Chi ne voleva se li pigliava nelle campagne, gratis e senza timore, perché venivano piantati dai ricchi al solo scopo di dividere la terra fra un proprietario e l'altro.   15
I giorni di festa, le donne di Arasolè andavano

93

Fabrizio De André.

I sardi sono un popolo fiero, coraggioso, povero; la Sardegna è un paese dalla bellezza selvaggia che nemmeno le lussuose installazioni turistiche della Costa Smeralda sono riuscite ad intaccare.

in chiesa e gli uomini nelle bettole dove si ubria-
20 cavano per poter litigare, rissare e così illudersi
di essere uomini liberi.

Ad Arasolè si stava male anche da morto. Il cimitero era a mezza costa, un pezzo di terra fra
quattro cipressi e senza muro di cinta: quando
25 pioveva molto, la piena entrava fra le croci e si
portava via qualche po' d'ossa.

Nessuno si ricordava di Arasolè, tranne il Distretto Militare ed i Carabinieri.

Francesco Masala, *Quelli dalle labbra bianche*,
Feltrinelli, Milano.

Osservazioni grammaticali

- oss*o* → oss*a*
- labb*ro* → labb*ra*
- i pomodori... *venivano chiamati* « le aragoste dei poveri »
- i fichidindia... *venivano* piantati dai ricchi
- il povero *stava* male
- osservate le espressioni:
- il povero *campava* bene
- *si stava male* anche da morto

Per la conversazione

- Mettete in rilievo l'importanza dei due avverbi di tempo con i quali si apre il testo: *allora,* come *ora*...
- Cercate di spiegare, partendo dalla lettura, il significato del titolo del lungo racconto di Francesco Masala: « Quelli dalle labbra bianche ».
- Commentate il periodo: « nei giorni di festa, le donne di Arasolè andavano in chiesa e gli uomini nelle bettole dove si ubriacavano per poter litigare, rissare e così illudersi di essere uomini liberi ».
- Ricchi e poveri ad Arasolè.
- La vita e la morte ad Arasolè.
- La Sardegna, isola dei nuraghi.
- La Sardegna di Francesco Masala e quella della Costa Smeralda.

Testo 5
Autunno

1 Autunno. Già lo sentimmo venire
nel vento d'agosto,
nelle piogge di settembre
torrenziali e piangenti,
5 e un brivido percorse la terra
che ora, nuda e triste
accoglie un sole smarrito.
Ora passa e declina,
in quest'autunno che incede
10 con lentezza indicibile,
il miglior tempo della nostra vita
e lungamente ci dice addio.

Vincenzo Cardarelli, *Poesie*,
Mondadori, Milano.

Per la conversazione

- Fate l'analisi stilistica della poesia e dite con quali procedimenti Vincenzo Cardarelli riesce ad ottenere un ritmo malinconico, grave, lentissimo.
- L'autunno nella simbologia della vita umana.
- Voi e l'autunno.
- Ascoltate *le quattro stagioni* di Antonio Vivaldi e dite in che modo il musicista sente, vive e traduce l'autunno.

Testo 6
Pioggia di novembre

Ci fu un novembre di pioggia interminabile.
Ancora la gente del contado lo ricorda, e i vecchi non ne ricordavano da cent'anni un altro...
Acqua, acqua, acqua. Come la ricorda, Anita,
quell'acqua! Come se al mondo non ci fosse stato mai altro. Quell'acqua si mescolava e confondeva con l'acqua dello sposalizio e del viaggio di nozze: tutto quel che c'era di mezzo n'era
sommerso. I vetri delle finestre eran continuamente opachi. Su le pareti della casa si dise-
gnavano le carte geografiche della muffa. Fuori,
le fronde marce delle ortaglie imbianchivano,
come i sassi levigati delle muricce, e quel cerchio di campagna sfumato su l'orizzonte pareva
un pezzo di terra staccato al resto del mondo, e
sperduto entro il caos di una spaventosa avventura cosmica. Girolamo aveva le scarpe infan-
gate, le mani gonfie di geloni e la faccia nera.
E nulla valeva a cancellar da quella faccia il
rimprovero ripetuto: ecco i vantaggi del voler
abitare in campagna...
Ci furono tridui in chiesa e processioni in paese.
La statua benedetta e miracolosa del Santo fu
portata in giro per tutti i sentieri della campagna con lungo codazzo d'implorazioni e scam-
panare perpetuo, ma pareva anch'essa barcol-
lare, incredula e sconfortata, su le spalle ai reg-
gitori che l'avrebbero più volentieri buttata a
capofitto nel burrone. La lasciarono in peniten-
za tre giorni e tre notti su la gradinata della
chiesa, e quando il vescovo ordinò che la ritirassero nel santuario, era irriconoscibile, tanto
l'acqua l'aveva ammollita e stinta.
Sul palcoscenico della campagna, sempre le solite scene, recitate dagli stessi personaggi, al-
l'ora medesima. Scene mute, lente gesticolazio-
ni fantomatiche. Gruppi di statue sculpite a un
crocicchio, che poi si scomponevano e disper-
devano. Pastori di presepio passavano dietro al
gregge che era tutto una spugna, appoggiandosi

al lungo randello come a un pastorale. Il magro e antico medico condotto, di legno intagliato, col suo ombrello verde un po' aperto un po' chiuso e gocciolante sotto il braccio. Vecchie stampe di cacciatori, pazienti e irriducibili, col cane scodinzolante tra le ginocchia. In fondo sempre quella livida piatta palude, contornata di sabbia e di nebbia. Si avvicendavano le piccole scene solite, ma quel fondale di livida palude, di quel limbo senz'anima, rimaneva immutabile, su la scena incombeva come allucinazione mortifera. Di tanto in tanto passava uno scampanellio, un vocio di preci, il suono di una musica straziante, che rotolavano giù dietro la villetta, verso il cimitero.

Michele Saponaro, *Il cerchio magico*,
Mondadori, Milano.

Osservazioni grammaticali

- *ci fu* un novembre di pioggia interminabile
- *ci furono* tridui in chiesa
- *come* se al mondo non ci *fosse stato* mai altro
- il vescovo *ordinò* che la *ritirassero* nel santuario
- scene recitate *dagli* stessi personaggi
- dagli *stessi* personaggi
- all'ora *medesima*

Per la conversazione

- Gli effetti dell'acqua sulle case e sulle persone.
- Il comportamento dei contadini nei confronti del santo patrono: fede, rabbia, ribellione, ricatto? Analizzate i loro sentimenti.
- Mostrate in che modo l'autore trasforma le persone reali in personaggi, marionette, figure, fantasmi...
- Con quali procedimenti stilistici l'autore traduce la monotonia assillante di questa campagna sotto la pioggia?
- Mostrate come l'idea della morte è presente e dominante in tutta l'ultima parte del testo.
- Sentimenti dei cittadini e sentimenti dei contadini dinanzi alla pioggia che cade senza interruzione.
- Pioggia e alluvioni.
- L'alluvione del 1966 nella città di Firenze. Cercate articoli a questo proposito e raccontate il dramma vissuto dalla città toscana durante i giorni del diluvio.

Testo 7

Meriggiare pallido e assorto

Meriggiare pallido e assorto
presso un rovente muro d'orto,
ascoltare tra i pruni e gli sterpi
schiocchi di merli, frusci di serpi.

Nelle crepe del suolo o su la veccia   5
spiar le file di rosse formiche
ch'ora si rompono ed ora s'intrecciano
a sommo di minuscole biche.

Osservare tra frondi il palpitare
lontano di scaglie di mare   10
mentre si levano tremuli scricchi
di cicale dai calvi picchi.

E andando nel sole che abbaglia
sentire con triste meraviglia
com'è tutta la vita e il suo travaglio   15
in questo seguitare una muraglia
che ha in cima cocci aguzzi di bottiglia.

Eugenio Montale, *Ossi di seppia*,
Mondadori, Milano.

Per la conversazione

- Mettete in risalto gli elementi essenziali del paesaggio ligure schiacciato dall'afa canicolare.
- Mostrate in che modo all'asprezza del paesaggio fisico corrisponde un'asprezza di suoni e di ritmo.
- Valore psicologico dei numerosi infiniti contenuti nella poesia.
- Commentate l'ultima strofa insistendo soprattutto sul sentimento del « nulla » espresso da Eugenio Montale.
- Vi sembra che il mondo negativo del poeta lasci una qualsiasi apertura alla speranza e alla felicità?

Testo 8

Ritorno

Arriviamo da Paesi lontani, da guerre, da cataclismi. Correndo il treno sulla via del ritorno, pregustiamo le gioie della patria; grande, tra queste, la gioia di raccontare. Per giorni e giorni potremmo continuare senza fermarci, ci sarebbe da fare delle conferenze, da scrivere grossi libri. Quante cose abbiamo viste, belle, bizzarre e spaventose. Solamente per poterle dire agli amici valeva la pena di tante fatiche. Il treno vola sulla via del ritorno e ci sembra di essere felici.
Ma che strano. Appena siamo nella nostra casa, la lunga favola ci muore nel petto. Raccontiamo due o tre cose, poi basta. Ben presto ci fermiamo con la sensazione di non avere più niente di importante. Dove sono andate le romanzesche avventure, i pericoli, i misteri, gli incontri di cui eravamo orgogliosi? Spariti dunque nel nulla tutti quei giorni, e mesi, ed anni, da noi tra-

scorsi lontano? Niente rimane? Oh no, dentro
a noi ogni alba, ciascun tramonto, ogni notte
giacciono l'uno sull'altro, intatti, con significati
profondi. Solo che a dirli, amara sorpresa, ri-
sultano adesso generici, estranei, noiosi, e nessuno li sta volentieri ad ascoltare: neppure la
mamma.

« Mi ricordo » raccontiamo « una mattina proprio ai limiti della foresta... ».

« Ma dimmi » interrompe uno « adesso che sei
tornato cosa pensi di fare? ».

« Il brutto è stato nel marzo scorso » raccontiamo « quando è venuto l'ordine di... ».

« Scusami » dice uno « scusami ma ho già fatto
tardi. Ci vediamo domani, vero?... ».

« Ho dormito due mesi » raccontiamo « in una
specie di caverna, ma bisognava vedere che... ».

« E a donne? » interrompe uno « come si stava
laggiù a donne? ».

Allora si comincia a capire come tanti ricordi,
scavati nella viva sostanza dell'anima, sostegni
ormai della vita nostra, per gli altri, per tutti gli
altri senza eccezione non siano che dei vuoti
fantasmi; parole, parole. Eppure è gente che ci
vuole molto bene, amici autentici, pronti a sa-
crificarsi per noi. Delle nostre storie però non
gliene importa un bel niente, di questo nostro
tesoro non sanno che farsene. E così, d'improvviso, si constata quanto siamo soli nel mondo.

Dino Buzzati, *Cronache terrestri*,
Mondadori, Milano.

Osservazioni grammaticali

- ci sembra di essere felic*i*
- con la sensazione di *non* avere più *niente* di importante
- *niente* rimane?
- *nessuno* li sta volentieri ad ascoltare
- *non* gliene importa un bel *niente*

Per la conversazione

- Commentate tre punti precisi di questa disincan-
  tata cronaca terrestre:
  1) « Correndo il treno sulla via del ritorno, pre-
     gustiamo le gioie della patria; grande, tra que-
     ste, la *gioia di raccontare.* »
  2) « Allora si comincia a capire come tanti ri-
     cordi, scavati nella viva sostanza dell'anima,
     sostegni ormai della vita nostra, per gli altri,
     per tutti gli altri senza eccezione non siano
     che dei vuoti fantasmi; parole, parole ».
  3) « E così, d'improvviso, si constata quanto sia-
     mo soli nel mondo. »
- Corroborate, ridimensionate o – se vi sembra opportuno – confutate le affermazioni di Dino Buzzati.

Testo 9

Ora che sale il giorno

Finita è la notte e la luna
si scioglie lenta nel sereno,
tramonta nei canali.

È così vivo settembre in questa terra
di pianura, i prati sono verdi
come nelle valli del sud a primavera.

Ho lasciato i compagni,
ho nascosto il cuore dentro le vecchie mura,
per restare solo a ricordarti.

Come sei più lontana della luna
ora che sale il giorno
e sulle pietre batte il piede dei cavalli!

Salvatore Quasimodo, *Tutte le poesie*,
Mondadori, Milano.

Per la conversazione

- Studiate attentamente questa poesia della memoria, del rimpianto, della nostalgia e mostrate in
  che modo il poeta « ricupera » la donna lontana.
- Il paesaggio del Nord (« canali », « terra di pianura », « prati verdi ») e l'evocazione di quello
  del Sud (« le valli del Sud a primavera »).
  Perché questa stretta compenetrazione di due
  mondi lontani?
- Fare una breve analisi stilistica della poesia insistendo, in particolare, sul valore degli « enjam-
  bements » (o « inarcature »).

Testo 10

Pesca subacquea

Guardavo il fondo... Che acqua quel giorno!
Metteva allegria. Roccia biancastra stellata di
ricci neri, spaccata da lunghi crepacci, ombrose
tane e grossi massi tra zone di sabbia smagliante, e lì tra sabbia e scoglio, in lento moto a mulinello, le colonie di saraghi. A volte due o tre
si staccavano dal girotondo e si rincorrevano,
saraghi zebrati, col muso piccolo sporgente a
punta e il corpo piatto, e quelli di razza, con la
testa a bisonte e un solo anello nella strozzatura
della coda. Presto! Occhiali, tubo, fucile – il fucile nuovo appena arrivato da Genova – e il salto nell'acqua, il tubo gorgogliante, il corpo giù
tra miriadi di bollicine impazzite, le mani più
grandi del normale attraverso il vetro degli oc-

chiali strette sul fucile luminoso, e lo spazio attonito cresceva, m'inghiottiva...

La spigola. Pareva ancora più grossa, non mi era sembrata così grossa prima, mammamia! L'acqua rimasta nell'ansa del tubo grattava, respiravo appena e nuotavo con delicatezza per portarmi sulla sua traiettoria senza spaventarla. Indifferente e calma, ma forse non ce l'avrei fatta a tagliarle la strada, veniva troppo veloce. Allora cambiai tattica, espulsi l'acqua rimasta nel tubo e nuotai forte. Come previsto il rumore la spaventò, dirottandola verso la scogliera. Unico pericolo, che superasse il punto di passaggio obbligato tra il mio fucile e gli scogli, prima che arrivassi alla distanza di tiro. Adesso la vedevo bene, in tutti i particolari: la grinta della bocca bordata di bianco con gli angoli piegati in giù, l'occhio fisso, il rilievo delle squame, il corpo già vibrante di allarmi. E dietro vedevo immensa, la mole dei macigni della scogliera. L'attimo decisivo — a picco puntandola sulla parte più grossa dove il corpo s'allargava — e sentii che l'asta entrava in quel corpo. Trafitta si rovesciò di fianco, splendida tutta d'argento con la pinna irta sul dorso; la bocca aperta nello spasimo, il corpo come paralizzato. Il peso dell'asta la trascinava così, a fondo, sopra un liscio scoglio bianco, e il sangue saliva dalla ferita come un filo di fumo rosato nell'acqua. Poi l'asta cominciò a tintinnare sullo scoglio, la spigola con l'asta infilata nel corpo tentò, si dibatté, frenetica. Ma l'aletta dell'arpione s'era ben aperta, non aveva più scampo. Risalii a galla, respirai due o tre volte a pieni polmoni, le orecchie mi ronzavano, e arrivò quel richiamo, la voce infantile di Nini: Maaa...ssimo! Maaa...ssimo! Il fucile stretto tra le gambe, ritirai lo spago, afferrai l'asta, con l'altra mano la viscida argentea carne tremante che tentava ancora di sfuggire alla mia presa, pollice ed indice a tanaglia nella rossa apertura delle branchie, e così, viva, la tenni.

Raffaele La Capria, Ferito a morte,
Bompiani, Milano.

Osservazioni grammaticali

- unico pericolo, che *superasse* il punto di passaggio obbligato tra il mio fucile e gli scogli, *prima che arrivassi* alla distanza di tiro
- lento moto *a* mulinello
- col muso *a* punta
- la testa *a* bisonte
- risalii *a* galla
- respirai *a* pieni polmoni
- pollice è indice *a* tanaglia
- *a* picco
- *a* fondo

Per la conversazione

- Mostrate in qual modo l'autore fa di questa pesca una specie di magica epopea. Osservate bene tutto, anche la punteggiatura.
- Fascino e misteri del mondo sottomarino.
- L'Italia e il mare.
- La pesca nella vita economica dell'Italia.

Testo 11

Pesca drammatica

È il tempo migliore per pescare. Di settembre i pesci abbandonano i grandi fondali e si avvicinano alla costa. Laggiù, poi, dove l'ultima isola dell'arcipelago si allunga con una striscia di scogli verso ponente, c'è sempre stato un passo d'eccezione. Le spigole arrivano a centinaia e giocano e saltano sotto gli scogli perché l'acqua è ancora tiepida e l'erba è tenera e dolce. Un posto straordinario davvero, soltanto è difficile raggiungerlo perché laggiù il mare è sempre in burrasca. Per questo è una giornata da ricordare. Una giornata di bonaccia. Il mare, denso come piombo fuso, è immobile. Eppure il cielo è coperto da nuvole così basse che tagliano a metà la luce del sole appena sospeso sull'orizzonte. Ma il mare è calmo, e finché dura non importa nient'altro.

Dei pescatori dell'isola, Squarciò è l'unico che conosce quel posto. La notte prima, alle undici, era rimasto per un po' in cima al molo, a guardare il cielo tutto intorno e la direzione delle nuvole. Alle tre, ha svegliato Bore e Antonio, e sono partiti subito.

Ora è là, steso su un quadrato di sabbia. La sabbia è morbida e rossa. Anche la roccia di granito, dove Squarciò si appoggia con la schiena, è rossa di sangue. Lui se ne sta fermo, con le gambe maciullate, con due buchi larghi e neri al posto delle ginocchia. Ma non sente dolore, basta che non guardi le gambe per non sentire dolore. E Squarciò guarda verso il mare, che è piatto e immobile come mai l'aveva visto laggiù in tanti anni.

Ecco, pensa Squarciò, è l'ora migliore. Ora le spigole vengono a terra per mangiare, e vanno a branchi. Basta star fermi, basta stare attenti che l'ombra non le disturbi. Sì e no mezzo chilo di polvere e due centimetri di miccia. Non occorrono più di due centimetri perché a quest'ora le spigole nuotano in pochi palmi d'acqua. Un giochetto da niente, ma non basta conoscerne il meccanismo.

A tutti quelli che gli dicevano che era un mestiere facile, Squarciò aveva sempre detto di provare. Credete che basti saper combinar una bomba? Non ci vuole neanche coraggio, perché sembra tanto facile, semplice, tanto impossibile che vada male. Anche Squarciò diceva così: « Chi ci rimane non ne capisce proprio di queste cose. Peggio per lui ».

Ma bisogna essere pescatori, pescatori sul serio. Conoscere mare, venti, stagioni. Conoscere i fondali palmo palmo: bene come la strada di casa, come la piazza, come il pavimento dell'osteria. Sapere i posti più pescosi, che ormai non sono più tanti. E navigare notte e giorno, il più lontano possibile, perché i finanzieri sono pagati apposta per cercarvi. E poi guardate: il mare sembra tutto uguale. Credete che sia buono dovunque, credete che basti gettare bombe dove capita solo che l'orizzonte sia libero e l'acqua calma? Non c'entra la fortuna. Per questo Squarciò, che pure sta finendo in quel modo, è stato il più grande pescatore.

Lo sarebbe stato dovunque, anche con le reti. Soltanto che queste non bastano per far vivere un uomo e la sua famiglia.

Franco Solinas, *Squarciò*,
Feltrinelli, Milano.

Osservazioni grammaticali

- una giornata *da* ricordare
- il cielo è coperto *da* nuvole
- un giochetto *da* niente
- *alle undici*
- *alle tre*
- *basta* che non *guardi* le gambe
- *basta star* fermi
- *basta stare* attenti
- *non basta conoscerne* il meccanismo
- *credete che basti* saper combinare una bomba?
- *credete che basti* gettare bombe?
- soltanto che queste non *bastano* per far vivere un uomo e la sua famiglia

Per la conversazione

- Per quale motivo Squarciò ha le gambe maciullate? Ricostruite, movendo dal testo, la tragica vicenda del pescatore.
- Grandezza, coraggio e antiretorica del personaggio di Squarciò.
- Perché Squarciò non si limitava a pescare con le reti? Perché era diventato bombardiere? Mettete in rilievo tutti i problemi umani che s'indovinano attraverso le ultime parole del testo.
- Confrontate questa lettura con la precedente: la pesca come evasione, la pesca come necessità quotidiana.
- Cercate di spiegare per quali ragioni storico-psicologiche i Sardi sono tradizionalmente più portati verso la pastorizia che verso la pesca.

Intermezzo

La strada

di Federico Fellini

Sequenza IX

Dialogo notturno fra Gelsomina e il Matto.

Esterno circo. Notte.

Ora anche il tendone è stato smontato; non c'è più che il grande palo centrale, nudo e spoglio ed alcune panche disseminate qua e là.
Tutti sono andati a dormire. I carrozzoni, la roulotte, la vecchia Balilla del Matto, disseminati nel vuoto e nel buio, sembrano i relitti di un naufragio.
Esterno circo. Notte.
Fuori, nel buio, accanto alla roulotte, c'è il Matto.
MATTO (a mezza voce): *Dormivi?*
Gelsomina lo guarda con un misto di appren-sione e di curiosità sospesa. Risponde, sommes-samente:
GELSOMINA: *No.*
E volge intorno, lentamente, lo sguardo, cercan-do Zampanò.
MATTO: *Zampanò è ancora dentro; forse lo mettono fuori domani.*
GELSOMINA: *Domani?*
Gelsomina non dice più niente, torna a guarda-re, in quel modo, il Matto, che intanto volge gli occhi intorno e dice accennando al circo smon-tato e arrotolandosi lentamente una sigaretta.
GELSOMINA (senza animosità, fissandolo): *La colpa è stata vostra, però Zampanò non vi ave-va mica fatto niente...*
Il Matto ride sommessamente, guardandosi le mani che arrotolano la sigaretta.
GELSOMINA: *E allora voi perché vi hanno fatto uscire?*
Il Matto finendo di arrotolare la sigaretta e sem-pre senza guardare Gelsomina risponde calmo, serio:
MATTO: *Per la legge del fregherò.* (sornione) *Beh, da un certo punto di vista forse la colpa sarà mia, ma il coltello l'aveva lui.*

Sopra e nella pagina
precedente.
Due scene tratte dal film
« La Strada » di Federico
Fellini con Giulietta Masina
(« Gelsomina »), Anthony
Quinn (« Zampanò ») e
Richard Basehart (il
« Matto »).

puta, si mette in bocca la sigaretta e dice sbrigativo ma cordiale:

MATTO: *Scendi un po' giù... Scendi!*

Gelsomina è titubante. Il Matto per persuaderla:

MATTO: *Oh, va là che gli fa bene stare un po' dentro... Ha tanti anni da campare quello lì! Sono io che muoio presto. Ah, che bella arietta! Sediamoci un po' qui.*

Il Matto si avvicina ad una panca. Gelsomina scende dal furgone e lo raggiunge inquieta e turbata. Il Matto si volge a mezzo:

MATTO: *Mhhh! Che bella vestaglia che hai?*

Gelsomina ha sulle spalle una coperta che le arriva ai piedi.

MATTO: *Siediti.*

Gelsomina è incerta.

...E siediti!

Il Matto e Gelsomina si mettono a sedere su due panche, una accanto all'altra. Il Matto la guarda con divertimento misto a tenerezza.

MATTO: *Che faccia buffa che hai... ma sei sicura di essere una donna... sembri un carciofo!*

Gelsomina, alle parole del Matto, accenna un sorriso poi si incupisce. Si alza, fa qualche passo.

GELSOMINA: *Io non so se ci resto con Zampanò. Mi hanno detto se vado con loro...*

MATTO: *Beh, è una buona occasione per piantarlo, no?*

Il Matto scoppia a ridere improvvisamente e si distende sulla panca.

MATTO: *Ah! Ah! Ah! Ah! Ah! Ah! Te la immagini la faccia che fa domani quando esce e non trova più nessuno... Ah! Ah! Ah! Ah! Ah! Dovresti farlo, ecco! Ah! Ah! Ah! Ah! Che bestione!... Io, io non c'ho mica niente contro di lui, solo che quando lo vedo mi vien voglia di fotterlo... Ah! Ah! Ah! Ah! Ah!... non lo so perché...* ̀*Ah! Ah! Ah!...*

Gelsomina lo guarda in silenzio con aria mortificata.

Il Matto smette di ridere, torna a sedersi, e riprende serio:

Ti giuro che non lo so; mi viene da fare così... Ma tu come hai fatto a capitare con Zampanò.

Gelsomina abbassa gli occhi e si stringe nelle spalle:

GELSOMINA: *Ha dato diecimila lire a mia madre...*

MATTO: *Nooo! Così tanto?*

GELSOMINA: *Ho quattro sorelle, tutte più piccole di me.*

MATTO: *Gli vuoi bene?*

GELSOMINA: *Io...?*

MATTO: *Sì; sì; tu e chi? ...Potevi scappar via, no?*

GELSOMINA (quasi piangendo): *Ci ho provato... Niente...*

MATTO (spazientito): *Qualche volta fai proprio venire i nervi. Che vuol dire niente? Se non vuoi restare con lui, vattene con questi, no?*

GELSOMINA (piangendo): *Se vado con loro è lo stesso... se resto con Zampanò è lo stesso... Cosa cambia ad andare con loro... Io non servo a nessuno, ecco! Auffa, mi sono stufata di vivere!*

Gelsomina va a sedersi su una panca un po' discosta e continua a piangere sconsolatamente. Il Matto si protende verso di lei:

MATTO: *Sai cucinare?*

GELSOMINA (soffiandosi il naso): *Eh?*

MATTO: *Ti ho detto se sai cucinare...*

GELSOMINA: *No.*

MATTO: *E allora che cosa sai fare? Canti? Balli?*

GELSOMINA: *Un po'...*

MATTO: *Forse... ti piace fare all'amore? Eh?*

Gelsomina al colmo dell'avvilimento e della confusione, fa una specie di mugolio. Il Matto ridacchia, ironico.

MATTO: *Ma cosa ti piace allora?* (la guarda implacabile) *E sei pure brutta.*

Gelsomina è schiacciata dal senso della sua assoluta inutilità e, gli occhi pieni di lacrime, mormora:

GELSOMINA: *Che cosa ci faccio io al mondo!*

Il Matto ride di nuovo poi tranquillo chiede:

MATTO: *Dimmi. E se ti dicessi di venir via con me? Ti insegnerei a camminare sul filo, su per aria con tutte le luci addosso a te. Io c'ho una macchina, giriamo sempre, ci divertiamo un mondo. Ti piacerebbe? Eh?*

Gelsomina lo ascolta con interesse e con ingenua credulità. Il Matto riprende brusco:

MATTO: *E invece niente, a te ti tocca di restare con il tuo Zampanò a fare tutte quelle belle cretinerie e prenderti un sacco di botte sulla schiena come un somaro.*

Gelsomina, come frustata dalle parole del Matto ripete il suo solito mugolio. Il Matto ride nuovamente; poi con improvviso accoramento:

MATTO: *Eh... la vita è così. Però, di', Zampanò non ti terrebbe se non gli servissi a qualcosa. Ehi, che ha fatto quella volta che sei scappata?*

GELSOMINA (a testa bassa): *Tanti schiaffi...*

Il Matto scuote la testa divertito, poi in tono

falsamente serio:

MATTO: *Ma perché non ti ha lasciata andar via... Non lo capisco. Io non ti terrei con me ma neanche per un giorno. Chissà forse...*

150 Il Matto si interrompe per una idea improvvisa:

MATTO: *...forse ti vuol bene.*

GELSOMINA: *Zampanò... A me?...*

MATTO: *Sì... e perché no? Lui è come i cani. Li hai mai visti i cani che ci guardano e par che*

155 *ci vogliano parlare e invece abbaiano soltanto?*

GELSOMINA (con pena): *Poveraccio...* (guarda il Matto come per ottenere una conferma) *Eh?*

MATTO: *He, he... ma già, poveraccio...*

Il Matto si alza dalla panca. Ora è impensie-

160 rito, triste. Si volta verso Gelsomina:

MATTO: *Ma... se non ci stai te con lui... chi ci sta?*

Gelsomina è colpitissima. Il Matto la guarda con silenzio, un istante, poi si allontana di qual-

165 che passo con le mani in tasca e riprende a parlare.

MATTO: *Io sono ignorante, ma ho letto qualche libro... Tu non ci crederai, ma tutto quello che c'è a questo mondo serve a qualcosa. Ecco...*

170 *prendi... quel sasso lì, per esempio...*

Gelsomina lo interrompe e domanda sconsideratamente:

GELSOMINA (voce F.C.): *Quale?*

MATTO: *E... questo, uno qualunque...*

175 Il Matto si china a raccogliere un sassolino e lo mostra a Gelsomina.

Beh... anche questo serve a qualcosa... anche questo sassetto...

GELSOMINA (guardando attentamente il sas-

180 so che ha in mano il Matto): *E a cosa serve?*

MATTO: *Serve... ma che ne so io? Se lo sapessi, sai chi sarei?*

GELSOMINA (voce F.C.): *Chi?*

MATTO: *Il Padreterno, che sa tutto. Quando*

185 *nasci. Quando muori. E chi può saperlo?*

Il Matto si avvicina di più a Gelsomina.

No... non so a cosa serve questo sassolino, ma a qualcosa deve servire... perché se questo è inutile, allora è inutile tutto...

190 Guarda il cielo.

...anche le stelle.

Lancia il sassolino per aria e lo riafferra.

MATTO: *Almeno credo.*

Si siede accanto a Gelsomina e prosegue inte-

195 nerito:

E anche tu... anche tu servi a qualcosa... con la tua testa di carciofo...

C'è un silenzio. Gelsomina rigira fra le mani osservandolo il sassolino che il Matto le ha dato.

Poi si alza, fa qualche passo lì attorno e come... come se dentro le si fosse sciolto un nodo di co se compresse e non mai dette, prende a parlar tra il riso e l'angoscia.

GELSOMINA: *Brucio tutto io, materassi, co perte, tutto. Così impara. Io non ho mica dett con quello lì non ci voglio andare. Ha dato die cimila lire, mi metto a lavorare. E lui botte.*

Il Matto la guarda divertito e scoppia a ridere Anche Gelsomina ride, poi riprende a cammi nare avanti e indietro seguitando a parlare e ri volgendosi di tanto in tanto al Matto.

GELSOMINA: *Si fa così? Non pensa* (toccan dosi la fronte) *E io gli dico e lui macché. E che serve allora? E anche il veleno gli metto nella minestra. Ah no? E tutto brucio, tutto. S non ci sto io con lui, chi ci sta? Eh?*

Il Matto le sorride lievemente poi cambia di scorso.

MATTO (gentile): *Sicché t'hanno detto di re star con loro? Eh?*

Gelsomina sta fissando nuovamente il sassolino incantata, e non sente la domanda del Matto. I Matto fischia per richiamare l'attenzione: *Ehi Sssssss!*

poi si alza e si avvicina a Gelsomina.

Sveglia! T'ho chiesto se t'hanno detto di restar con loro.

GELSOMINA (fa cenno di sì con la testa *Mhhh...*

MATTO: *E... e di me non hai sentito dir niente?*

GELSOMINA (abbassando la testa): *Hann detto che non vi vogliono più a lavorare. Né voi, né Zampanò.*

Il Matto scuote le spalle, e risponde in tono or goglioso, ma con un fondo di autentica solitu dine, camminando qua e là.

MATTO: *E chi ci vuol restare? Dove vado io ho quattrini a palate! Son loro che han bisogn di me, io non ho bisogno di nessuno... Io... ogg sono qui, domani chi lo sa. Meno sto in un po sto e meglio è, perché la gente mi viene a noio subito, ecco. E... me ne vò per conto mio. Son fatto così, che ci vuoi fare. Non ho né casa, né tetto.*

Gelsomina che finora lo ha ascoltato attenta, gl chiede:

GELSOMINA: *E perché prima avete detto che morite presto?*

Il Matto lì per lì non ricorda, poi...

MATTO: *Oh!... Un'idea che ho avuto sempre in testa. Con il mio mestiere che vuoi...*

...Fa con la mano sul fondo della transenna po

steriore del furgone il cenno di un uomo che cammina e che precipita nel vuoto.
Plum, plum, plum, plum, plum, pata...tun...fete. Mi romperò il collo un giorno o l'altro e nessuno mi cercherà più.
GELSOMINA (impietosita): *E vostra mamma?*
Il Matto elude la domanda, e chiede a sua volta a Gelsomina...
MATTO: *Allora che cosa fai? L'aspetti o vai con questi?*
Gelsomina non risponde, è incerta, non sa che fare. Il Matto decide per lei.
MATTO: *Dai, monta su, che porto la motocicletta davanti ai carabinieri, coraggio, così lui ti trova lì quando lo mettono fuori, eh?*
Il Matto aiuta Gelsomina a salire sul motofurgone e monta in sella.
MATTO: *Ahò, ma parte sto dinosauro?*
Avvia il motore e parte ridacchiando nel suo solito modo, ironico e tenero.

Il primo Fellini, « Dal soggetto al film », Cappelli, Bologna.

Testo 12

In un momento
(per Sibilla Aleramo)

1   **In un momento**
     Sono sfiorite le rose
     I petali caduti
     Perché io non potevo dimenticare le rose
5   Le cercavamo insieme
     Abbiamo trovato delle rose
     Erano le sue rose erano le mie rose
     Questo viaggio chiamavamo amore
     Col nostro sangue e colle nostre lagrime facevamo le rose
10   Che brillavano un momento al sole del mattino
     Le abbiamo sfiorite sotto il sole tra i rovi
     Le rose che non erano le nostre rose
     Le mie rose le sue rose
     P.S. E così dimenticammo le rose.

Dino Campana, *Canti orfici e altri scritti*, Mondadori, Milano.

Per la conversazione

* Per una volta tanto, non commentate niente... limitatevi a leggere ed a subire il fascino di questo breve « adagio » pieno di nostalgia.

Testo 13

Fontamara

1   A chi sale a Fontamara [1] dal piano del Fucino il villaggio appare disposto sul fianco della montagna grigia brulla e arida come su una gradinata. Dal piano sono ben visibili le porte e le

5   finestre della maggior parte delle case: un centinaio di casucce quasi tutte a un piano, irregolari, informi, annerite dal tempo e sgretolate dal vento, dalla pioggia, dagli incendi, coi tetti malcoperti da tegole e rottami d'ogni sorta.

10   La maggior parte di quelle catapecchie non hanno che un'apertura che serve da porta, da finestra e da camino. Nell'interno, per lo più senza pavimento, con i muri a secco, abitano, dormono, mangiano, procreano, talvolta nello stesso

15   vano, gli uomini, le donne, i loro figli, le capre, le galline, i porci, gli asini. Fanno eccezione una diecina di case di piccoli proprietari e un antico palazzo ora disabitato, quasi cadente. La parte superiore di Fontamara è dominata dalla

20   chiesa col campanile e da una piazzetta a terrazzo, alla quale si arriva per una via ripida che attraversa l'intero abitato, e che è l'unica via dove possano transitare i carri. Ai fianchi di questa sono stretti vicoli laterali, per lo più a

25   scale, scoscesi, brevi, coi tetti delle case che quasi si toccano e lasciano appena scorgere il cielo. A chi guarda Fontamara da lontano, dal Feudo del Fucino, l'abitato sembra un gregge di pecore scure e il campanile un pastore. Un villaggio

30   insomma come tanti altri; ma per chi vi nasce e cresce, il cosmo. L'intera storia universale vi si svolge: nascite morti amori odii invidie lotte disperazioni.

   Altro su Fontamara non vi sarebbe da dire, se

35   non fossero accaduti gli strani fatti che sto per raccontare. Ho vissuto in quella contrada i primi vent'anni della mia vita e altro non saprei dirvi.

   Per vent'anni il solito cielo, circoscritto dall'an-

40   fiteatro delle montagne che serrano il Feudo come una barriera senza uscita; per vent'anni la solita terra, le solite piogge, il solito vento, la solita neve, le solite feste, i soliti cibi, le solite angustie, le solite pene, la solita miseria: la mi-

45   seria ricevuta dai padri, che l'avevano ereditata dai nonni, e contro la quale il lavoro onesto non è mai servito proprio a niente. Le ingiustizie più crudeli vi erano così antiche da aver acquistato la stessa naturalezza della pioggia, del vento della neve. La vita degli uomini, delle bestie e della terra sembrava così racchiusa in un cerchio immobile saldato dalla chiusa morsa delle montagne e dalle vicende del tempo. Saldato in un cerchio naturale, immutabile, come in una specie di ergastolo.

Prima veniva la semina, poi l'insolfatura, poi la mietitura, poi la vendemmia. E poi? Poi da capo. La semina, la sarchiatura, la potatura, l'insolfatura, la mietitura, la vendemmia. Sempre la stessa canzone, lo stesso ritornello. Sempre. Gli anni passavano, gli anni si accumulavano, i giovani diventavano vecchi, i vecchi morivano, e si seminava, si sarchiava, si insolfava, si mieteva, si vendemmiava. E poi ancora? Di nuovo da capo. Ogni anno come l'anno precedente, ogni stagione come la stagione precedente. Ogni generazione come la generazione precedente. Nessuno a Fontamara ha mai pensato che quell'antico modo di vivere potesse cambiare.

Ignazio Silone, Fontamara,
Mondadori, Milano.

Osservazioni grammaticali

- Notate la struttura dei modi e dei tempi nelle frasi che seguono:
  « Altro su Fontamara non vi sarebbe da dire, se non fossero accaduti gli strani fatti che sto per raccontare. »
  « Nessuno a Fontamara ha mai pensato che quell'antico modo di vivere potesse cambiare. »
- a *chi* sale a Fontamara
- a *chi* guarda Fontamara da lontano
- per *chi* vi nasce e cresce, il cosmo.
- da ricordare { • *per lo più* • *da capo*

Per la conversazione

- Fontamara: interni ed esterni. Descrizione e riflessioni personali.
- Perché l'autore conosce bene questa zona desolata della Marsica?
- Con quali procedimenti Ignazio Silone traduce la monotonia della vita cosmica e umana a Fontamara (verbi, sostantivi, aggettivi ecc.)?
- Commentate i tre punti seguenti:
  1) « Un villaggio insomma come tanti altri: ma per chi vi nasce e cresce, il cosmo. »
  2) « Le ingiustizie più crudeli vi erano così antiche da aver acquistato la stessa naturalezza della pioggia, del vento, della neve. »
  3) « Nessuno a Fontamara ha mai pensato che quell'antico modo di vivere potesse cambiare. »

---

1. *Fontamara*: l'autore ha dato questo nome « a un antico e oscuro luogo di contadini poveri situato nella Marsica, a settentrione del prosciugato lago di Fucino, nell'interno di una valle a mezza costa tra le colline e la montagna ».

- Abbiate la curiosità di leggere il romanzo di Silone per sapere quali sono « gli strani fatti » che l'autore racconterà. Commentate poi « gli strani fatti » e la tragica fine di una rassegnazione secolare.

Testo 14

Noi non siamo cristiani

Carlo Levi, in questa bella pagina introduttiva, evoca le desolate terre di Lucania che lui ha conosciuto, in veste di « confinato », fra il 1935 e il 1936.

Sono passati molti anni, pieni di guerra, e di quello che si usa chiamare la Storia. Spinto qua e là alla ventura, non ho potuto finora mantenere la promessa fatta, lasciandoli, ai miei contadini, di tornare fra loro, e non so davvero se e quando potrò mai mantenerla. Ma, chiuso in una stanza, e in un mondo chiuso, mi è grato riandare con la memoria a quell'altro mondo, serrato nel dolore e negli usi, negato alla Storia e allo Stato, eternamente paziente; a quella mia terra senza conforto e dolcezza, dove il contadino vive, nella miseria e nella lontananza, la sua immobile civiltà, su un suolo arido, nella presenza della morte.

« Noi non siamo cristiani » essi dicono « Cristo si è fermato a Eboli [1]». Cristiano vuol dire, nel loro linguaggio, uomo: e la frase proverbiale che ho sentito tante volte ripetere, nelle loro bocche non è forse nulla più che l'espressione di uno sconsolato complesso di inferiorità. Noi non siamo cristiani, non siamo uomini, non siamo considerati come uomini, ma bestie da soma, e ancora meno che le bestie, i fruschi,[2] i frusculicchi,[2] che vivono la loro libera vita diabolica o angelica, perché noi dobbiamo invece subire il mondo dei cristiani, che sono di là dall'orizzonte, e sopportarne il peso e il confronto. Ma la frase ha un senso molto più profondo, che, come sempre, nei modi simbolici, è quello letterale. Cristo si è davvero fermato a Eboli, dove la strada e il treno abbandonano la Costa di Salerno e il mare, e si addentrano nelle desolate terre di Lucania. Cristo non è mai arrivato qui, né vi è arrivato il tempo, né l'anima individuale, né la speranza, né il legame tra le cause e gli effetti, la ragione e la Storia.

Cristo non è arrivato, come non erano arrivati i romani, che presidiavano le grandi strade e non entravano fra i monti e nelle foreste, né i greci, che fiorivano sul mare di Metaponto e di Sibari: nessuno degli arditi uomini di occidente ha portato quaggiù il suo senso del tempo che si muove, né la sua teocrazia statale, né la sua perenne attività che cresce su se stessa. Nessuno ha toccato questa terra se non come un conquistatore o un nemico o un visitatore incomprensivo. Le stagioni scorrono sulla fatica contadina, oggi come tremila anni prima di Cristo: nessun messaggio umano o divino si è rivolto a questa povertà refrattaria. In questa terra oscura, senza peccato e senza redenzione, dove il male non è morale, ma è un dolore terrestre, che sta per sempre nelle cose, Cristo non è disceso. Cristo si è fermato a Eboli.

Carlo Levi, *Cristo si è fermato a Eboli*, Einaudi, Torino.

1. Città della Campania, in provincia di Salerno.

2. In dialetto lucano *frusco* = animale; *frusculicchio* = animaletto. Si usa soprattutto per gli animali selvatici che vivono nei boschi.

Osservazioni grammaticali

- spinto *qua* e *là* alla ventura
- *dove* il contadino vive...
- *dove* la strada e il treno...
- *dove* il male non è morale
- *di là dall'*orizzonte
- Cristo non è mai arrivato *qui*, né *vi* è arrivato il tempo
- nessuno... ha portato *quaggiù*
- sopportar*ne* il peso e il confronto
- *né* vi è arrivato il tempo, *né* l'anima individuale *né* la speranza...
- non è forse nulla *più che* l'espressione
- ancora *meno che* le bestie

Per la conversazione

- Cercate notizie biografiche sullo scrittore recentemente scomparso (4 gennaio 1975) e dite perché, durante la guerra, è stato « spinto qua e là alla ventura ».
- Per quale associazione d'idee, l'autore comincia a rievocare il mondo chiuso e desolato della Lucania?
- « Noi non siamo cristiani »; « Cristo si è fermato a Eboli ». Spiegate con precisione il significato profondo di questi due concetti.

- Analizzate e commentate: « noi non siamo cristiani, non siamo uomini, ma bestie, bestie da soma, e ancora meno che le bestie, i fruschi, i frusculicchi, che vivono la loro vita diabolica o angelica perché noi dobbiamo invece subire il mondo dei cristiani, che sono di là dall'orizzonte, e sopportarne il peso e il confronto ».
- Perché « nessuno ha toccato questa terra se non come un conquistatore o un nemico o un visitatore incomprensivo »?
- Credete che la Basilicata contadina degli anni '70 assomigli ancora a quella vista e rappresentata da Carlo Levi? (Prima di rispondere, pensate a testi come *La televisione nell'Italia del Sud*, in questa pagina).
- Mettete in evidenza i caratteri essenziali di questa pagina di prosa, insistendo sul valore delle negazioni, dei parallelismi, della ripresa martellante dei termini-chiave.

- I « Sassi » di Matera.
- Venosa, patria di Orazio.
- Il complesso industriale di Ferrandina (Matera).

Testo 15

La televisione nell'Italia del Sud

1 Su un punto si sono trovati d'accordo ricchi e poveri nella grande maggioranza dei paesi, dei villaggi e delle città del Sud: nell'acquisto dell'apparecchio televisivo. In un mio viaggio, lun-
5 go l'arco montuoso che da Eboli[1] porta a Castrovillari[2] — un itinerario a me quasi familiare — ho dovuto notare che una novità c'era in quel fermo e antico paesaggio. Essa era costituita in alcune zone dallo svettare di numero-
10 sissime antenne televisive in violento contrasto con i vecchi e scoloriti tetti delle case, con i camini che lanciavano il lento fumo di povere pietanze. A Lauria[3] mi fu difficile ottenere un pollo in una « cantina », ma in compenso il cielo
15 del paese era affastellato di apparecchi televi-

1. *Eboli* (cfr. testo precedente): città della Campania, in provincia di Salerno.

2. *Castrovillari*: comune della Calabria, in provincia di Cosenza.

3. *Lauria*: comune della Basilicata, in provincia di Potenza.

sivi. Ed io sono perfettamente concorde. Hanno fatto bene ad acquistare, poveri e ricchi, l'apparecchio televisivo. Io stesso, dovendo decidere tra l'acquisto di un altro letto per far dormire più comodamente i miei figli e l'acquisto di un televisore, senza alcun dubbio avrei optato per la seconda scelta; e con me, ne sono certo, sarebbero stati d'accordo mia moglie, i miei figli, i miei parenti...

È infatti la prima volta che plebe e popolino sono stati ammessi, sia pure come muti spettatori, a partecipare alla vita sociale contemporanea: ad averne una vaga notizia. Ma è sempre meglio di niente. Siano come siano i programmi, che a noi non interessa valutare fino in fondo in questa sede (e la valutazione potrebbe essere certamente problematica), al disopra di tutti gli artifici che una televisione modellata sul tipo di quella italiana è costretta a somministrare ai suoi simili, la TV ha almeno due funzioni; la prima, evasione dal grigiore e dal tremore del vivere quotidiano, la seconda, di un contatto serale con alcune forme di cultura e di progresso. In parole povere: altro è ignorare che esistono belle, comode, ampie dimore, altro è venire a conoscenza della loro esistenza. Altro è ignorare che è esistito sulla faccia della terra Lope de Vega, altro è sapere che è esistito e che ha scritto *Fuenteovejuna*. Salvo che al cinema, un infinito numero di italiani non avrebbero mai saputo di queste esistenze. Ora la conoscenza da parte del popolo che esiste un tipo di casa diverso dalla tana in cui, per esempio, egli abita, e la ribellione di un villaggio di pastori al tiranno — mi riferisco alla sostanza di *Fuenteovejuna* — sia pure condizionata alla divina autorità del re di Spagna, paragonata a niente, sono un acquisto di coscienza. Il vedere che in altre zone del nostro Paese vi sono strade e case migliori, condizioni di vita più umane, forme di lavoro meno precarie — nozioni che dalla più sorvegliata televisione riescono sempre a scaturire — è in ogni caso un acquisto.

Nello stesso tentativo di far vedere il mondo in rosa e come il migliore dei mondi possibili, si dà, involontariamente, una idea che vi è un mondo più rosa del mondo nero del popolo. La differenza tra la radio e la TV sta in questo semplice fatto: che la gente, se non vi erano trasmissioni di canzoni o di opere o di « varieté », non ascoltava. Oggi, ingannata dal piacere dell'analfabetico vedere, è costretta ad ascoltare un concerto — e quindi a venire a contatto con la musica — è costretta ad assistere ad opere teatrali — e il teatro, nel Sud, è stato sempre lontano dal popolo — è costretta ad ascoltare una lezione di anatomia, di cui non aveva neanche un'idea; è messa nella condizione di vedere il documentario sull'India di Rossellini, e di ascoltare con le sue orecchie che una povera disgraziata di Bisticci aveva solo il desiderio di una fetta di carne.

Il trasmesso può essere addolcito quanto si voglia, ma nel trasmesso vi è sempre un momento, brutto e reale, che non si lascia falsificare e che non sfugge al video e al popolano attento. Ed è solo da questo punto di vista che la TV, secondo la nostra fallibilissima ragione, costituisce una forma di progresso, specialmente se portata tra le montagne di Lauria e di dove che sia nel Sud. Per la qual cosa, acquistato come mezzo di divertimento, il video, a sua insaputa, ha portato nelle case una ventata di rinnovamento.

Domenico Rea, Il re e il lustrascarpe,
Mondadori, Milano.

Osservazioni grammaticali

- Notate e analizzate, nel testo, i diversi usi del verbo all'infinito
- è sempre meglio *di* niente
- un mondo *più* rosa *del* mondo nero del popolo

Per la conversazione

- Perché tutta la gente del Sud, ricca e povera, si è trovata d'accordo per l'acquisto dell'apparecchio televisivo?
- L'autore insiste sui lati positivi della TV, della TV nel Sud dell'Italia... Siete d'accordo con lui?
- Perché Domenico Rea preferisce non valutare i programmi della TV? E perché « la valutazione potrebbe essere certamente problematica »?
- In che modo la TV può procurare alla gente umile e semplice un « acquisto di coscienza »?
- Commentate l'espressione « l'analfabetico vedere... ». In che modo un « vedere *analfabetico* » può diventare un mezzo di cultura?
- Riflettete e discutete su queste affermazioni di Domenico Rea:
  1) « Il teatro, nel Sud, è stato sempre lontano dal popolo »
  2) « Il trasmesso può essere addolcito quanto si voglia, ma nel trasmesso vi è sempre un momento, brutto e reale, che non si lascia falsificare e che non sfugge al video e al popolano attento ».
- Meriti e inconvenienti della TV: informazione, educazione, propaganda, abbrutimento, verità ultra-addolcite e ultra-castigate ecc. Dite tutto ciò che pensate.
- Parlate delle trasmissioni televisive italiane più note e più seguite dal pubblico.
- La TV e la Radio.
- La TV e il Cinema.

Testo 16

La Sicilia e i Siciliani

1860. La Sicilia è stata annessa all'Italia. Il protagonista del romanzo, il Principe Fabrizio di Salina viene scelto dalle autorità provinciali per essere nominato senatore del nuovo Regno. Aimone Chevalley di Monterzuolo, gentiluomo piemontese segretario della prefettura di Girgenti (Agrigento), si reca a far visita al Principe per richiedere il suo accordo. Ma Don Fabrizio rifiuta la proposta e si scusa nel modo che segue.

« Siamo vecchi, Chevalley, vecchissimi. Sono venticinque secoli almeno che portiamo sulle spalle il peso di magnifiche civiltà eterogenee, tutte venute da fuori, nessuna germogliata da noi stessi, nessuna a cui noi abbiamo dato il la; 5
noi siamo dei bianchi quanto lo è lei, Chevalley, e quanto la regina d'Inghilterra; eppure da duemilacinquecento anni siamo colonia. Non lo dico per lagnarmi: è colpa nostra. Ma siamo stanchi e svuotati lo stesso... Il sonno, caro Chevalley, il sonno è ciò che i Siciliani vogliono, ed essi odieranno sempre chi li vorrà svegliare, sia pure per portar loro i più bei regali. Tutte le manifestazioni siciliane sono manifestazioni oniriche, anche le più violente: la nostra sensualità 15
è desiderio di oblio, le schioppettate e le coltellate nostre, desiderio di morte; desiderio di immobilità voluttuosa, cioè ancora di morte, la nostra pigrizia, i nostri sorbetti di scorzonera o di cannella; il nostro aspetto meditativo è quello del nulla che volesse scrutare gli enigmi del nirvana. Da ciò proviene il prepotere da noi di certe persone, di coloro che sono semidesti; da questo il famoso ritardo di un secolo delle manifestazioni artistiche ed intellettuali siciliane: 25
le novità ci attraggono soltanto quando sono defunte, incapaci di dar luogo a correnti vitali; da ciò l'incredibile fenomeno della formazione attuale di miti che sarebbero venerabili se fossero antichi sul serio, ma che non sono altro che sinistri tentativi di rituffarsi in un passato che ci attrae soltanto perché è morto. »

Non ogni cosa era compresa dal buon Chevalley: soprattutto gli riusciva oscura l'ultima frase: aveva visto i carretti variopinti trainati dai 35
cavalli impennacchiati, aveva sentito del teatro di burattini eroici, ma anche lui credeva che fossero autentiche vecchie tradizioni. Disse:
« Ma non le sembra di esagerare un po', Principe? Io stesso ho conosciuto a Torino dei Siciliani emigrati che mi son sembrati tutt'altro 40
che dei dormiglioni ».

Il Principe si seccò: « Siamo troppi perché non

vi siano delle eccezioni; ai nostri semidesti, del resto, avevo di già accennato... D'altronde vedo che mi sono spiegato male: ho detto i Siciliani, avrei dovuto aggiungere la Sicilia, l'ambiente, il clima, il paesaggio siciliano. Queste sono le forze che insieme e forse più che le dominazioni estranee e gl'incongrui stupri hanno formato l'animo: questo paesaggio che ignora le vie di mezzo fra la mollezza lasciva e l'arsura dannata; che non è mai meschino, terra terra, distensivo, come dovrebbe essere un paese fatto per la dimora di esseri razionali; questo paese che a poche miglia di distanza ha l'inferno attorno a Randazzo e la bellezza della baia di Taormina; questo clima che c'infligge sei mesi di febbre a quaranta gradi; li conti, Chevalley, li conti: maggio, giugno, luglio, agosto, settembre, ottobre; sei volte trenta giorni di sole a strapiombo sulle teste; questa nostra estate lunga e tetra quanto l'inverno russo e contro la quale si lotta con minor successo; lei non lo sa ancora, ma da noi si può dire che nevica fuoco come sulle città maledette della Bibbia; in ognuno di quei mesi se un siciliano lavorasse sul serio spenderebbe l'energia che dovrebbe essere sufficiente per tre; e poi l'acqua che non c'è o che bisogna trasportare da tanto lontano che ogni sua goccia è pagata da una goccia di sudore; e dopo ancora le pioggie, sempre tempestose, che fanno impazzire i torrenti asciutti, che annegano bestie

Gli italiani distinguono le marionette dai burattini. I burattini sono animati direttamente dalla mano che li sostiene dall'interno, le marionette invece sono mosse da fili. I « pupi » siciliani sono marionette con cui i « pupari » tradizionali rappresentano lunghi drammi ispirati alle storie dei « Paladini di Francia », personaggi assai cari alla letteratura popolare italiana.

Una tipica « trazzera » siciliana: strada campestre fiancheggiata da fichi d'India. In Sicilia a zone fertili ricche di aranceti si alternano zone aride, poverissime, tormentate da un'endemica mancanza d'acqua.

e uomini proprio lì dove due settimane prima le une e gli altri crepavano di sete.

Questa violenza del paesaggio, questa crudeltà del clima, questa tensione continua di ogni aspetto, questi monumenti, anche, del passato, magnifici ma incomprensibili perché non edificati da noi e che ci stanno intorno come bellissimi fantasmi muti; tutti questi governi, sbarcati in armi da chissà dove, subito serviti, presto detestati, e sempre incompresi, che si sono espressi soltanto con opere d'arte per noi enigmatiche e con concretissimi esattori d'imposte spese poi altrove: tutte queste cose hanno formato il carattere nostro, che così rimane condizionato da fatalità esteriori oltre che da una terrificante insularità d'animo ».

Giuseppe Tomasi di Lampedusa, Il Gattopardo,
Feltrinelli, Milano.

Osservazioni grammaticali

- vecch*issimi* - bell*issimi* - concret*issimi*
- il nostro aspetto meditativo è quello del nulla che *volesse* scrutare gli enigmi del nirvana
- siamo troppo vecchi perché non vi *siano* delle eccezioni
- noi siamo dei bianchi *quanto* lo è lei, Chevalley, e *quanto* la regina d'Inghilterra

- questa nostra estate lunga e tetra *quanto* l'inverno russo

Per la conversazione

- Commentate le parole-chiave della prima parte del testo: tutte quelle, cioè, che evocano il sonno, l'immobilità, l'oblio, la morte, il nulla.
- Credete che il popolo siciliano sia veramente come lo descrive Don Fabrizio? Cioè immobile, fermo, fatalista, inattivo?
- Perché i Siciliani, sempre per Don Fabrizio, hanno paura dei cambiamenti?
- Vi sembra che il principe si auguri che i Siciliani si muovano, che i Siciliani agiscano?
- Precisate l'accenno ai « carretti variopinti trainati dai cavalli impennacchiati » e « al teatro dei burattini eroici ».
- A chi fa allusione Chevalley quando parla dei Siciliani emigrati che gli son sembrati « tutt'altro che dei dormiglioni »?
- Credete anche voi che l'ambiente geografico e climatico possa influire in maniera determinante sulla personalità di un individuo?
- Commentate la frase: « il carattere nostro rimane condizionato da fatalità esteriori oltre che da una terrificante insularità d'animo ».
- Parlate della Sicilia, quale voi la immaginate o la conoscete e parlate anche, se possibile, di tutti i Siciliani « svegli » che l'isola ha dato all'Italia e al mondo.

111

- Leggete il romanzo di Tomasi di Lampedusa e confrontatelo con il film di Luchino Visconti (1963): si può dire — come è stato detto — che il regista « è stato *troppo* fedele » allo spirito del testo e che si è limitato a dare « una realtà fisica ai personaggi »?

Testo 17

Taci, anima stanca di godere

1 Taci, anima stanca di godere
e di soffrire (all'uno e all'altro vai
rassegnata).
Ascolto e non mi giunge una tua voce:
5 non di rimpianto per la miserabile
giovinezza, non d'ira e di speranza,
e neppur di tedio.

      Giaci come
il corpo, ammutolita,
10 in un'indifferenza disperata.
      Noi non ci stupiremo
non è vero, mia anima, se il cuore
s'arrestasse, sospeso se ci fosse
il fiato...

15   Invece camminiamo.
Camminiamo io e te sonnambuli.
E gli alberi son alberi, le case
son case, le donne
che passano son donne, e tutto è quello
20 che è, soltanto quel che è.
La vicenda di gioia e di dolore
non ci tocca. Perduta ha la sua voce
la sirena del mondo, e il mondo è un grande
deserto.

25   Nel deserto
io guardo con asciutti occhi me stesso.

Camillo Sbarbaro, *Pianissimo,*
La Voce, Firenze.

Per la conversazione

- Qual è il sentimento dominante di questa lirica?
- Perché neppure la morte è capace di stupire il poeta?
- Commentate gli ultimi versi:
  « Nel deserto
    io guardo con asciutti occhi me stesso. »
- È possibile vivere, a parer vostro, « in un'indifferenza disperata »?
- « La sirena del mondo » (verso 23) è il titolo di una lirica di Gabriele D'Annunzio. Cercate di leggerla e confrontate la posizione del poeta abruzzese con quella di Camillo Sbarbaro.

Testo 18

Un mediocre

Leonardo, il primogenito dell'avvocato, in due anni che stava a Milano aveva cambiato casa sei sette volte. Attualmente aveva una camera a mezzo con un amico in via Solferino. Ma a casa non aveva comunicato il cambio di indirizzo. Tanto, non gli era di peso passare dalla strada dove abitava prima a sentire in portineria se c'era posta.
Era la madre che s'incaricava di tenere la corrispondenza col figlio. Le lettere della madre erano piene di sollecitudine (« Come stai di salute? Mangi abbastanza? Copriti, mi raccomando: i primi freddi sono i più temibili. La padrona, te lo fa bene il servizio? » e via di questo passo). Ma dietro queste apprensioni per la sua salute e il suo benessere materiale, si indovinava anche un'altra preoccupazione: che il figlio non fosse contento della vita che conduceva.
« Eppure la mamma è intelligente » si sorprese a pensare Leonardo. Certo, non era una donna intellettuale. Ma capiva quello che gli altri di casa nemmeno sospettavano, e cioè che lui era stufo di quella vita, che non si faceva più illusioni sul proprio conto, che da un pezzo non aveva più un briciolo di fiducia in se stesso. E che addirittura non gliene importava più niente del fallimento delle sue ambizioni poetiche e teatrali. Se solo avesse potuto tornare indietro, se solo avesse potuto prendere una laurea e trovarsi un impiego qualsiasi, come avevano fatto tutti i suoi coetanei!
Guardò l'orologio sul comodino: erano le nove e mezzo. Il suo amico pittore era andato via da un pezzo. Ma lui, che si alzava a fare? Nessun lavoro lo aspettava. L'ultimo — la traduzione di un romanzo tedesco — lo aveva consegnato all'editore un mese prima. Da allora, non aveva più ricevuto una commissione. C'era la crisi, anche l'editoria ne risentiva.
L'unica cosa che aveva da fare era di passare ogni tanto dall'editore a vedere se gli pagavano le cinquecento lire che ancora gli erano dovute. Cinquecento lire gli avrebbero permesso di tirare avanti un altro mese. E dopo? Dopo avrebbe dovuto ricorrere di nuovo all'aiuto della famiglia. Non sarebbe stato meglio piantar tutto e tornarsene a casa?
Beninteso, poteva anche mettersi a tavolino, riprendere dal cassetto il manoscritto di quella commedia che non era andata oltre la terza sce-

na del primo atto. No, questo non si sentiva più di farlo. Se poteva continuare a ingannare quelli di casa, non ne voleva più sapere di ingannar se stesso. Lui non era un commediografo, come non era un poeta. Non aveva nessun talento speciale. Era un mediocre, e altro non avrebbe potuto fare che svolgere una delle tante attività alle quali attende la folla dei mediocri. A mète più alte non poteva aspirare.

Carlo Cassola, *La casa di via Valadier*, Mondadori, Milano.

Osservazioni grammaticali

- non gli era di peso passare dalla strada dove abitava prima a sentire in portineria *se c'era* posta
- *se* solo *avesse potuto* tornare indietro!
- *se* solo *avesse potuto* prendere una laurea!
- l'unica cosa che aveva da fare era di passare ogni tanto dall'editore a vedere *se* gli *pagavano* le 500 lire...
- *se poteva* continuare a ingannare quelli di casa...

Per la conversazione

- Mettete in evidenza la scrittura spoglia, essenziale e antiretorica di questo brano.
- Come si spiega la manìa di Leonardo di cambiar casa continuamente? A che cosa corrisponde questo bisogno di rinnovamento? Non vi sembra che sia in contrasto con la sua passività?
- Le domande che la madre rivolge al figlio e le domande che Leonardo rivolge a se stesso. Che cosa nascondono le une e le altre? Quali preoccupazioni, quali sentimenti, quali stati d'animo?
- Analizzate il valore delle numerose negazioni contenute nel testo e cercate di capire perché Leonardo è così « negativo » davanti alla vita.
- Che cosa occorrerebbe, a Leonardo, per riacquistare un po' di fede e un po' di grinta?
- Commentate l'ultima frase: « Era un mediocre, e altro non avrebbe potuto fare che svolgere una delle tante attività alle quali attende la folla dei mediocri ».
- Che cosa vuol dire, per voi, essere « mediocri »?

Testo 19

Lettera alla madre

« Mamma mia,

« Iersera, appena, ricevetti la tua buona e bella lettera.

« Non dubitarne, per me il tuo grande carattere non ha segreti; anche quando non so decifrare una parola, comprendo o mi pare di comprendere ciò che tu volesti facendo camminare a quel modo la penna. Rileggo molte volte le tue lettere; tanto semplici, tanto buone, somigliano a te; sono tue fotografie.

« Amo la carta persino sulla quale tu scrivi! La riconosco, è quella che spaccia il vecchio Creglingi, e, vedendola, ricordo la strada principale del nostro paesello, tortuosa ma linda. Mi ritrovo là ove s'allarga in una piazza nel cui mezzo sta la casa del Creglingi, bassa e piccola, col tetto in forma di cappello calabrese, tutta un solo buco, la bottega! Lui, dentro, affaccendato a vendere carta, chiodi, zozza, sigari e bolli, lento ma coi gesti agitati della persona che vuol far presto, servendo dieci persone ossia servendone una e invigilando sulle altre nove con l'occhio inquieto.

« Ti prego di salutarlo tanto da parte mia. Chi mi avrebbe detto che avrei avuto desiderio di rivedere quell'orsacchiotto avaro?

« Non credere, mamma, che qui si stia tanto male; son io che ci sto male! Non so rassegnarmi a non vederti, a restare lontano da te per tanto tempo, e aumenta il mio dolore il pensare che ti sentirai sola anche tu in quel gran casamento lontano dal villaggio in cui ti ostini ad abitare perché ancora nostro. Di più ho veramente bisogno di respirare la nostra buona aria pura che a noi giunge direttamente dalla fabbrica. Qui respirano certa aria densa, affumicata, che, al mio arrivo, ho veduto poggiare sulla città, greve, in forma di un enorme cono, come sul nostro stagno il vapore d'inverno, il quale però si sa che cosa sia; è più puro. Gli altri che stanno qui sono tutti o quasi tutti lieti e tranquilli perché non sanno che altrove si possa vivere tanto meglio.

« Credo che da studente io vi sia stato più contento perché c'era con me papà che provvedeva lui a tutto e meglio di quanto lo sappia. È ben vero ch'egli disponeva di più denari. Basterebbe a rendermi infelice la piccolezza della mia stanza. A casa la destinerei alle oche!

« Non ti pare, mamma, che sarebbe meglio che io ritorni? Finora non vedo che ci sia grande utile per me a rimanere qui. Denari non ti posso inviare perché non ne ho. Mi hanno dato cento franchi al primo del mese, e a te sembra una forte somma, ma qui è nulla. Io m'ingegno come posso ma i denari non bastano, o appena appena.

« Comincio anche a credere che in commercio sia molto ma molto difficile di fare fortuna, altrettanto, quanto, a quello che ne disse il notaro Mascotti, negli studi. È molto difficile! La mia paga è invidiata e io debbo riconoscere di non meritarla. Il mio compagno di stanza ha centoventi franchi al mese, è da quattro anni dal signor Maller e fa dei lavori quali io potrò fare soltanto fra qualche anno. Prima non posso né sperare né desiderare aumenti di paga.

« Non farei meglio di ritornare a casa? Ti aiuterei nei tuoi lavori, lavorerei magari anche il campo, ma poi leggerei tranquillo i miei poeti, all'ombra delle quercie, respirando quella nostra buona aria incorrotta.

« Voglio dirti tutto! Non poco aumenta i miei dolori la superbia dei miei colleghi e dei miei capi. Forse mi trattano dall'alto in basso perché vado vestito peggio di loro. Son tutti zerbinotti che passano metà della giornata allo specchio. Gente sciocca! Se mi dessero in mano un classico latino lo commenterei tutto, mentre essi non ne sanno il nome.

« Questi i miei affanni, e con una sola parola tu puoi annullarli. Dilla e in poche ore sono da te.

« Dopo scritta questa lettera sono più tranquillo; mi pare quasi di avere già ottenuto il permesso di partire e vado a prepararmi.

« Un bacio dal tuo affezionato figlio

Alfonso ».

Italo Svevo, *Una vita*,
Dall'Oglio, Milano.

Osservazioni grammaticali

- Commentate l'uso dei tempi e dei modi nella frase seguente:
  « Non ti *pare*, mamma, che *sarebbe meglio* che io *ritorni*? »
- amo la carta *sulla quale* tu scrivi
- in una piazza *nel cui mezzo* sta la casa
- casamento... *in cui* ti ostini ad abitare
- il vapore d'inverno, *il quale* però si sa che cosa sia

Per la conversazione

- Analizzate la qualità dei rapporti che intercorrono fra la madre e il figlio.
- Come si spiega, in Alfonso, la nostalgia del paesello natìo e il desiderio di ritornare a casa?
- Quali sono i motivi profondi del disagio di Alfonso?
- Vi sembra che Alfonso sia un giovane coraggioso? Come potreste definirlo?
- Alfonso e gli altri: sentimenti di inferiorità e sentimenti di superiorità.
- Cercate d'immaginare il seguito di questa storia che si apre con un'implorante lettera alla madre...

Testo 20

Paternità

Uomo solo dinanzi all'inutile mare,
attendendo la sera, attendendo il mattino.
I bambini vi giocano, ma quest'uomo vorrebbe
lui averlo un bambino e guardarlo giocare.
Grandi nuvole fanno un palazzo sull'acqua
che ogni giorno rovina e risorge, e colora
i bambini nel viso. Ci sarà sempre il mare.

Il mattino ferisce. Su quest'umida spiaggia
striscia il sole, aggrappato alle reti e alle pietre.
Esce l'uomo nel torbido sole e cammina
lungo il mare. Non guarda le madide schiume
che trascorrono a riva e non hanno più pace.
A quest'ora i bambini sonnecchiano ancora
nel tepore del letto. A quest'ora sonnecchia
dentro il letto una donna, che farebbe l'amore
se non fosse lei sola. Lento, l'uomo si spoglia
nudo come la donna lontana, e discende nel mare.

Poi la notte, che il mare svanisce, si ascolta
il gran vuoto ch'è sotto le stelle. I bambini
nelle case arrossate van cadendo dal sonno
e qualcuno piangendo. L'uomo, stanco di attesa,
leva gli occhi alle stelle, che non odono nulla.
Ci son donne a quest'ora che spogliano un bimbo
e lo fanno dormire. C'è qualcuna in un letto
abbracciata ad un uomo. Dalla nera finestra
entra un ansito rauco, e nessuno l'ascolta
se non l'uomo che sa tutto il tedio del mare.

Cesare Pavese, *Poesie*
Einaudi, Torino

Per la conversazione

- Analizzate, in questa poesia di Cesare Pavese, il sentimento della solitudine e quello dell'inutilità, messi in rilievo fin dal primo verso:
  « Uomo *solo* dinanzi all'*inutile* mare. »
- Non vi sembra che ci sia, in quest'uomo « solo » il desiderio acuto di un figlio suo e la coscienza di un'impossibile paternità? Parlatene.

Testo 21

A Fernanda Pivano

Cara Fernanda,
se lei ignora l'odore del grano, intendo del grano in pianta, maturo, dondolante, sotto le nuvole e la pioggia estive, è sventurata e La com-

Un tipico paesaggio delle « Langhe »
piemontesi, coltivate a viti. Le Langhe sono
la terra natale di Pavese che vi ha ambientato
alcuni dei suoi libri più felici: una terra
profondamente trasformata dal
lavoro dell'uomo.

piango. Pensi che io non avevo mai sentito il grano in pianta, perché venivo sempre in campagna alla metà di luglio quand'è già mietuto, e questa volta è stato come quando un marito, separato dalla moglie da anni, ritorna a trovarla e gli pare un'amante — essa ha cioè delle parole, dei gesti, dei momenti a lui ignoti, a lui sfuggiti al tempo dell'amorosa passione, e che ora gli paiono rivelargli tutto il dolce del primo amore. Mi metto dunque, stamattina, per le strade della mia infanzia e mi riguardo con cautela le grandi colline — tutte, quella enorme e ubertosa come una grande mammella, quella scoscesa e acuta dove si facevano i grandi falò, quelle ininterrotte e strapiombanti come se sotto ci fosse il mare — e sotto c'era invece la strada, la strada che gira intorno alle mie vecchie vigne e scompare, alla svolta, con un salto nel vuoto.

Da questo salto non ero mai passato; si diceva allora che la strada proseguiva sempre a mezza costa, sempre affiancata da colline di così enorme estensione da apparire, viste sopra la spalla, come un breve orizzonte a fior di terra. Ero sempre arrivato soltanto a quest'orizzonte, a questi canneti (capisce? è come quando stesi nel prato, si guarda l'erba: chiude il cielo e sembra una foresta), ma presentivo di là dal salto, a grande distanza, dopo la valle che si espande come un mare, una barriera remota (piccina, tanto è remota) di colline assolate e fiorite, esotiche. Quello era il mio Paradiso, i miei Mari del Sud, la Prateria, i coralli, Ophir, l'Elefante bianco ecc.

E allora, stamattina, che non sono più un ragazzo e che il paese in quattro e quattr'otto l'ho capito, mi sono messo per questa strada e ho camminato verso il salto e ho intravisto le colline remote e ripreso cioè la mia infanzia al punto in cui l'avevo interrotta. La mia valle era vaporosa e nebbiosa, la barriera lontana, chiazzata di sole e di campi di grano, era quel che dev'essere il corpo della propria amata quand'è bionda. Qui naturalmente non parla più il bambino, l'infante, ma un uomo che è stato quel bambino e adesso è felice di esser uomo e di ricordarsi di Fernanda.

Ciao.

Cesare Pavese, *Vita attraverso le lettere*, Einaudi, Torino.

Per la conversazione

- Il mito dell'*infanzia* e della *collina* in questa splendida lettera di Cesare Pavese.

Testo 22

Ritratto d'un amico

La città che era cara al nostro amico è sempre la stessa; c'è qualche cambiamento, ma cose da poco: hanno messo dei filobus, hanno fatto qualche sottopassaggio. Non ci sono cinematografi nuovi. Quelli antichi ci sono sempre, coi nomi d'una volta: nomi che ridestano in noi, a riperterli, la giovinezza e l'infanzia. Noi, ora, abitiamo altrove, in un'altra città tutta diversa, e più grande: e se ci incontriamo e parliamo della nostra città, ne parliamo senza rammarico d'averla lasciata, e diciamo che ora non potremmo più viverci. Ma quando vi ritorniamo, ci basta attraversare l'atrio della stazione, e camminare nella nebbia dei viali, per sentirci proprio a casa nostra; e la tristezza che ci ispira la città ogni volta che vi ritorniamo, è in questo sentirci a casa nostra e sentire nello stesso tempo che noi, a casa nostra, non abbiamo più ragione di stare; perché qui a casa nostra, nella nostra città, nella città dove abbiamo trascorso la giovinezza, ci rimangono ormai poche cose viventi, e siamo accolti da una folla di memorie e di ombre.

La nostra città, del resto, è malinconica per sua natura. Nelle mattine d'inverno, ha un suo particolare odore di stazione e fuliggine, diffuso in tutte le strade e in tutti i viali; arrivando al mattino, la troviamo grigia di nebbia, e ravviluppata in quel suo odore. Filtra qualche volta, attraverso la nebbia, un sole fioco, che tinge di rosa e di lilla i mucchi di neve, i rami spogli delle piante; la neve, nelle strade e sui viali, è stata spalata e radunata in piccoli cumuli, ma i giardini pubblici sono ancora sepolti sotto una fitta coltre intatta e soffice, alta un dito sulle panchine abbandonate e sugli orli delle fontane; l'orologio del galoppatoio è fermo, da tempo incalcolabile, sulle undici meno un quarto. Di là dal fiume s'alza la collina, anch'essa bianca di neve ma chiazzata qua e là d'una sterpaglia rossastra; e in vetta alla collina torreggia un fabbricato color arancione, di forma circolare, che fu un tempo l'Opera Nazionale Balilla. Se c'è un po' di sole, e risplende la cupola di vetro del Salone dell'Automobile, e il fiume scorre con un lucichìo verde sotto ai grandi ponti di pietra, la città può anche sembrare, per un attimo, ridente e ospitale: ma è un'impressione fuggevole. La natura essenziale della città è la malinconia: il fiume, perdendosi in lontananza, svapora in un orizzonte di nebbie violacee, che fanno pensare al tramonto anche se è mezzogiorno; e in qualunque punto si respira quello stesso odore cupo e laborioso di fuliggine e si sente un fischio di treni.

La nostra città rassomiglia, noi adesso ce ne accorgiamo, all'amico che abbiamo perduto e che l'aveva cara; è, come era lui, laboriosa, aggrondata in una sua operosità febbrile e testarda; ed è nello stesso tempo svogliata e disposta a oziare e a sognare. Nella città che gli rassomiglia, noi sentiamo rivivere il nostro amico dovunque andiamo; in ogni angolo e ad ogni svolta ci sembra che possa a un tratto apparire la sua alta figura dal cappotto scuro a martingala, la faccia nascosta nel bavero, il cappello calato sugli occhi. L'amico misurava la città col suo lungo passo, testardo e solitario; si rintanava nei caffè più appartati e fumosi, si liberava svelto del cappotto e del cappello, ma teneva buttata attorno al collo la sua brutta sciarpetta chiara; si attorcigliava intorno alle dita le lunghe ciocche dei suoi capelli castani, e poi si spettinava all'improvviso con mossa fulminea. Riempiva fogli e fogli della sua calligrafia larga e rapida, cancellando con furia; e celebrava, nei suoi versi, la città:

Questo è il giorno che salgono le nebbie dal fiume
Nella bella città, in mezzo a prati e colline,
E la sfumano come un ricordo...

I suoi versi risuonano al nostro orecchio, quando ritorniamo alla città o quando ci pensiamo; e non sappiamo neppure più se siano bei versi, tanto fanno parte di noi, tanto riflettono per noi l'immagine della nostra giovinezza, dei giorni ormai lontanissimi in cui li ascoltammo dalla viva voce del nostro amico per la prima volta: e scoprimmo, con profondo stupore, che anche della nostra grigia, pesante e impoetica città si poteva fare poesia...

È morto d'estate. La nostra città, d'estate, è deserta e sembra molto grande, chiara e sonora come una piazza; il cielo è limpido ma non luminoso, di un pallore latteo; il fiume scorre piatto come una strada, senza spirare umidità, né frescura. S'alzano dai viali folate di polvere; passano, venendo dal fiume, grossi carri carichi di sabbia; l'asfalto del corso è tutto spalmato di pietruzze, che cuociono nel catrame. All'aperto, sotto gli ombrelloni a frange, i tavolini dei caffè sono abbandonati e roventi.

Non c'era nessuno di noi. Scelse, per morire, un giorno qualunque di quel torrido agosto; e scelse la stanza d'un albergo nei pressi della stazione: volendo morire, nella città che gli apparteneva, come un forestiero. Aveva immaginato la sua morte in una poesia antica, di molti e molti anni prima:

Non sarà necessario lasciare il letto.
Solo l'alba entrerà nella stanza vuota.
Basterà la finestra a vestire ogni cosa   110
D'un chiarore tranquillo, quasi una luce.
Poserà un'ombra scarna sul volto supino.
I ricordi saranno dei grumi d'ombra
Appiattati così come vecchia brace
Nel camino. Il ricordo sarà la vampa   115
Che ancor ieri mordeva negli occhi spenti.

Andammo, poco tempo dopo la sua morte, in collina. C'erano osterie sulla strada, con pergolati d'uva rosseggiante, giochi di bocce, cataste di biciclette; c'erano cascinali con grappoli di   120
pannocchie, l'erba falciata stesa ad asciugare sui sacchi: il paesaggio, al margine della città e sul limitare dell'autunno, che lui amava. Guardammo, sulle sponde erbose e sui campi arati, salire la notte di settembre. Eravamo tutti molto ami-   125
ci, e ci conoscevamo da tanti anni; persone che avevano sempre lavorato e pensato insieme. Come succede fra chi si vuol bene ed è stato colpito da una disgrazia, cercavamo ora di volerci più bene e di accudirci e proteggerci l'uno con   130
l'altro; perché sentivamo che lui, in qualche sua maniera misteriosa, ci aveva sempre accuditi e protetti. Era più che mai presente, su quella proda della collina.

Ogni occhiata che torna, conserva un gusto   135
Di erba e cose impregnate di sole a sera
Sulla spiaggia. Conserva un fiato di mare.

Come un mare notturno è quest'ombra vaga
Di ansie e brividi antichi, che il cielo sfiora
E ogni sera ritorna. Le voci morte
Assomigliano al frangersi di quel mare.   140

Natalia Ginzburg, *Le piccole virtù*,
Einaudi, Torino.

Per la conversazione

- Riassumete brevemente il testo di Natalia Ginzburg.
- Quali similitudini scorge la scrittrice fra la città (Torino) e l'amico (Pavese)? Perché *non* nomina *mai* né l'una né l'altro?
- Quali elementi fanno di Torino (della Torino di Natalia Ginzburg) una città « malinconica »? Elementi *concreti* ed elementi *psicologici*.
- Come appare Cesare Pavese attraverso le parole della scrittrice?
- La morte dell'amico. Perché è voluto morire come un forestiero « nella città che gli apparteneva »?
- Commentate il pellegrinaggio in collina e cercate di analizzare i sentimenti che provano gli amici di Cesare Pavese in mezzo ad un paesaggio che lui aveva tanto amato e celebrato.

- La città e la collina nell'opera di Cesare Pavese.
- Commentate questi passaggi tratti da *Il mestiere di vivere* di Cesare Pavese:
- « Si odiano gli altri perché si odia se stessi. »
- « L'unica gioia al mondo è cominciare. È bello vivere perché vivere è cominciare, sempre, ad ogni istante. Quando manca questo senso – prigione, malattia, abitudine, stupidità – si vorrebbe morire. »
- « La letteratura è una difesa contro le offese della vita. »
- « In fondo, il segreto della vita è di fare come se ciò che ci manca più dolorosamente noi l'avessimo. Il precetto cristiano, è tutto qui. Convincersi che tutto è creato per il bene, che c'è la fraternità umana. »
- « Sono diventato uomo quando ho imparato a essere solo. »

Cesare Pavese, a destra, con lo scrittore amico Mario Sturani ed un altro compagno davanti alla casa di sua proprietà a Reaglie nei pressi di Torino: un'altra immagine del mondo campestre che lo scrittore torinese prediligeva.

Capitolo 5

Andante sostenuto

Testo 1

Milano, metropoli degli affari

Il dramma della Lombardia e di Milano è di essere una regione e una città tra le più ricche d'Europa, inserite in una nazione tra le più povere d'Europa. Percorsa da tre fiumi, il Po, l'Adda, e il Ticino, e da alcuni fiumi minori, ricca di grandi laghi, che oltre a regolarne il clima servono da bacini naturali d'irrigazione, alimentando il più cospicuo sistema irrigatorio d'Italia, la Lombardia è la regione italiana più adatta a suscitare e a sostenere un popolo di talento pratico. A Milano e intorno a Milano è la maggiore regione industriale italiana; altrove, come a sud di Milano e nel Cremonese, è la maggiore delle nostre regioni agricole.

La Lombardia copre il 7,6 per cento del territorio nazionale, ma ospita il 15 per cento dei suoi abitanti. Milano consuma per individuo più carne che la Svizzera e la Germania Occidentale, più grassi che la Francia, e ben oltre il doppio di carne della media italiana. Spende quattro volte la media italiana in divertimenti. Ha il più alto reddito medio, detiene il 12 e mezzo per cento del reddito italiano, mentre la popolazione è solo il 5,35 per cento. Milanese è oltre un sesto del reddito commerciale e industriale italiano; quello lombardo, quasi il 30 per cento. Milano produce tutto, dai tessili agli alimentari, dai prodotti meccanici ai chimici e ai farmaceutici; ha i più grandi mercati, bestiame, carne macellata, pesce, uova, pollame, prodotti ortofrutticoli; ha la massima Fiera Campionaria d'Europa e il maggiore negozio italiano, la Rinascente. A nord la città si prolunga in una costellazione di centri industriali, a sud, le più ricche cascine, centri agricoli meccanizzati. Tenendo conto che il flusso dell'immigrazione non si raccoglie tutto nella metropoli, ma si dirige in misura anche maggiore verso i centri vicini, Monza, Sesto S. Giovanni, Seregno, Desio, Meda, Cusano Milanino, Rho, Parabiago, Legnano, Magenta, cui si legano senza interruzione i centri industriali d'altre province, e specialmente quelli di Varese e di Como, è questo di gran lunga il complesso urbano più importante d'Italia. Sostenuto da esso il più grande giornale milanese è anche il più grande d'Italia per tiratura; le imprese editoriali fioriscono, ed il teatro della Scala, non semplice teatro ma, come il Duomo, passione della città, raccoglie la passione per il melodramma di tutta la valle del Po. La situa-

zione di Milano è perciò privilegiata e insieme drammatica; non è facile essere ricchi in un Paese di poveri.

Guido Piovene, *Viaggio in Italia*, Mondadori, Milano.

Osservazioni grammaticali

- una regione e una città tra *le più ricche* d'Europa, inserita in una nazione tra *le più povere* d'Europa
- *il più cospicuo* sistema irrigatorio d'Italia
- la Lombardia è *la* regione italiana *più* adatta a suscitare...
- *il più alto* reddito medio
- ha *i più grandi* mercati
- è questo... *il* complesso urbano *più importante* d'Italia
- *il più grande* giornale milanese è anche *il più grande* d'Italia per tiratura
- è *la maggiore* regione industriale
- è *la maggiore* delle nostre regioni agricole
- ha *il maggiore* negozio italiano
- ha *la massima* Fiera Campionaria

Per la conversazione

- Movendo dal testo, parlate dell'agricoltura nella campagna lombarda. Risorse naturali e l'opera dell'uomo.
- « Milano produce tutto. » Parlate delle più importanti industrie milanesi e dite se esiste, nella capitale lombarda, un'impresa così importante da condizionare la vita economica, come succede a Torino con la FIAT.
- L'attrazione di Milano sulle altre città del Nord.
- Milano: maggior centro giornalistico ed editoriale italiano. Sviluppate quest'argomento.
- La Fiera Campionaria di Milano.
- Milano e la Scala.
- Commentate la frase: « La situazione di Milano è perciò privilegiata e insieme drammatica; non è facile essere ricchi in un Paese di poveri ».
- Definite con chiarezza l'espressione « triangolo industriale » e dite che cosa rappresentano il Piemonte, la Liguria e la Lombardia nella vita economica dell'Italia.
- Esponete e *commentate* i diversi problemi del « triangolo industriale »:
  - regione ricca in un Paese povero
  - l'inserimento e l'integrazione degli immigrati
  - gli squallidi centri suburbani
  - la speculazione edilizia
  - il prezzo del progresso (inquinamento, deturpazione dei paesaggi naturali) ecc.

Due immagini in contrasto: Milano metropoli degli affari, con i suoi grattacieli, simboli di un benessere duramente conquistato ed una vecchia « cascina » lombarda degradata ad abitazione di immigrati recenti, di origine meridionale. Eppure Milano deve molto a questi lavoratori onesti e tenaci. Milano è la più grande città « meridionale » d'Italia.

I goliardi delle serali in questa nebbia

I goliardi delle serali in questa nebbia
hanno voglia di scherzare: non è ancora mezzanotte
e sono appena usciti da scuola.
       « Le cose nuove e belle
che ho appreso quest'anno » è l'ultimo tema da fare,
ma loro non si danno pensiero, vogliono sempre scherzare.

Perché il vigile non interviene, che cosa ci sta a fare?

È vero però che le voci son fioche e diverse, querule anche nel riso,
o gravi, o incerte, in formazione e in trasformazione,
disparate, discordi, in stridente contrasto accomunate
senza ragione senza necessità senza giustificazione,
ma come per il buio e il neon è la nebbia che abbraccia affratella assorbe inghiotte
    e fa il minestrone,
    e loro ci guazzano dentro, sguaiati e contenti
— io attesto il miglior portamento dei due allievi sergenti,
il calvo in ispecie, che se capisce poco ha una forza di volontà
militare, e forse ha già preso il filobus.

Quanta pienezza di vita e ricchezza di esperienze!
di giorno il lavoro, la scuola di sera, di notte schiamazzi
(chi sa due lingue vive due vite)
di giorno il lavoro la scuola di sera, — non tutti la notte però fanno i compiti
e non imparano le poesie a memoria, di notte preferiscono fare schiamazzi,
nascondere il righello a una compagna
     e non fanno i compiti
— ma non c'è nessuno che bigi la scuola
        sono avari
tutti avari, e sanno che costa denari denari.

Elio Pagliarani, *Manuale di Poesia sperimentale*,
Mondadori, Milano.

Per la conversazione

● Questa poesia di Elio Pagliarani presenta un tipico ambiente milanese: quello delle scuole serali frequentate da molti giovani lavoratori desiderosi di ottenere un titolo di studio per migliorare la loro situazione sociale.

● L'allegria notturna di questi « goliardi » è reale o fittizia, a parer vostro?

● Come si comportano questi « studenti » nei confronti della scuola? Vi sembra che la prendano sul serio? (Esaminate, nell'ultima parte della poesia, le tre frasi negative *non... non... non*, seguite da un *ma*).

● Commentate il verso fra parentesi: « chi sa due lingue vive due vite ».

● Quali sono gli elementi che permettono di situare la scena a Milano?

● Vi sembra che il titolo di studio sia un passaporto indispensabile per varcare la grande frontiera sociale? Per passare dallo stato di operaio a quello di piccolo-borghese? Esistono, secondo voi, altri passaporti possibili? Leggete, a questo proposito, un interessantissimo articolo di Ermanno Rea: *Mezza Italia in colletto bianco*, su « Il Giorno » del 4 agosto 1974.

Testo 3

Cinisello Balsamo

1 Cinisello Balsamo,[1] dal punto di vista urbanistico, è un disastro. È un paesaggio informe di palazzacci tirati su a caso uno accanto all'altro. In poco più di un decennio è passato da borgata
5 agricola a centro industriale suburbano: ma non c'è dubbio che il passaggio è avvenuto male. Manca il verde, le strade sono in disordine, i ritardi nell'edilizia scolastica (forse in parte recuperati quest'anno) hanno creato tensioni a
10 non finire. La speculazione edilizia ha fatto un po' quello che ha voluto. Come mai? Lo chiedo al sindaco Enea Cerquetti, un amministratore giovane ed energico comunista: il discorso per lui è difficile, Cinisello Balsamo non ha mai avu-
15 to un piano regolatore benché da oltre vent'anni sia retto da una giunta di sinistra. « Cinisello Balsamo – spiega – quindici anni fa stava diventando una classica "Corea" della periferia milanese. Un quartiere di povera gen-
20 te che con le sue mani tirava su alla rinfusa casupole e baracche per viverci dentro senza tener conto né dei regolamenti comunali né delle più elementari esigenze urbanistiche. » È sindaco da pochi mesi, ciò non toglie che l'eredità
25 della precedente amministrazione gli pesi addosso massicciamente. Il suo ragionamento in sintesi è questo: agli amministratori di allora, costruire dei palazzi moderni, magari con gli ingressi di finto marmo, l'ascensore, i bagni con
30 le mattonelle, il riscaldamento centrale sembrava comunque un progresso e non si preoccuparono di altro. La nuova amministrazione è decisa a rimediare al malfatto e presenterà entro poco il piano.
35 Un peccato d'ingenuità cioè? Può darsi. È anche vero che insabbiare i piani regolatori è il mezzo classico di quelle amministrazioni comunali che vogliono favorire la speculazione edilizia. E in questi casi è difficile distinguere dove
40 finisce l'errore a dove comincia la corruzione. Vado a vedere in via Cimabue un gruppo di casamenti che nel suo entusiasmo per l'edilizia la precedente amministrazione ha fatto costruire a ridosso della nuova Valassina, un'arteria di
45 grande traffico che da Milano va verso Lecco. I fitti sono più bassi che altrove, per trentamila lire si trova ancora un appartamentino che non sarebbe, da quello che ho potuto vedere, nemmeno peggio che altrove. Il guaio è che per la

1. *Cinisello Balsamo*: enorme borgata informe (80.000 abitanti circa) alle porte di Milano.

gente, in quei casamenti, dormire è quasi impossibile. Il rumore dell'autostrada sia di notte che di giorno è continuo e insopportabile. A Cinisello Balsamo la terra non mancava e non manca tuttora. Era proprio necessario dare il permesso di costruire in quel punto?
Il sindaco si stringe nelle spalle. Dovunque, nella periferia di Milano per esempio, o in quella di Torino, si ritrovano lo stesso paesaggio, gli stessi problemi, gli stessi casi umani. Il tipo di vita che gli agglomerati sorti per l'espansione industriale nel Nord, riservano ai loro nuovi abitanti, è davvero tetro e monotono per chi ce la fa a inserirsi e disperato per chi invece resta emarginato? Il problema è più complesso e la realtà meno facilmente definibile, i punti di luce non mancano del tutto. La realtà tuttavia resta quella che è: attraverso una somma infinita di neghittosità varie si è fatto in modo di rendere inutilmente difficile e tormentoso l'inserimento degli immigrati nella società industriale del Nord. Il prezzo che la nostra società deve e dovrà pagare per questo è enorme. E quello che è peggio è che non c'era bisogno che lo fosse.

Nicola Caracciolo, « *La Stampa* », 27 settembre 1972.

Per la conversazione

- Leggete attentamente questo documento, ricollegatelo ai testi sull'emigrazione interna ed esprimete le vostre idee personali su Cinisello Balsamo e gli altri desolati paesaggi periferici, sui piani regolatori insabbiati, sulla neghittosità o la corruzione di « quelle amministrazioni comunali che vogliono favorire la speculazione edilizia ».
- Cercate di rispondere alla domanda del giornalista: « Il tipo di vita che gli agglomerati sorti per l'espansione industriale nel Nord, riservano ai loro nuovi abitanti, è davvero tetro e monotono per chi ce la fa a inserirsi e disperato per chi invece resta emarginato? »
- Quali sono, a vostro parere, « i punti di luce » di questa situazione?

Testo 4

Aggiustatore alla Fiat

Uscendo dal Distretto stavo bene e potevo andare in gran fretta per lasciare Torino, correndo alla stazione di Porta Nuova a prendere il treno per Candia. Mi toccava infatti prendere il treno, assai più scomodo e lento dell'autobus, perché il Distretto riconosceva gratuito il viaggio di andata e ritorno soltanto in ferrovia. Il treno partiva verso sera ed era un treno operaio che fermava a tutte le stazioni. Era affollato come una tradotta militare, soprattutto da operai che lasciavano le fabbriche di Torino. Molti di quegli operai avevano l'aria di star bene, con le loro berrette il giornale sottobraccio, il cestino o la borsa delle vivande, i loro discorsi ad alta voce; altri pareva sentissero freddo, in aprile e in mezzo a quella calca, mortificati per di più dalla sporcizia dei loro indumenti. Alle stazioni scendevano a gruppi, ridendo e insultandosi. Mi sembrava che scendessero sempre quelli con l'aria allegra e ben portante e che restassero, per il viaggio più lungo e per la notte, i più tristi e sporchi. Non avevo cercato di sedermi, sbalordito dal chiasso e dalla frenesia dell'ambiente; ma quando si accese nello scompartimento la luce vidi alcuni posti liberi e mi accomodai. Sedetti vicino a un operaio che aveva un bel volto, con un naso affilato e ben fatto, acuto ed equilibrato come fosse il primo dei suoi strumenti di precisione. Egli mi disse che lavorava da diciassette anni alla Fiat, come aggiustatore alle « grandi motori ». Il lavoro che gli era comandato era interessante e richiedeva impegno da parte sua. Suo padre era ancora un contadino con la terra a sud del fiume, vicino a Chivasso. Secondo lui la vita del contadino era bella ma difficile e ingrata; bella per conto suo ma non in rapporto agli altri, tanto che per questa sua famiglia contadina una ragazza di Torino non aveva voluto sposarlo. Quel giovane simpatico scese in silenzio a Chivasso e con due salti entrò nella stazione. Prima che il treno ripartisse mi sembrò nel buio di vederlo svoltare in bicicletta dietro la casa della stazione, curvo ma sicuro e senza quell'aria eretta e sbadata che hanno i contadini quando vanno in bicicletta e quel senso di grande pena come se sempre pensassero a come fanno le ruote a stare in equilibrio e a camminare sotto i pedali.

Paolo Volponi, *Memoriale*,
Einaudi, Torino.

Osservazioni grammaticali

- *mi toccava* prendere il treno
- *mi sembrava* che scèndessero...
- *altri pareva sentissero freddo*
- *come fosse* il primo dei suoi strumenti
- *come se* sempre *pensassero*
- *prima che* il treno *ripartisse*

Per la conversazione

- Qual è, secondo il testo, l'origine geografica e sociale di molti operai che lavorano a Torino?

- Perché molti di questi operai hanno l'aria soddisfatta ed altri sembrano invece infreddoliti, « tristi e sporchi »?
- Perché l'operaio di Chivasso può dire che la vita del contadino è « bella ma difficile e ingrata »?
- Perché la ragazza torinese rifiuta di sposare l'operaio d'origine contadina?
- Vi sembra che 17 anni di lavoro nella medesima fabbrica possano modificare la psicologia di un uomo? in che senso?
- Il rapporto fra l'uomo e la macchina nel mondo industriale moderno.
- Quali sono le principali industrie piemontesi?
- Ivrea e Olivetti, Torino e la FIAT: relazioni fra l'impresa e la città.
- I problemi attuali della FIAT e dell'industria automobilistica in generale.

Testo 5

Torino e i Festivals dell'automobile

Durante i suoi festivals dell'automobile, Torino dà fondo a un'occulta, frenetica smania feticistica. Pezzi d'auto, sigle in alluminio, volanti, gomme, insegne, « firme » in ghirigoro di disegnatori illustri, portiere, motori, giacciono in ogni vetrina, tra cappotti di cammello e cravatte, tra cioccolatini e ombrelle, tra garofani e foglie pittate,[1] tra sacchetti di caffè e maglie per bambini. L'occhio, ovunque si posi, è costretto a combinarsi con immagini automobilistiche. Davanti alla stazione di Porta Nuova hanno persino eretto, quest'anno, una specie di funebre monumento-mausoleo all'ultimo prodotto FIAT, con fasci di neon che lo colpiscono nella penombra invernale, con antenne lucide che ingabbiano gli spazi. Dovunque si sussurra di nuovi motori, di crisi stradale, di prospettive autostradali, di trazioni anteriori. I visitatori di questi festivals, tra una corsa ai casinò della Valle d'Aosta o di San Remo, tra ricevimenti dove sui tavoli troneggiano altre macchine, altri motori, discutono riconoscendosi l'un l'altro per i simboli che gli ingombrano gli occhielli delle giacchette, dei paltò. Negri e grassi tedeschi col sigaro, vecchie signore e progettisti, tutto va bene secondo i moduli e i ritmi di incontri rococò sorvegliati da un'intensa efficace tecnica pubblicitaria: purché parlino d'auto, sospirino d'auto, lamentino l'avvenire automobilistico minacciato, sicuramente depresso ma..., incrinato dalla sfiducia statale ma che però... eccetera eccetera...

1. *pittate*: dipinte.

Gli stabilimenti FIAT a Mirafiori, alla periferia di Torino, ed una visione delle « catene di montaggio » dell'industria torinese. L'espansione della grande fabbrica di automobili e la forte immigrazione di gente proveniente da tutte le regioni d'Italia hanno provocato una profonda trasformazione nelle abitudini di vita dei torinesi.

Torino si smarrisce in questo sogno di propulsioni via via perfezionate, e sogna un'Italia autostradale e liscia, depennata di Alpi e di boschi, una proiezione ottogonale di paese percorribile a centottanta all'ora, qua e là segnato da distributori di benzina.

Giovanni Arpino, *Diario in città*,
Il Ponte, Firenze.

Osservazioni grammaticali

- ovunque si *posi*
- purché *parlino* d'auto
- purché *sospirino* d'auto
- *ovunque* si posi
- *dovunque* si sussurra
- *a* centottanta *all'*ora
- propulsioni *via via* perfezionate

Per la conversazione

- Commentate l'ultimo paragrafo del testo: « Torino si smarrisce in questo sogno di propulsioni via via perfezionate, e sogna un'Italia autostradale e liscia, depennata di Alpi e di boschi, una proiezione ottogonale di paese percorribile a centottanta all'ora, qua e là segnato da distributori di benzina ». Sogno o incubo?
- Parlate dell'Italia autostradale.
- Già nel testo di Giovanni Arpino (1964) si poteva parlare di « avvenire automobilistico minacciato ». Questa minaccia si è precisata in maniera allarmante. Perché? Parlatene.
- In che modo l'industria automobilistica italiana potrà uscire dal marasma? (Leggete, a questo proposito, un articolo di Giorgio Bocca, *L'industria italiana nella tempesta: La FIAT*, su « Il Giorno » del 14 gennaio 1974).
- Anno 2000. Automobili a idrogeno, a elettricità, a vapore? Parlatene.
- L'automobile: espressione di potenza o condizionatore principale del nostro tempo?
- In qual modo e in quale misura l'automobile determina o modifica la vita dell'uomo moderno?

Testo 6

Automobili indistruttibili

La scorsa domenica, prima domenica di austerità,[1] per qualche momento mi è sembrato bello e allegro camminare per via Quattro Fontane, senza automobili, sotto il cielo notturno. La cit-

1. Dicembre 1973: per far fronte alla crisi energetica, il governo italiano aveva vietato l'uso delle automobili nei giorni festivi.

tà era solo vento e pietra, l'aria inodore e gelata come in alta montagna. 5

Ma la gioia di camminare in una città senza automobili, non riuscivo a sentirla come una cosa giusta e innocente. Perché una delle peggiori maledizioni che ci sono cascate addosso, è che 10 mai in nessun momento della nostra esistenza noi riusciamo a sentirci giusti e innocenti.

Poi mi sono accorta che il benessere di camminare in una città senza traffico, era un benessere soltanto fisico. Non generava né tranquillità, né 15 pace. Forse mai come nel silenzio della scorsa domenica, risultò chiaro che la pace e la tranquillità sono beni per noi irraggiungibili. Siamo sempre in stato d'allarme, per noi stessi e per gli altri. Ma il peggio è che la nostra paura per 20 gli altri non nasce in una zona vitale e generosa del nostro spirito, ma in una zona devitalizzata, freddissima e ingenerosa. Noi restiamo ferocemente egoisti, nel corpo e nello spirito, e la paura per gli altri si mescola all'egoismo e diventa 25 un'altra faccia del nostro egoismo stesso.

Domenica scorsa io ho pensato, e forse altri hanno pensato, che a rendere impraticabili le strade dove noi camminiamo non sono le automobili ma altra cosa. Di che sia costituita questa 30 altra cosa, è difficile dirlo. Di che sia costituita la nostra infelicità è difficile dirlo. Essa abita con noi da innumerevoli anni, ma non sappiamo di che cosa sia fatta. Quello che è certo è che essa sporca e riempie le strade anche quando le 35 automobili sono assenti.

Esistono persone che non hanno l'automobile e non sanno guidare. Non usano muoversi da Roma la domenica. Egoisticamente queste persone hanno pensato che la domenica senza automobili 40 era un dono degli dei. Ma immediatamente si sono sentite in colpa per averlo pensato. D'altronde non c'è pensiero che non risvegli qualche senso di colpa, o inconscio, o palese.

Gli altri, quelli che adoperano le automobili, a 45 tratti le detestano. Quando la città è piena di automobili, nessuno le ama e le detestano tutti. Abbiamo riempito le strade di una cosa che è impossibile non detestare.

Ai nemici dichiarati delle automobili, a quelli 50 che non ne hanno e comunque non sono buoni di usarle, quel momentaneo benessere fisico determinato dall'assenza delle automobili è sembrato a un tratto di una immensa stolidità. Tutti ci siamo accorti che avevamo sperato di poter 55 guarire per un giorno dei nostri disagi. Ma era una speranza quanto mai stolida e le automobili esistevano ugualmente nella nostra memoria. Presenti o assenti erano indistruttibili. E infine tutti sentivano una strana nostalgia della città 60

A sinistra. Un sogno che si realizza solo per pochi giorni all'anno: una strada centralissima di Milano deserta a Ferragosto.
Sotto. Per contrasto un gruppo di autobus bloccati nel centro di Roma. In alcune città, a Bologna per esempio, i centri storici sono stati chiusi al traffico.

Un gruppo di ragazzi « prende possesso » di un'autostrada alla periferia di Milano ai tempi in cui si pensò di bloccare il traffico automobilistico alla domenica per far fronte alla crisi energetica: un esperimento morto sul nascere.

con il traffico. Essa ci sembrava più simile al nostro disordine interiore.

Senza automobili, la città sembrava nuda. Nuda, era bella e orrenda.

Natalia Ginzburg, *Vita immaginaria*, Mondadori, Milano.

Osservazioni grammaticali

- mi è sembrato *bello e allegro camminare*
- ma *la gioia di camminare*
- *il benessere di camminare*
- la paura per *gli altri*... diventa *un'altra* faccia del nostro egoismo stesso
- forse *altri* hanno pensato che a rendere impraticabili le strade... non sono le automobili ma *altra* cosa

Per la conversazione

- « Le restrizioni alla circolazione automobilistica » – è Gianni Agnelli che parla – « hanno avuto come conseguenza una repentina e brusca caduta delle ordinazioni sui mercati italiani ed europei... ».

Ma Natalia Ginzburg non dirige la FIAT e la sua cronaca non ha niente a che vedere con le « ordinazioni » e con le « conseguenze economiche ». La sua cronaca è l'analisi di uno stato d'animo, il *suo* stato d'animo e forse quello di altre persone... Esprimete le vostre impressioni personali e commentate, in particolare, l'ultima parte del testo:

« E infine tutti sentivamo una strana nostalgia della città con il traffico. Essa ci sembrava più simile al nostro disordine interiore. Senza automobili, la città sembrava nuda. Nuda, era bella e orrenda. »

Testo 7

Olivetti nella tempesta

IVREA, 18 gennaio

1 Chi parla di un « nuovo modello di sviluppo » tenga realisticamente presente che almeno per i prossimi venti anni si andrà avanti con il vecchio, appena ritoccato, e che, per ora, ogni centro di potere immagina i ritocchi a suo uso e consumo.

Il « nuovo modello di sviluppo » di chi controlla una clientela meridionale non è lo stesso, ad esempio, di chi dirige una fabbrica come la Olivetti: al primo interessano investimenti che assicurino il massimo della occupazione, cioè a mediocre livello tecnologico, al secondo invece quelli che consentono una tecnologia avanzata: il problema è di sapere se ci sarà denaro per tutti.

Alla fabbrica Olivetti interesserebbe, si può immaginare, una commessa statale per progettare ed eseguire l'automazione delle poste o degli ospedali italiani, non fine a se stessa, ma tale da offrire all'azienda la possibilità di esportare progetti e servizi simili in altri Paesi. Si può anche immaginare che l'investimento non sarebbe astronomico, cento miliardi in tre anni basterebbero a una grossa ricerca applicata; non si tratta infatti di fare scoperte sensazionali di cose mai viste, ma di adattare le scoperte già fatte a un progetto concreto; in altre parole non ci si metterebbe in concorrenza con la IBM ma si tenterebbe di non perdere definitivamente il passo delle grandi aziende europee.

L'azienda di Ivrea ha motivi di essere preoccupata? Noi crediamo di sì anche se in più di una occasione abbiamo parlato della sua solidità e dei suoi talenti. Il fatto è che sta nascendo in Europa una supernazionale della elettronica da cui siamo rimasti esclusi: la Philips, la Siemens e il Centro di informatica francese formano un gruppo omogeneo a cui i rispettivi Governi francese, olandese e tedesco assicurano non solo i fondi per la ricerca, non solo la formazione dei quadri tecnici ma anche privilegi protezionistici: il nuovo gruppo sarà preferito a ogni altro concorrente che non riesca a fare prezzi inferiori del trenta per cento, cosa quasi impossibile.

Come mai non se ne è fatto uno scandalo? Perché le ditte italiane o inglesi non hanno protestato? L'impressione è che ci si muova su un terreno minato in cui, per ora, tutti hanno convenienza a tacere. Conviene tacere allo Stato italiano perché non si è mai occupato seriamente, metodicamente di una informatica italiana ed europea; la nostra rappresentanza alle trattative europee è stata di volta in volta affidata a politici, a tecnici, a diplomatici magari bravissimi ma che non hanno mai formato un gruppo omogeneo, duraturo, costantemente e seriamente impegnato nella trattativa; al punto che, sia stanchezza o naturale convenienza, i « partner » europei ci hanno fatto capire con le buone o con le cattive di lasciarli lavorare in pace o, se preferite, di toglierci dai piedi.

Possiamo anche immaginare che in tale situazione le aziende italiane non potendo far conto sullo Stato italiano per l'operazione europea siano state attente ad assicurarsi gli aiuti e le collaborazioni indispensabili, trattando con gli americani, con la IBM in particolare. Del resto questo è un criterio che si va diffondendo nel nostro mondo imprenditoriale dove ha fortuna il motto: « meglio l'uovo americano oggi, che la gallina europea domani ».

È un motto pittoresco, ma non del tutto convincente; può darsi che esprima un forte senso del realismo ma può anche darsi che rappresenti una giustificazione alla emarginazione italiana e alla ipotesi peronista. Per ora i giochi sono aperti e l'euforia inflazionistica mantiene vive le speranze: sia quella di collocare tre o quattro aziende italiane fra le supernazionali, sia di arrivare a una piena integrazione europea. Ma è difficile sottrarsi alla impressione che una parte del nostro apparato imprenditoriale e della nostra classe politica vada predisponendosi a una soluzione diversa.

Sappiamo che il sistema capitalistico occidentale è arrivato fino al 1945 facendo coincidere le sue svolte decisive o con le grandi guerre o con le grandi crisi. Nel 1914-18 con la prima guerra mondiale, nel 1929 con la grande crisi, nel '40-45 con la seconda guerra mondiale. In tutte e tre le occasioni i Paesi avanzati, l'America, l'Inghilterra, la Francia, la stessa Germania hanno reagito con grandi salti di qualità produttiva e con grossi interventi dello Stato, magari a fini imperialistici. E noi? Noi, salvo prova contraria, abbiamo reagito sempre con misure mediocri e subalterne, con l'autarchia fascista o con l'ossigeno del piano Marshall.

Adesso le guerre mondiali non si fanno più con le armi, si fanno con le monete, con le economie; adesso l'equivalente di un grande conflitto è l'embargo del petrolio e il rialzo dei costi delle materie prime con cui una parte del Terzo mondo entra, repentinamente, nel sistema come soggetto di storia e non più come oggetto. E vien fatto di chiedersi: in questa occasione sapremo comportarci meglio che nel passato o seguiremo la sua falsariga?

L'ipotesi peronista si lega a una soluzione a livello inferiore: le grandi aziende private o miste non ce la fanno ad assumere dimensioni e funzioni supernazionali e per resistere alla concorrenza dei colossi stranieri chiedono la protezione dello Stato; il quale la concede ma ricorrendo a difese doganali, a una certa uscita, sia pure mascherata, dall'Europa, a una ricerca di un nuovo ruolo, di « ponte », come si dice, fra il mondo avanzato e quello sottosviluppato. Per garantire questo nuovo ordine si ricorre a una formula di tipo peronista: si garantiscono l'occupazione e il salario delle corporazioni operaie più forti e si ricorre, per tenere a bada gli altri, a un sistema più autoritario.

Se i giochi fossero già fatti tutto sarebbe chiaro, ma non è così: il partito dell'Europa non ha ancora alzato la bandiera bianca, quello del « ponte » non riesce a convincere la pubblica opinione che la sua sia una politica seria invece che una velleità e a rendere più complessa la situazione c'è l'intervento ora minatorio ed ora invitante dell'America, ci sono i rapporti fra le superpotenze. E allora, secondo il costume italiano, si tira a guadagnar tempo senza scegliere decisamente una strada e cercando di tenere a bada tutte le richieste corporative: e qui si concede qualcosa per assicurare l'occupazione, là si aiuta la grande industria ad approfittare dell'occasione inflazionistica, e uno tiene aperta la porta europea e l'altro quella mediterranea.

Il nostro timore è che alla resa dei conti il famoso « nuovo modello di sviluppo » consisterà in una serie di commesse statali di ordinaria amministrazione: opere pubbliche, locomotive, autobus, case popolari. Ma non gli investimenti per creare una industria avanzata della prefabbricazione, o un'informatica di livello mondiale. Se così sarà diciamo francamente che all'ipotesi peronista noi preferiamo ancora quella austroungarica e cioè che venga chi sa ad amministrarci e a insegnarci come si produce nel mondo avanzato.

Giorgio Bocca, « Il Giorno », 19 gennaio 1974.

Per la conversazione

- Documento giornalistico da leggere attentamente per cercar di cogliere i motivi che mettono oggi in crisi una delle aziende italiane più conosciute e più stimate all'estero.

Testo 8

Gli Olivetti

Gli Olivetti avevano, a Ivrea, una fabbrica di macchine da scrivere. Noi non avevamo mai conosciuto, fin allora, degli industriali; l'unico industriale di cui si parlava in casa nostra, era un fratello di Lopez chiamato Mauro, che stava in Argentina ed era ricchissimo; e mio padre progettava di mandare Gino a lavorare da quel Mauro nella sua azienda. Gli Olivetti erano i primi industriali che vedevamo da vicino; e a me faceva impressione l'idea che quei cartelloni di réclame che vedevo per strada, e che raffiguravano una macchina da scrivere in corsa sulle rotaie d'un treno, erano strettamente connesse con quell'Adriano in panni grigio-verdi, che usava mangiare con noi, la sera, le nostre insipide minestrine.

Terminato il servizio militare, Adriano continuò a venire da noi la sera; e divenne ancora più malinconico, più timido e più silenzioso, perché si era innamorato di mia sorella Paola, che allora non gli badava. Adriano aveva l'automobile; era, tra le persone che conoscevamo, l'unico ad aver l'automobile; non l'aveva allora nemmeno Terni, che pure era così ricco. Adriano, quando mio padre doveva uscire, subito gli proponeva di accompagnarlo in automobile, e mio padre s'infuriava: non potendo soffrire le automobili, e non potendo soffrire, come sempre diceva, le gentilezze.

Adriano aveva molti fratelli e sorelle, tutti lentigginosi, e rossi di capelli: e mio padre, che era anche lui rosso di capelli e lentigginoso, forse anche per questo li aveva in simpatia. Si sapeva che erano tanto ricchi, ma avevano tuttavia delle abitudini semplici, erano vestiti modestamente, e andavano in montagna con degli ski vecchi, come noi. Avevano però molte automobili, e offrivano ad ogni istante di accompagnarci in un luogo o in un altro; e quando andavano in automobile per le città e vedevano un vecchio camminare con passo un po' stanco, fermavano e lo invitavano a salire; e mia madre non faceva che dire com'eran buoni e gentili. Finimmo col conoscere poi anche il loro padre, che era piccolo, grasso e con una grande barba bianca: e aveva, nella barba, un viso bello, delicato e nobile, illuminato dagli occhi celesti. Usava, parlando, trastullarsi con la sua barba, e coi bottoni del suo gilé: e aveva una piccola voce in falsetto, acidula e infantile. Mio padre, forse per via di quella barba bianca, lo chiamava sempre « il vecchio Olivetti »; ma avevano, lui e mio padre, all'incirca la stessa età. Avevano in comune il socialismo, e l'amicizia con Turati [1]; e si accordarono reciproco rispetto e stima. Tuttavia, quando s'incontravano, volevano sempre parlare tutt'e due nello stesso momento; e gridavano, uno alto e uno piccolo, uno con voce in falsetto e l'altro con voce di tuono. Nei discorsi del vecchio Olivetti si mescolava la Bibbia, la psicanalisi e i discorsi dei profeti: cose che nel mondo di mio padre non entravano assolutamente, e intorno alle quali, in fondo, lui non s'era formata nessuna speciale opinione. Mio padre trovava che il vecchio Olivetti ave-

va molto ingegno, ma una gran confusione nelle idee.

Gli Olivetti abitavano, a Ivrea, in una casa chiamata il Convento, perché era stata in passato convento di frati; e avevano boschi e vigne, mucche e una stalla. Avendo quelle mucche facevano, ogni giorno, dolci con la panna: e a noi la voglia della panna era rimasta fin dal tempo che mio padre, in montagna, ci proibiva di fermarci a mangiarla negli chalet. Usava proibircelo, fra l'altro, per paura della febbre maltese. Là dagli Olivetti, che avevano quelle loro mucche, il pericolo della febbre maltese non c'era. Così noi da loro ci sfogavamo a mangiar panna. Tuttavia mio padre ci diceva: — Non dovete farvi sempre invitare dagli Olivetti! Non dovete scroccare! — Perciò avevamo tanto l'ossessione di scroccare che una volta Gino e la Paola, invitati a Ivrea a passar la giornata, nonostante le insistenze degli Olivetti rifiutarono di fermarsi a cena e anche di farsi riaccompagnare in automobile, e fuggirono via digiuni, aspettando il treno nella notte. Un'altra volta capitò che io dovessi fare con gli Olivetti un viaggio in automobile, e ci fermammo per il pranzo in una trattoria; e mentre tutti loro ordinavano tagliatelle e bistecche, io ordinai per me solo un uovo a bere, e dissi poi a mia sorella che avevo ordinato solo un uovo « perché non volevo che l'ingegner Olivetti spendesse troppo ». Questa cosa venne riferita al vecchio ingegnere, che ne fu molto divertito, e usava riderne spesso: e nel suo riderne c'era tutta l'allegria d'essere molto ricco, di saperlo, e scoprire che c'era ancora qualcuno che non lo sapeva.

Natalia Ginzburg, *Lessico famigliare*, Einaudi, Torino.

Osservazioni grammaticali

- e nel suo *riderne*
- *quei* cartelloni
- *quell'*Adriano
- *quella* barba bianca
- *quelle* mucche
- macchine *da* scrivere
- vedevamo *da* vicino
- continuò a venire *da* noi
- così noi *da* loro
- là *dagli* Olivetti

Per la conversazione

- Dopo la realtà giornalistica degli anni '70, questo testo di Natalia Ginzburg ci offre un volto familiare e intimo dei celebri imprenditori di Ivrea... In che modo ci appaiono gli Olivetti, attraverso i ricordi della scrittrice? Quali caratteristiche umane sono soprattutto messe in risalto? E quali contraddizioni?

---

1. *Filippo Turati*: uomo politico lombardo (1857-1932). Fu uno dei fondatori del Partito Socialista Italiano (1892); deputato dal 1896, con l'avvento del fascismo fu costretto a riparare all'estero (1926).

- « Mio padre » dice la scrittrice « trovava che il vecchio Olivetti aveva molto ingegno ma una gran confusione nelle idee. » È possibile essere geniali e confusionari nello stesso tempo?
- Il « timido » e « malinconico » Adriano è diventato celebre nel mondo intero. Parlate della sua filosofia, delle sue idee, della sua avversione per « la tragica corsa verso l'efficienza e il profitto », dei suoi sogni, delle sue realizzazioni pratiche, dei suoi limiti di « filosofo » e di imprenditore.
- A proposito dell'opera di Adriano Olivetti, commentate questo brano di Piero Ottone: « Adriano Olivetti si illuse di risolvere il problema dell'uomo nell'industria costruendogli intorno un bello stabilimento, o facendo disegnare le macchine da geniali architetti... E non si accorse che tutto questo rimaneva al di fuori dell'operaio: per il quale la fabbrica è pur sempre una fabbrica, dove si va per otto ore al giorno a compiere con ritmica monotonia gli stessi movimenti... L'opera di quest'uomo in apparenza avveniristico, circondato da un manipolo di intellettuali, rientrava quindi nella nota e bersagliata categoria del paternalismo ».

Testo 9

Genova

1 Sotto la torre orientale, ne le terrazze verdi ne la lavagna cinerea
dilaga la piazza al mare che addensa le navi inesausto
ride l'arcato palazzo rosso dal portico grande:
come le cateratte del Niagara
5 canta, ride, svaria ferrea la sinfonia feconda urgente al mare:
Genova canta il suo canto!...
Al porto il battello si posa
nel crepuscolo che brilla
negli alberi quieti di frutti di luce,
10 nel paesaggio mitico
di navi nel seno dell'infinito
ne la sera
calida di felicità, lucente
in un grande velario
15 di diamanti disteso sul crepuscolo,
in mille e mille diamanti in un grande velario vivente
il battello si scarica
ininterrottamente cigolante,
instancabilmente introna
20 e la bandiera è calata e il mare e cielo è d'oro e sul molo
corrono i fanciulli e gridano
con gridi di felicità.
Già a frotte s'avventurano
i viaggiatori alla città tonante
25 che stende le sue piazze e le sue vie:
la grande luce mediterranea
s'è fusa in pietra di cenere:
per vichi antichi e profondi
fragore di vita, gioia intensa e fugace:

velario d'oro di felicità
e il cielo ove il sole ricchissimo
lasciò le sue spoglie preziose.
E la Città comprende
e s'accende
e la fiamma titilla ed assorbe
i resti magnificenti del sole,
e intesse un sudario d'oblio
divino per gli uomini stanchi.
Perdute nel crepuscolo tonante
ombre di viaggiatori
vanno per la Superba
terribili e grotteschi come i ciechi.
Vasto, dentro un odor tenue vanito
di catrame, vegliato da le lune
elettriche, sul mare appena vivo
il vasto porto si addorme.

Dino Campana, *Canti orfici ed altre liriche,*
Vallecchi, Firenze.

Per la conversazione

- Rilevate e analizzate le immagini musicali, quelle coloristiche, i procedimenti della personificazione, la « sinfonia » di luci, di rumori e di fragori fino al malinconico decrescendo finale: « ... sul mare *appena vivo* / il vasto porto si addorme. »

- Dalla poesia alla prosa... Genova, la prima città marittima del Mediterraneo? Dite se questa definizione corrisponde davvero alla realtà e parlate della « Superba », del suo porto, della sua flotta, dei suoi cantieri, della sua attività, dei suoi problemi.

- È stato detto che « Genova è il vertice zoppicante del triangolo industriale ». In che senso si deve intendere questa affermazione?

- Quali sono le possibili aperture avveniristiche di una grande città marinara?

- Per un'informazione chiara e documentata sui problemi di Genova, leggete su « Il Giorno » del 26 ottobre 1974 l'articolo di Corrado Stajano: *Dietro il mugugno Genova ha fiducia.*

Due immagini di
Genova e del suo porto:
il più grande ed il più
attivo d'Italia. Costretta
tra il mare e gli Appennini
che delimitano la Liguria,
la grande città vive
dei traffici del suo porto
e di alcune importanti
industrie di
trasformazione: è la testa
di ponte del « triangolo
industriale » italiano -
Milano, Torino, Genova -
verso il Mediterraneo.

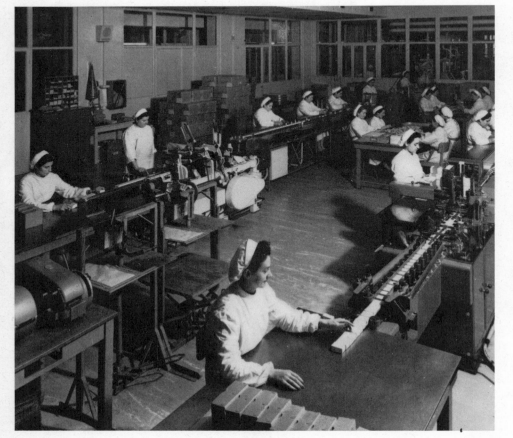

Operaie di
Milano al lavoro.
Il problema
della
emancipazione
femminile è
molto sentito in
Italia: il
contributo del
lavoro femminile
alla
trasformazione
delle zone
industrializzate
del Paese è stato
determinante.
In questo
dopoguerra si è
venuta
affermando
un'immagine
diversa della
donna e del
suo ruolo nella
società.

Testo 10

Fabbrica e solitudine

Emma lavorava in fabbrica, in mezzo agli altri, come da sola. Non le nascevano amicizie intorno. Dentro la sua officina il rumore le impediva di parlare, almeno che non strillasse. Lo stabilimento era assai grande; si divideva in molti edifici bassi, fughe di capannoni, e occupava alcune strade, da formare un quartiere estremo della città. Questo non aiutava a conoscere la gente: entravano per le lontane portinerie, come se ogni gruppo si perdesse in uno stabilimento diverso.

Emma ogni mattina si ritrovava davanti alla sua macchina, in fila con le altre. Stavano strette; dietro si ammassavano altre macchine utensili del reparto, uomini e donne; davanti c'era una corsia e la continuazione dell'officina a perdita d'occhio. Metteva un pezzo nell'attrezzo, azionava la leva, l'operazione si compiva in pochi secondi. Un altro pezzo. Così seduta passava la sua giornata. Intorno l'officina rombava col suo rumore compatto, su cui il tum tum di una grande pressa lontana batteva come un passo cadenzato, come un cuore affannato. Una pressa leggera si inseriva con un tan tan tan più acuto e frequente. Nei primi tempi Emma fu eccitata dal rumore; poi intontita; alla fine vi fece l'abitudine, diventando un po' sorda, di orecchie, di corpo e di anima. Aveva assorbito il rumore come una spugna piena.

Né prima né dopo capì che cosa accadesse intorno a sé nella distesa di macchine, attraverso la bassa selva dei reparti. Certo nessuno glielo spiegò mai: l'avevano portata al suo posto di peso. Dopo alcune settimane, oltre al suo conosceva qualche altro angolo, ma per caso. Ogni macchina utensile veniva alimentata da un cavo elettrico pendente dal soffitto: quelle liane ancora di più imbrogliavano la vista, insieme all'apparente confusione della sala, oscuravano il cielo a sega e l'aria già tenebrosa. Del resto molte operaie, sedute sul seggiolino, si sentivano chiuse dopo anni in mezzo a un bosco aggrovigliato dove ognuno bada a se stesso o al massimo ai propri vicini. Benché ci rimanessero ferme otto o nove o dieci ore al giorno — per gli straordinari — correvano sempre: avevano i minuti contati. La mattina si precipitavano al posto, timbrata la cartolina. La sera scappavano. Certe operaie anziane non avrebbero saputo raccontare ciò che vedevano nel tragitto dagli spogliatoi ai loro posti, ignorando il nome delle

macchine distanti dieci metri dalla loro. Durante il giorno se ne interessavano meno che mai: a che serviva? Questo era anche un modo, in quella fabbrica, di avere la coscienza tranquilla, poiché era ritenuto un merito non vedere, non sapere. Emma imitò le altre.

Ottiero Ottieri, Tempi stretti,
Bompiani, Milano.

Osservazioni grammaticali

- almeno che non *strillasse*
- come se ogni gruppo si *perdesse*
- né prima né poi capì che cosa *accadesse* intorno a sé
- benché ci *rimanessero* ferme otto o nove ore
- *timbrata la cartolina*
- *ognuno* bada a se stesso
- *nessuno* glielo spiegò mai

Per la conversazione

- Catena di montaggio: la solitudine in mezzo agli altri.
- Gli effetti del rumore martellante sulle operaie.
- Commentate l'espressione: « sorda di orecchie, di corpo e di anima ».
- Che cosa s'indovina dietro l'espressione: « l'avevano portata al suo posto di peso »?
- Cercate di spiegare l'apparente contrasto contenuto nel periodo seguente:
  « Benché ci rimanessero *ferme* otto o nove o dieci ore al giorno — per gli straordinari — *correvano* sempre: avevano i minuti contati. »
- È vero, a vostro parere, che in una fabbrica è necessario « non vedere, non sapere »? Perché?
- In che modo si potrebbe dare una dimensione più umana al lavoro di fabbrica? L'uomo schiavo del lavoro o il lavoro fatto per l'uomo?

Testo 11

Un impiegato modello

Ho cominciato a organizzarmi: grazie all'orario della ditta, otto ore divise a metà tra il mattino e il pomeriggio, la mia vita è diventata molto più razionale e ordinata. Mi scopro a fare gesti che non avevo mai fatto prima e tutti più o meno in funzione del mio lavoro. Mi sveglio al mattino alle sette, mi alzo, vado in bagno e mi vesto. Bevo il caffè che la padrona ha lasciato sul tavolino accanto al letto ed esco. A piedi mi avvio fino alla fermata del filobus che dista dalla casa circa duecento metri. Aspetto il filobus e salgo. Non sempre il filobus ha posti a disposizione e spesso anzi è zeppo, tanto che molti sono costretti a rimanere sul predellino, aggrappati alla sbarra. Allora ne aspetto un altro un po' meno affollato e salgo su quello. Per giungere al viale su cui sbocca la stradina dove c'è la ditta, il filobus fa diciassette fermate e impiega circa trenta minuti. Conosco ormai molto bene la zona percorsa dal filobus, anche se gli edifici che fiancheggiano la strada sono quasi tutti uguali. A metà strada c'è un vasto giardino con grandi cedri del Libano e serre piene di fiori. Lungo tutto il percorso incontro con gli occhi insegne pubblicitarie che ormai ho imparato a memoria e che mi dànno una grande allegria. Finalmente arrivo, scendo e mi avvio per la breve strada che conduce all'entrata della ditta. (C'è un'altra entrata ma quella è l'entrata della nuova sede e anche se comunica con il mio ufficio preferisco entrare dalla parte che mi spetta). A metà di questa stradina c'è un bar dove mi fermo per far colazione con un cappuccino e un biscotto e per comprare sigarette. Esco dal bar ed entro in ditta esattamente alle otto e venti, otto e venticinque. Non timbro il cartellino come fanno tutti gli altri ma, come aveva previsto il dottor Max, proprio per questa libertà sento dentro di me l'obbligo morale di non arrivare mai in ritardo. Salgo le scale, attraverso l'anticamera dove l'usciere sta già al suo posto, ed entro nel mio ufficio; appendo l'impermeabile all'attaccapanni e mi siedo. A differenza di molti altri impiegati non compro mai il giornale perché, ora che lavoro nella ditta commerciale, non vedo perché dovrei interessarmi ai fatti che succedono fuori della ditta. Anche per questo Bombolo mi prende in giro e mi accusa di essere reazionario (che parola stupida), ma egli non sa che, leggendo il giornale, se non addirittura molti giornali come fa lui, nulla cambia e cambierà mai nella sua vita. A mezzogiorno e mezzo esco d'ufficio e mi avvio a piedi a una mensa aziendale che dista circa quattrocento metri dalla ditta... Alle due e mezzo riprendo il lavoro fino alle sei e mezzo. A quell'ora esco e vado a spasso fino all'ora di cena...

Ogni momento della mia giornata, o meglio, ogni atto della mia vita (alzarmi dal letto, prendere il filobus, mangiare, lavorare, tornare in ufficio, cenare e coricarmi per la notte) è un atto che non è mai fine a se stesso, ma vive e si anima in funzione del dottor Max e della ditta che il dottor Max rappresenta. Dormo perché sono stanco, mangio perché ho fame, prendo il filobus perché è necessario arrivare puntuale alla

ditta. Ma, appunto, un poco alla volta non faccio altro. Il cinema non mi piace più, la televisione nemmeno.

Goffredo Parise, *Il Padrone*,
Einaudi, Torino.

Osservazioni grammaticali

- Osservate la struttura delle frasi e dite in che modo lo stile secco e breve traduce l'impassibilità automatica del personaggio-narratore
- dista *dalla* casa circa duecento metri
- dista circa quattrocento metri *dalla* ditta
- esco *dal* bar
- esco *d'*ufficio
- mi sveglio il mattino *alle* sette
- entro in ditta alle *otto e venti, otto e venticinque*
- a *mezzogiorno e mezzo*
- alle *due e mezzo* riprendo il lavoro fino alle *sei e mezzo*

Per la conversazione

- Vi sembra che l'impiegato descriva la sua giornata con amara ironia, con ribellione o con una specie di felice tranquillità?
- Il protagonista narratore, nel percorso che lo conduce alla ditta, vede successivamente
  a) « un vasto giardino pubblico »
  b) « insegne pubblicitarie ».
  Perché i fiori e i cedri lo lasciano indifferente mentre le insegne lo riempiono di « una grande allegria »?
- Perché l'impiegato rifiuta di leggere il giornale, di andare al cinema, di guardare la TV?
- Che cosa rappresentano, per l'impiegato, il dottor Max e la ditta che questi incarna?
- È possibile, a parer vostro, spersonalizzarsi a tal punto e diventare uno strumento passivo del padrone e della ditta?
- Dite che cosa pensate del « paternalismo illuminato » e della nozione di « padrone » in generale.

Testo 12

L'impiegato e... le cambiali

Adesso c'è la mania di pubblicare i bilanci: e vediamolo un po', quello di una famiglia impiegatizia. Quattro cinque voci: casa, vitto, vestiario, svaghi. Stanno benissimo. Sistemate quelle quattro spesucce non hanno che da andarsene in giro tranquilli con i soldi degli svaghi in tasca domandandosi come impiegarli. E chi meglio di noi?... Dovrebbero essere messi dentro per falso! Pubblicano che gli itagliani [1] hanno raggiunto il benessere, che hanno tutti la lavatrice elettrica, il giradischi, la televisione, eccetera, ma siccome questi non sono un regalo dello Stato — come non lo sono i mobili, metta, per due sposi — dovrebbero dire che la voce Numero Uno, per tutti gli impiegati, è la voce: cambiali! La più importante: quella che è insieme il bene e il male, la speranza, l'aiuto, da una parte, e dall'altra il terrore quando una certa data s'avvicina sul calendario. E poi ce n'è un'altra, di voce: quella che sentiamo sempre, arrivando a casa: s'è rotto questo, s'è rotto quello, si sono rotte le scarpe, s'è rotto il rubinetto, anzi, il giorno che, per miracolo, non s'è rotto niente, uno quasi si mette paura e come mai, che è successo? Insomma, volevo dire che nella vita dell'uomo — anche di quell'espressione ridotta dell'uomo che è l'impiegato — c'è l'avvenimento straordinario, le nozze, l'onomastico, il regalo, la morte, anche, se nello stipendio no. In effetti, quando lo stipendio entra in casa, è già finito: quanto dura, di', Adelina? Un'ora? Due? Serve a farti toccare con mano il danaro, a convincerti che non ci sono soltanto cambiali e registri dove il commerciante segna pegni o prestiti: c'è anche un momento in cui quella cosa introvabile, irraggiungibile, il contante, ti raggiunge, si mostra, in un lampo, prima di scomparire nuovamente, e puoi sperare che torni e che, insomma, come si è prodotto quel miracolo, altri miracoli simili potrebbero prodursi. In quei famosi bilanci truffa manca la voce « lotto », « lotteria », « totocalcio » ma nelle tasche di quelli che sono ripescati dal fiume o che s'impiccano al cesso, si trova sempre una vecchia giocata, un biglietto della lotteria; non parlo della voce « desideri », quella poi è proibita — anzi, da punire — è una assurda pretesa, un abuso anche se potrebbe essere, mettiamo, una cravatta, oppure come ho desiderato io, per tanto tempo, una cosa superflua, una clessidra con la polverina rosa che scende piano piano; o per una donna, un vestito, un paio di orecchini luccicanti... Impossibile. Nelle nostre tasche, oltre alla tessera dell'autobus, c'è un poco di moneta per il caffè e il maritozzo. [2] E li ho sentiti io, al bar della cooperativa, dire: hai visto gli impiegati, però, si passano pure il maritozzo...

Alba de Céspedes, *La bambolona*,
Mondadori, Milano.

1. *itagliani*: pronuncia dialettale di *italiani*.

2. *maritozzo*: dolce a forma di panino ovale condito con uva passa e cotto in forno.

Osservazioni grammaticali

- *sistemate* quelle quattro spesucce
- non hanno che *da andarsene* in giro
- voce... *da punire*
- registri *dove* il commerciante segna pegni
- c'è anche un momento *in cui* quella cosa introvabile... ti raggiunge

Per la conversazione

- È vero che le cambiali rappresentano la voce principale per « tutti gli impiegati »? Solo per gli impiegati? E solo per gli italiani?
- Discussione sul tema: la civiltà di consumo e le cambiali.
- In che senso l'autrice può dire che l'impiegato è un'« espressione ridotta dell'uomo »?
- « Lotto », « lotteria », « totocalcio »; voci importanti nella vita degli italiani. Parlatene.
- Siete d'accordo con Alba De Céspedes quando afferma che i bilanci regolarmente pubblicati sono tutti « bilanci-truffa »? Esprimete le vostre opinioni personali a questo riguardo.

Testo 13

Disoccupato

Dove sen va di buon mattino   1
quell'uomo al quale m'assomiglio, un poco?
Ha gli occhi volti all'interno, la faccia
sì dura e stanca.

Forse cantò coi soldati di un'altra   5
guerra, che fu la guerra nostra. Zitto
egli sen va, poggiato al suo bastone
e al suo destino,

tra gente che si pigia
in lunghe file alle botteghe vuote.   10
E suona la cornetta all'aria grigia
dello spazzino.

Umberto Saba, *Canzoniere*,
Einaudi, Torino.

Per la conversazione

- Mostrate con quanta umana partecipazione il poeta ci presenta il « suo » disoccupato.
- Dalla poesia alla prosa quotidiana: il problema della disoccupazione nell'Italia degli anni '70. Cause e conseguenze.
- Disoccupazione e qualifica.
- Disoccupazione e sottoccupazione.
- Disoccupazione tecnologica.
- Riqualificazione, formazione polivalente.
- Scuola e lavoro.
- I giovani e la disoccupazione.
- Disoccupazione ed emigrazione.

Testo 14

Trenta giorni di nave a vapore

(Canto sull'emigrazione.
Mercenasco, Torino - Piemonte)

*Notissima e diffusissima canzone sull'emigrazio-
ne contadina settentrionale verso le Americhe.*

1 Trenta giorni di nave a vapore
  fino in America noi siamo arrivati
  fino in America noi siamo arrivati
  abbiam trovato né paglia e né fieno
5 abbiam dormito sul nudo e terreno
  come le bestie abbiam riposà

  E l'America l'è lunga e l'è larga
  l'è circondata dai monti e dai piani
  e con l'industria dei nostri italiani
10 abbiam formato Paesi e città
  e con l'industria dei nostri italiani
  abbiam formato Paesi e città

Discografia

* (Rev) *I Canti del lavoro,* 1 (cantano Sandra Man-
tovani, Fausto Amodei e Michele L. Straniero).
Dds Ds 4 (17).

* (Folk) *Le canzoni degli emigranti* (cantano Antonio, Giorgio e Daniela).
Zodiaco VPA 8115.

Per la conversazione

• Una prima voce spontanea e popolare sullo spi-
noso problema dell'emigrazione... Cercate di tracciare, con l'aiuto di documenti diversi, un breve
quadro delle differenti tappe che hanno caratte-
rizzato l'esodo degli italiani verso l'estero:
– grandi correnti migratorie dell'inizio del Nove-
cento;
– « boom » dell'emigrazione nel periodo 1901-
1914;
– emigrazione del secondo dopoguerra (non più
in America ma in Svizzera e nei Paesi della
CEE);
– la stasi dell'esodo al culmine del « miracolo »
economico;
– l'immigrazione interna.
Nei cento anni dell'unità d'Italia sono partiti dalla Penisola 8 milioni e mezzo di emigranti. Si tratta di una trasmigrazione biblica di cui dovete
cercare di analizzare le cause e le conseguenze.
• Il lavoratore italiano all'estero: amato, stimato o
semplicemente sopportato? I documenti ufficiali
(*Questa è l'Italia,* Istituto Poligrafico dello Stato,
Roma 1971, p. 81) lo vogliono dappertutto apprezzato per la sua « tenacia, capacità, modestia ».

e affermano che « l'italiano si adatta all'ambiente con naturalezza, mentre la sua perizia tecnica si unisce ad una viva comprensione dei problemi della comunità in cui opera ». Qual è il vostro giudizio di stranieri nei confronti dell'emigrato italiano?

Testo 15

L'esodo dei cafoni

A Castelluccio ho avuto modo di capire gli aspetti positivi e negativi dell'esodo dei cafoni e di apprendere inoltre alcuni fatti strabilianti. Al paese si arriva, in macchina, da Foggia in poco meno di un'ora. Si attraversa la piana fino a Troia e poi si svolta verso Lucera[1] e si comincia a salire fra ondulate verdi campagne sulle pendici del Preappennino. Nella strada centrale, che divide in due le casupole del paese, solo donne davanti alle porte e sui balconi il secchio che sostituisce le fognature. Mi aspettava il giovane medico condotto.
Mi disse: Su 4.000 abitanti, negli ultimi 4 anni

1. *Castelluccio, Troia, Lucera*: paesi in provincia di Foggia, in Puglia.

ne sono partiti 2.000. L'esodo cominciò nel 1957. I braccianti non avevano di che vivere. Andò in Germania un ragazzo, un muratore, con un contratto di lavoro perché era operaio qualificato e mandò a chiamare poi gli altri. Siccome pochissimi erano qualificati, per partire dovettero arrangiarsi. Qui non vi sono stati mai corsi di qualificazione, né alcuna assistenza da parte di organi dello Stato. Quasi tutti se ne vanno col passaporto turistico, a loro spese, al Nord o all'estero. In Germania o nel Belgio, in Francia o in Svizzera sono immediatamente impiegati nelle ferrovie, nelle costruzioni edilizie, nelle fabbriche, nelle miniere. Una parte lavora nell'Italia del Nord, nel Canavese, alla Fiat di Torino, in fabbriche di Milano, ma la maggioranza va all'estero. Debbono partire — continua il medico — perché noi non abbiamo lavoro per loro, e sentono, partendo, il disinteresse, l'assenza dello Stato, cioè dei loro connazionali.
Nessuno li indirizza. L'assistenza dell'autorità è completamente zero. Li ho aiutati io nel disbrigo di molte pratiche; eppure l'emigrazione dà un grosso vantaggio allo Stato perché ognuno di questi emigrati ha accumulato una somma alla posta. In cinque anni ci sono ora depositi che dovrebbero ammontare a circa 800 milioni di lire; ma nessuno ha investito un soldo in inizia-

15

20

25

30

35

40

Un gruppo di emigranti fotografati a bordo di una nave italiana in rotta per il Sudamerica nel 1926. La storia dell'emigrazione italiana è un capitolo spesso doloroso; dall'Italia sono partiti in un secolo otto milioni di emigranti: per alcuni l'emigrazione ha significato successo, affermazione, per molti appena sopravvivenza.

tive aziendali o imprese, sicché tutto questo denaro è a disposizione dello Stato in buoni frut-
tiferi con un interesse del 2% o del 3%. In-
45 tanto il comune è deficitario; non vi sono le fo-
gne e neppure l'acqua nelle case. Tuttavia per
effetto di queste rimesse il tenore di vita è molto
aumentato, come si nota dal maggior consumo
di zucchero e di carne e dalla diminuzione del-
50 le malattie infantili che un tempo erano carat-
terizzate soprattutto da epidemie di gastro-ente-
riti, determinate dall'acqua inquinata che si be-
veva. I bambini crescono ora floridi, consuma-
no zucchero e le madri dànno loro anche i bi-
55 scotti nel latte o comprano i gelati delle industrie settentrionali, prodotti che un tempo si
usavano solo per il « consuolo » cioè per intrat-
tenere gli amici e i parenti che venivano in visita di condoglianze. Gli uomini sono mutati;
60 si vestono meglio, escono più spesso di casa e
hanno appreso l'importanza degli orari, tanto è
vero che non si permettono di disturbare così
facilmente il medico, a qualsiasi ora, come facevano una volta. Un tempo bevevano il caffè
65 solo quando cadevano ammalati e mangiavano
la carne nei giorni delle feste comandate. Bisogna vedere cos'è la Pasqua ora, il Natale e il
San Giovanni, patrono del paese, quando tutti
tornano in massa. C'è quella che noi chiamiamo
70 la « calata dei tedeschi ». Qualcuno se ne torna
con la moglie tedesca, che non riesce nemmeno
a scambiare una parola con i parenti del marito. Quelli che vanno in Germania o in Svizzera cercano di ritornare in paese ma gli altri
75 che hanno trovato posto alla Fiat (a Torino c'è
una via dove abitano tutti quelli di Castelluccio) oppure a Milano non mandano più soldi, si
richiamano le famiglie e si stabiliscono definitivamente nell'Italia settentrionale. Alcuni sono
80 arrivati con la Volkswagen comprata in Germania.

Giovanni Russo, Chi ha più santi in Paradiso,
Laterza, Bari.

Osservazioni grammaticali

- *nessuno* ha investito un soldo
- *nessuno* li indirizza
- mandò a chiamare poi gli *altri*
- siccome *pochissimi* erano qualificati
- quasi *tutti* se ne vanno col passaporto turistico
- *ognuno* di questi emigrati
- quando *tutti* tornano in massa
- *qualcuno* se ne torna con la moglie tedesca
- *alcuni* sono arrivati con la Wolkswagen
- *alcuni fatti* strabilianti
- *alcuna sussistenza* da parte degli organi dello Stato
- nel disbrigo di *molte pratiche*

- *tutto* questo *denaro*
- *a qualsiasi ora*

Per la conversazione

- Quali motivi, secondo il medico di Castelluccio, spingono i braccianti ad emigrare in massa? Si tratta solo di motivi strettamente economici?
- In che condizioni legali e morali vanno al Nord e all'estero i cafoni del Sud? che cosa pensate di questa non-assistenza dello Stato? di questa mancanza di preparazione tecnica? di questo pressappochismo generalizzato?
- Perché l'emigrazione offre grossi vantaggi finanziari allo Stato Italiano?
- Secondo il medico condotto, « a Torino c'è una via dove abitano tutti quelli di Castelluccio ». Pensate che quest'immigrazione interna aiuterà a risolvere il secolare problema della fusione fra Nord e Sud?
- Quali problemi materiali e morali si trovano ad affrontare le città del Nord dinanzi all'arrivo in massa dei « terroni »?
- Il Nord si lamenta di mantenere il Sud; il Sud si lamenta di essere sfruttato dal Nord. Perché quest'incomprensione reciproca? Quali cause storiche, geografiche ed economiche spiegano l'esistenza delle due Italie?
- Discussioni e commenti personali sul tema: « abbracciamoci, siamo tutti italiani ».
- Quali sono, in ultima analisi, « gli aspetti positivi e negativi dell'esodo dei cafoni »?

Testo 16

Passaggio alla città

Ho perduto la schiavitù contadina,
non mi farò più un bicchiere contento,
ho perduto la mia libertà.
Città del lungo esilio
di silenzio in un punto bianco dei boati,
devo contare il mio tempo
con le corse dei tram,
devo disfare i miei bagagli chiusi,
regolare il mio pianto, il mio sorriso.

Addio, come addio? distese ginestre,
spalle larghe dei boschi
che rompete la faccia azzurra del cielo,
querce e cerri affratellati nel vento,
pecore attorno al pastore che dorme,
terra gialla e rapata
che sei la donna che ha partorito,
e i fratelli miei e le case dove stanno
e i sentieri dove vanno come rondini

e le donne e mamma mia,
addio, come posso dirvi addio?
Ho perduto la mia libertà:
nella fiera di Luglio, calda che l'aria
non faceva passare appena le parole,
due mercanti mi hanno comprato,
uno trasse le lire e l'altro mi visitò.

Ho perduto la schiavitù contadina
dei cieli carichi, delle querce,
della terra gialla e rapata.
La città mi apparve la notte
dopo tutto un giorno
che il treno aveva singhiozzato,
e non c'era la nostra luna,
e non c'era la tavola nera della notte
e i monti s'erano persi lungo la strada.

Rocco Scotellaro, È fatto giorno,
Mondadori, Milano.

Per la conversazione

- Mostrate in che modo la « schiavitù contadina » s'identifica, per il poeta, con la propria libertà. Come si spiega questa contraddizione apparente?
- Ricollegate questa poesia con il testo precedente e riprendete il tema scottante dell'esodo rurale sotto un aspetto più strettamente psicologico: quello della schiavitù *cittadina* per l'uomo abituato a vivere in mezzo a « querce e cerri affratellati nel vento »...

Testo 17

Mafia e lavoro

Alfio era un ex operaio dei cantieri navali, licenziato tempo fa perché membro della commissione interna, e sapeva benissimo che in una terra di nobili feudali, di contadini e di disoccupati la sua condizione operaia rappresentava un altro mondo, un mondo moderno, così concreto e reale da parere qui quasi impossibile. Mi mostrò dall'alto la distesa dei cantieri, dove egli era stato di casa e da tanto tempo non entrava. C'era stato lo sciopero, due giorni innanzi, per la morte di un operaio, Giacomo Tricomi, fulminato alle due di notte da un corto circuito e precipitato dal carro-ponte dell'officina meccanica, dopo aver lavorato senza interruzione per tutto il giorno e per tutta la sera. Il discorso cadde sulle condizioni del lavoro in quella così limitata zona industriale e sulla figura di Florio, il fondatore dell'industria siciliana, unico borghese moderno, in guerra contro una struttura ostile che finì per avere ragione di

lui e portare le sue imprese (che attendono ancora lo storico che le racconti) a decadenza e rovina nel corso di una sola generazione. E si venne così a parlare della mafia, della mafia di oggi, rinnovata e allargata, oltre i limiti tradizionali del feudo, negli affari, nei commerci, nelle fabbriche. I due giovani amici, S. e P., che erano con noi, erano entrambi, in modo diverso e con diversi interessi, esperti della storia e della vita di Sicilia. E uno di essi in particolare, l'avvocato S., alto, biondo e gentile d'aspetto, era forse, sia per la sua attività professionale sia per i suoi ideali concreti di rinnovamento, uno dei più profondi conoscitori che mi sia avvenuto di incontrare delle origini e del senso della mafia. La parola mafia fu dunque pronunciata (questa parola che suona tuttavia così misteriosa agli orecchi di chi vive lontano di qui, paurosa e romanzesca insieme, sfuggente alla conoscenza e alla determinazione), mentre, finita la salita sopra la grande vallata dei giardini della Conca d'Oro, entravamo sulla piazza di Monreale.[1]

Carlo Levi, Le parole sono pietre,
Einaudi, Torino.

1. *Monreale*: città della Sicilia, a 7 km. da Palermo.

Osservazioni grammaticali

- *finita* la salita
- uno *dei più* profondi conoscitori che mi *sia avvenuto* d'incontrare
- c'era stato lo sciopero... *per* la morte di un operaio
- *per* tutto il giorno e *per* tutta la sera
- una struttura ostile che finì *per* avere ragione di lui
- sia *per* la sua attività professionale sia *per* i suoi ideali

Per la conversazione

- Perché, a vostro parere, la condizione di operaio rappresenta « un mondo moderno » in una terra di baroni, contadini e disoccupati?
- Che cosa ci rivela il testo sulle condizioni di lavoro degli operai in questa limitata zona industriale siciliana?
- Quale legame logico giustifica il passaggio dalle condizioni di lavoro alla Mafia?
- Perché la parola « mafia » suona misteriosa e paurosa agli orecchi dei non-siciliani?
- Provatevi a definire i caratteri della cosiddetta « vecchia mafia » e quelli « della mafia di oggi, rinnovata e allargata, oltre i limiti tradizionali del feudo, negli affari, nei commerci, nelle fabbriche. »

Intermezzo

Western di cose nostre

1 Un grosso paese, quasi una città, al confine tra le province di Palermo e Trapani. Negli anni della prima guerra mondiale. E come se questa non bastasse, il paese ne ha una interna: non 5 meno sanguinosa, con una frequenza di morti ammazzati pari a quelli dei cittadini che cadono sul fronte. Due cosche [1] di mafia sono in faida da lungo tempo. Una media di due morti al mese. E ogni volta, tutto il paese sa da quale 10 parte è venuta la lupara e a chi toccherà la lupara di risposta. E lo sanno anche i carabinieri. Quasi un giuoco, e con le regole di un giuoco. I giovani mafiosi che vogliono salire, i vecchi che difendono le loro posizioni. Un gregario ca- 15 de da una parte, un gregario cade dall'altra. I capi stanno sicuri: aspettano di venire a patti. Se mai, uno dei due, il capo dei vecchi o il capo dei giovani, cadrà dopo il patto, dopo la pacificazione: nel succhio dell'amicizia.
20 Ma ecco che ad un punto la faida si accelera, sale per i rami della gerarchia. Di solito, l'accelerazione ed ascesa della faida manifesta, da parte di chi la promuove, una volontà di pace: ed è il momento in cui, dai paesi vicini, si muo- 25 vono i patriarchi a intervistare le due parti, a riunirle, a convincere i giovani che non possono aver tutto e i vecchi che tutto non possono tenere. L'armistizio, il trattato. E poi, ad unificazione avvenuta, e col tacito e totale assenso de- 30 gli unificati, l'eliminazione di uno dei due capi: emigrazione o giubilazione o morte. Ma stavolta non è così. I patriarchi arrivano, i delegati delle due cosche si incontrano: ma intanto, contro ogni consuetudine e aspettativa, il ritmo del- 35 le esecuzioni continua; più concitato, anzi, e implacabile. Le due parti si accusano, di fronte ai patriarchi, reciprocamente di slealtà. Il paese non capisce più niente, di quel che sta succedendo. E anche i carabinieri. Per fortuna i pa- 40 triarchi sono di mente fredda, di sereno giudizio. Riuniscono ancora una volta le due delegazioni, fanno un elenco delle vittime degli ultimi sei mesi e « questo l'abbiamo ammazzato noi », « questo noi », « questo noi no » e « noi 45 nemmeno », arrivano alla sconcertante conclusione che i due terzi sono stati fatti fuori da ma-

1. Organizzazioni mafiose.

no estranea all'una e all'altra cosca. C'è dunque una terza cosca segreta, invisibile, dedita allo sterminio di entrambe le cosche quasi ufficialmente esistenti? O c'è un vendicatore isolato, un lupo solitario, un pazzo che si dedica allo sport di ammazzare mafiosi dell'una e dell'altra parte? Lo smarrimento è grande. Anche tra i carabinieri: i quali, pur raccogliendo i caduti con una certa soddisfazione (inchiodati dalla lupara quei delinquenti che mai avrebbero potuto inchiodare con prove), a quel punto, con tutto il da fare che avevano coi disertori, aspettavano e desideravano che la faida cittadina si spegnesse. I patriarchi, impostato il problema nei giusti termini, ne fecero consegna alle due cosche perché se la sbrigassero a risolverlo: e se la svignarono, poiché ormai nessuna delle due parti, né tutte e due assieme, erano in grado di garantire la loro immunità. I mafiosi del paese si diedero a indagare; ma la paura, il sentirsi oggetto di una imperscrutabile vendetta o di un micidiale capriccio, il trovarsi improvvisamente nella condizione in cui le persone oneste si erano trovate di fronte a loro, li confondeva e intorpidiva. Non trovarono di meglio che sollecitare i loro uomini politici a sollecitare i carabinieri a un'indagine seria, rigorosa, efficiente: pur nutrendo il dubbio che appunto i carabinieri, non riuscendo ad estirparli con la legge, si fossero dati a quella caccia più tenebrosa e sicura. Se il governo, ad evitare la sovrappopolazione, ogni tanto faceva spargere il colera, perché non pensare che i carabinieri si dedicassero ad una segreta eliminazione dei mafiosi?

Il tiro a bersaglio dell'ignoto, o degli ignoti, continua. Cade anche il capo della vecchia cosca. Nel paese è un senso di liberazione e insieme di sgomento. I carabinieri non sanno dove battere la testa. I mafiosi sono atterriti. Ma subito dopo il solenne funerale del capo, cui fingendo compianto il paese intero aveva partecipato, i mafiosi perdono quell'aria di smarrimento, di paura. Si capisce che ormai sanno da chi vengono i colpi e che i giorni di costui sono contati. Un capo è un capo anche nella morte: non si sa come, il vecchio morendo era riuscito a trasmettere un segno, un indizio; e i suoi amici sono arrivati a scoprire l'identità dell'assassino. Si tratta di una persona insospettabile: un professionista serio, stimato, di carattere un po' cupo, di vita solitaria; ma nessuno nel paese al di fuori dei mafiosi che ormai sapevano, l'avrebbe mai creduto capace di quella caccia lunga, spietata e precisa che fino a quel momento ave-

La parola mafia deriva da « maffia »
che in toscano significava miseria.
Oggi però l'« onorata società »
che non si arresta certo davanti
all'assassinio è miliardaria, è legata
alla malavita statunitense e si è
estesa anche nel Nord dell'Italia.
Nella fotografia in alto a sinistra
l'arresto di Luciano Liggio, famoso
capomafia, a Milano, dove viveva
contumace da molti mesi.
Nella fotografia in basso a sinistra
un altro famoso « boss » mafioso,
Giuseppe Genco Russo.
In alto a destra un noto delitto
di tipo mafioso, l'assassinio del
Procuratore Generale di Palermo
Scaglione, che sembra conoscesse
molti segreti della mafia
palermitana. A destra in basso
un'altra vittima della violenza
mafiosa.

va consegnato alle necroscopie tante di quelle persone che i carabinieri non riuscivano a tenere in arresto per più di qualche ora. E i mafiosi si erano anche ricordati della ragione per cui, dopo tanti anni, l'odio di quell'uomo contro di loro era esploso freddamente, con lucido calcolo e sicura esecuzione. C'entrava, manco a dirlo, una donna.

Fin da quando era studente, aveva amoreggiato con una ragazza di famiglia incertamente nobile ma certamente ricca. Nella fermezza dell'amore che li legava, aveva fatto dei passi presso i familiari di lei per arrivare al matrimonio. Era stato respinto: ché era povero, e non sicuro, nella povertà da cui partiva, il suo avvenire professionale. Ma la corrispondenza con la ragazza continuò; più intenso si fece il sentimento di entrambi di fronte alle difficoltà da superare. E allora i nobili e ricchi parenti della ragazza fecero appello alla mafia. Il capo, il vecchio e temibile capo, chiamò il giovane professionista: con proverbi ed esempi tentò di convincerlo a lasciar perdere; non riuscendo con questi, passò a minacce dirette. Il giovane non se ne curò; ma terribile impressione fecero alla ragazza. La quale, dal timore che la nefasta minaccia si realizzasse, forse ad un certo punto passò alla pratica valutazione che quell'amore era in ogni caso impossibile: e convolò a nozze con uno del suo ceto. Il giovane si incupì, ma non diede segni di disperazione o di rabbia. Cominciò, evidentemente, a preparare la sua vendetta.

Ora dunque i mafiosi l'avevano scoperto. Ed era condannato. Si assunse l'esecuzione della condanna il figlio del vecchio capo: ne aveva il diritto per il lutto recente e per il grado del defunto padre. Furono studiate accuratamente le abitudini del condannato, la topografia della zona in cui abitava e quella della sua casa. Non si tenne però conto del fatto che ormai tutto il paese aveva capito che i mafiosi sapevano: erano tornati all'abituale tracotanza, visibilmente

non temevano più l'ignoto pericolo. E l'aveva capito prima d'ogni altro il condannato.

Di notte, il giovane vendicatore uscì di casa col viatico delle ultime raccomandazioni materne. La casa del professionista non era lontana. Si mise in agguato aspettando che rincasasse; o tentò di entrare nella casa per sorprenderlo nel sonno o bussò e lo chiamò aspettandosi che comparisse ad una data finestra, a un dato balcone. Fatto sta che colui che doveva essere la sua vittima, lo prevenne, lo aggirò. La vedova del capo, la madre del giovane delegato alla vendetta, sentì uno sparo: credette la vendetta consumata, aspettò il ritorno del figlio con un'ansia che dolorosamente cresceva ad ogni minuto che passava. Ad un certo punto ebbe l'atroce rivelazione di quel che era effettivamente accaduto. Uscì di casa e trovò il figlio morto davanti alla casa dell'uomo che quella notte, nei piani e nei voti, avrebbe dovuto essere ucciso. Si caricò del ragazzo morto, lo portò a casa: lo dispose sul letto e poi, l'indomani, disse che su quel letto era morto, per la ferita che chi sa dove e da chi aveva avuto. Non una parola, ai carabinieri, su chi poteva averlo ucciso. Ma gli amici capirono, seppero, più ponderatamente prepararono la vendetta.

Sul finire di un giorno d'estate, nell'ora che tutti stavano in piazza a prendere il primo fresco della sera, seduti davanti ai circoli, ai caffè, ai negozi (e c'era anche, davanti a una farmacia, l'uomo che una prima volta era riuscito a eludere la condanna), un tale si diede ad avviare il motore di un'automobile. Girava la manovella: e il motore rispondeva con violenti raschi di ferraglia e un crepitio di colpi che somigliava a quello di una mitragliatrice. Quando il frastuono si spense, davanti alla farmacia, abbandonato sulla sedia, c'era, spaccato il cuore da un colpo di moschetto, il cadavere dell'uomo che era riuscito a seminare morte e paura nei ranghi di una delle più agguerrite mafie della Sicilia.

Leonardo Sciascia, « *Corriere della Sera* », 21 giugno 1974.

Testo 18

Il giornalista e il mafioso

Era una vecchia storia accaduta quando si progettava un nuovo aeroporto a Palermo. In un primo tempo si era prescelta una fascia di territorio ad est della città lungo la litoranea, successivamente si era deciso di utilizzare un comprensorio [1] molto più lontano, quasi ai confini della provincia, nella direzione diametralmente opposta. Nicosia aveva voluto vederci chiaro scoprendo che era stata la mafia degli agrumi a opporsi al primo progetto: non sopportava che i propri territori venissero trasformati in piste asfaltate. Così, sul suo giornale, Nicosia aveva iniziato una campagna che avrebbe dovuto essere clamorosa, denunciando i retroscena di tutta l'operazione.

Una mattina, aveva trovato ad aspettarlo, all'angolo della strada, una vecchia « 1400 » con alcuni uomini a bordo. Aveva accettato di venire con loro. Non avrebbe avuto senso rifiutare l'invito o inventare una storia qualunque. Non c'era nessuno per la strada, ma anche se ci fosse stata la folla dei mercati generali, quella folla non avrebbe avuto occhi e orecchie. Aveva avuto paura quando, nella periferia, la macchina si era addentrata su per uno stretto sentiero tra due filari di aranci. Laggiù lo stava aspettando il vecchio mafioso: « Tu, in questo momento, ti senti una specie di eroe, è vero? Ti piacerebbe se ti succedesse una disgrazia perché ti farebbe sentire importante... e invece non sei importante, e quindi non ti succederà niente... Secondo me, un giornalista, se scrive, deve riuscire a cambiare le cose. Se non ci riesce, è meglio che cambi mestiere. L'hai fatta l'inchiesta? Cosa credi, che adesso tutti si metteranno a gridare dicendo: — Non è possibile che succedano certe cose —? No. Il problema non è far sapere le cose perché qui novità non ce ne sono mai. Il problema è cambiarle. E questo è difficile, e ci vogliono uomini importanti. Masculiddu,[2] mi dispiace. Qui, aeroporto non se ne fa ».

Vittorio, Schiraldi, *Baciamo le mani*
Mondadori, Milano

1. *un comprensorio:* una zona in cui si devono eseguire lavori pubblici.

2. *masculiddu:* dialetto siciliano = maschietto, con senso dispregiativo.

Osservazioni grammaticali

- Analizzate la concordanza dei modi e dei tempi nel periodo seguente: « Non c'era nessuno per la strada, ma anche se ci fosse stata la folla dei mercati generali, quella folla non avrebbe avuto occhi e orecchie. »
- è meglio che *cambi* mestiere
- non è possibile che *succedano* certe cose
- [la mafia] non sopportava che i propri territori *venissero* (= fossero) trasformati in piste
- laggiù lo *stava aspettando* il vecchio mafioso
- qui novità non *ce ne* sono mai
- qui, aeroporto non *se ne* fa

Per la conversazione

- L'ambiente politico e sociale della Sicilia, come appare attraverso il testo.
- Che cosa succederebbe a Nicosia se facesse conoscere a tutti le sue scoperte?
- Commentate il periodo seguente: « Il problema non è far sapere le cose perché qui novità non ce ne sono mai. Il problema è cambiarle. E questo è difficile, e ci vogliono uomini importanti ».
- Mettete in risalto l'ironia beffarda del vecchio mafioso e dite perché può permettersi di assumere quest'atteggiamento nei confronti del giornalista.
- La Mafia e l'omertà.
- Mafia e latifondo.
- Mafia e politica.
- Cfr., a proposito della Mafia, anche il testo di Leonardo Sciascia: *Gli zii d'America,* a pag. 79.

Testo 19

Caro Sud, profondo Sud

Nella storia della Grande Industria si racconta che al momento di fare Roma capitale d'Italia, Massimo Taparelli conte d'Azeglio commentasse asciuttamente: « La capitale scende a Roma, ma il capitale rimane a Torino ».

I funzionari delle tasse piemontesi, dislocati in Calabria o in Sicilia non sapevano che pesci pigliare quando invece di « monete di buon conio » si vedevano presentare per pagare le tasse dai contadini poveri e meno poveri animali, formaggi « e siffatte altre cose in natura, trasformando la ricevitoria esattoriale in mercato,

1

5

10

147

con gravi effetti per l'igiene ». Donde il ministro delle finanze del 1878 emana una circolare con la quale « si fa assoluto divieto ai mandatari daziali di accettare l'equivalente in natura della moneta dal cittadino dovuta ».

Fu proprio in quei tempi, anche grazie all'azione instancabile di due illustri ricercatori del tempo (Sonnino e Franchetti) che si cominciò a parlare di Mezzogiorno povero, di Sud affamato, fu coniata l'espressione « serbatoio di manodopera », e si aprirono le porte all'emigrazione. Il fenomeno fu talmente vistoso che entrò nel costume popolare: come quando c'è una guerra ogni famiglia aveva da piangere un emigrante. E mentre dalla guerra c'è speranza che, finita, il figlio torni a casa, dall'emigrazione non c'è speranza, specie quando questa emigrazione è rivolta verso il continente sudamericano, e il viaggio dura 60-70 giorni. « Partirono i bastimenti — canta la canzone famosa — per terre assai lontane... »

Intanto negli ultimi anni del secolo si compiono i lavori che mettono in comunicazione Roma con l'estremo limite della penisola, e attraverso le navi traghetto, la ferrovia arriva fino a Palermo. La trazione a vapore e l'orario era facilmente rispettato dai macchinisti in quanto prevedeva una media commerciale di quaranta chilometri all'ora, e si raccomandava ai « maestri di macchina » di non accelerare troppo nei tratti in pianura, onde non sprecare troppo carbone fossile, del quale l'Italia era povera. Il tragitto Roma-Reggio di Calabria veniva compiuto in 25 ore, quello per Palermo in 37. Si usava separare con un bagaglio la carrozza di prima da quelle di seconda e terza classe, affinché i signori che viaggiavano nei lussuosi scomparti menti di prima, ricoperti di velluto rosso, non fossero disturbati dall'improvvisa comparsa dei « cafoni » che viaggiavano in terza. E già allora e nei primi dieci anni del nostro secolo i treni diventarono il mezzo preferito per compiere quel viaggio fatale che separava migliaia di persone dalla famiglia, dal proprio paese, dalla ragazza, dai bagni di mare. Erano viaggi lunghissimi, come l'inverno, e sul treno poteva accadere di tutto: si moriva, si nasceva, si trovava moglie, si giocava a zecchinetto, e molte volte si piangeva anche, specie chi partiva la prima volta, vanamente consolato dai veterani.

La storia del Sud nel secondo dopoguerra comincia con un libro: « Cristo si è fermato ad Eboli », che Carlo Levi scrive per ricordare il suo confino nella Basilicata. Eboli era ed è un grosso paese della provincia di Salerno, vicino Battipaglia, dove c'è la diramazione della ferrovia per quel paesino della Basilicata, dove lo scrittore aveva domicilio coatto. Bisognava aspettare ore e ore, e poi percorrere questa linea ferroviaria che non toccava nessun paese, senza vedere niente dal finestrino, una terra abbandonata da Dio, povera.

Nel 1950 il governo dopo una lunghissima discussione parlamentare, decide con una legge di interessarsi del Mezzogiorno. Viene anche istituita una Cassa per le opere speciali dell'intervento nel Mezzogiorno, chiamata poi più brevemente « Cassa per il Mezzogiorno », fu istituito un Comitato dei Ministri per il Mezzogiorno, che doveva coordinare tutte le iniziative dei vari ministeri interessati alla rinascita del Sud. In dieci anni di intervento si spesero o si fecero spendere per industrializzare il territorio privo di industrie, più soldi di quanti se ne fossero spesi nei primi 50 anni del secolo. E gli anni 60 hanno visto imponenti realizzazioni come l'impianto siderurgico di Taranto, il petrolchimico di Gela, la progettazione e l'esecuzione dell'Alfa Sud a Napoli, l'atterraggio della FIAT in Abruzzo e nel basso Lazio. Ancora una volta si sono sfondati i diaframmi che impedivano una veloce comunicazione tra Nord e Sud: la ferrovia è stata raddoppiata nel tratto Battipaglia-Reggio Calabria, e si sta raddoppiando anche il tratto Messina-Palermo. Si pensa addirittura di costruire un ponte sullo stretto di Messina. L'autostrada del Sole è arrivata anch'essa a Reggio di Calabria, e anche trasversalmente è possibile raggiungere la Puglia mediante una autostrada. Tutta la rete viaria (per esempio quella costiera della statale 18) è stata rinnovata, e basti pensare che se una volta da Paola a Cosenza ci si metteva due ore con la macchina e tre ore con il treno, adesso bastano 20 minuti attraverso la nuova superstrada. Insomma al Mezzogiorno sono state messe un sacco di bretelle perché non scivolasse in basso sul sentiero della industrializzazione e perché il divario tra Nord e Sud non aumentasse.

Invece è aumentato: quel famigerato andamento a forbice della economia nazionale, tante volte predicato dai sapienti della economia italiana si è ancora una volta messo a tirare in basso: il Nord sempre più alto, il Sud sempre più basso.

Che cosa è successo? Nei primi anni del decennio scorso una relazione della Svimez, la società di studi sul Mezzogiorno e la depressione in Italia finanziata dalla Cassa per il Mezzogiorno, pubblicò un interessante dibattito delle « teste d'uovo » italiane. Tra gli interventi quello di

L'Italia meridionale si trasforma, i contadini diventano operai nelle nuove fabbriche create dalla Cassa del Mezzogiorno, i cui interventi sono tuttavia spesso assai discussi. Qui in alto, una veduta dello stabilimento petrolchimico di Gela, in Sicilia. Sotto a sinistra la nuova fabbrica dell'Alfa Romeo a Pomigliano d'Arco, vicino a Napoli. In basso, un aspetto del vecchio Sud non ancora scomparso.

Pasquale Saraceno, presidente della Svimez, il quale dopo una attenta analisi del fenomeno della depressione nel Sud era costretto ad ammettere che « se l'attuale tendenza all'emigrazione non subisce una variazione fortemente negativa (cioè in altre parole se la gente del Sud non la smette di emigrare) ci troveremo di fronte negli anni settanta a un fenomeno imprevisto: quello che nel Sud dell'Italia non ci sarà più manodopera utilizzabile per le industrie che si volessero localizzare nelle aree di industrializzazione. » Paradossalmente il fenomeno si sta verificando, con due caratteristiche opposte: rarefazione della manodopera nelle sacche di povertà tradizionale, affollamento nelle nuove iniziative industriali, come a Taranto, ma l'affollamento riguarda una zona ristretta e non è tale che garantisca per esempio l'inserimento di una nuova industria. Secondo il bollettino di informazioni del Ministero del Lavoro si nota una penuria di operai specializzati e qualificati, in maniera particolare nel settore petrolchimico e metalmeccanico. Come è altrettanto vero che è difficile trovare oggi nel Sud operai con la qualifica di trattoristi, gruisti, ruspisti, carpentieri in ferro. C'è ancora molta manovalanza generica, ma anche questa non durerà per molto.
Perché chi è emigrato non se la sente di tornare a casa, per guadagnare di meno e per essere inserito in un sistema di valori e di tradizioni che egli ormai rifiuta. Esprimendo un proprio pensiero un giovane emigrato in Germania, che tornava dalla Calabria dove aveva votato, rifletteva che si era sentito, dopo due anni che non ci abitava più, come un forestiero nel suo paese e allora concludeva « meglio straniero in Germania che straniero a casa mia. »

Carlo Striano, in « *Lettera dall'Italia* », n. 14 - 6 ottobre 1973.

Per la conversazione

- Commentate la « battuta » di Massimo D'Azeglio: « La capitale scende a Roma, ma il capitale rimane a Torino ». È ancora valida quest'affermazione?
- Partendo dal testo, cercate di tracciare la storia della « questione meridionale » dall'unità d'Italia ai giorni nostri.
- La « Riforma agraria » e la « Cassa per il Mezzogiorno »: intenti teorici e realizzazioni pratiche.
- Strade e autostrade nel Sud: fine della segregazione topografica?
- Il Sud e l'industria: da Taranto siderurgica a Gela, città del petrolio. Isole di prosperità in mezzo a un deserto?
- Vi sembra che il giornalista guardi con fiducia all'avvenire del Mezzogiorno?
- Quali sono, a parer suo, i motivi che spiegano il divario sempre più profondo fra il Nord e il Sud? Siete d'accordo con le sue conclusioni?
- Convalidate o confutate quest'affermazione dell'economista Giustino Fortunato (1849-1942): « l'avvenire dell'Italia è tutto nel Mezzogiorno... il Mezzogiorno, sappiatelo pure, sarà la fortuna o la sciagura d'Italia ».

Testo 20

Lamento per il Sud

1   Ho dimenticato il mare, la grave
conchiglia soffiata dai pastori siciliani,
le cantilene dei carri lungo le strade
dove il carrubo trema nel fumo delle stoppie,
5   ho dimenticato il passo degli aironi e delle gru
nell'aria dei verdi altipiani
per le terre e i fiumi della Lombardia.
Ma l'uomo grida dovunque la sorte d'una patria.
Più nessuno mi porterà nel Sud.

10   Oh, il Sud è stanco di trascinare morti
in riva alle paludi di malaria,
è stanco di solitudine, stanco di catene,
è stanco nella sua bocca
delle bestemmie di tutte le razze
15   che hanno urlato morte con l'eco dei suoi pozzi,
che hanno bevuto il sangue del suo cuore.
Per questo i suoi fanciulli tornano sui monti,
costringono i cavalli sotto coltri di stelle,
mangiano fiori d'acacia lungo le piste
20   nuovamente rosse, ancora rosse, ancora rosse.
Più nessuno mi porterà nel Sud.

Salvatore Quasimodo, *La vita non è sogno*,
Mondadori, Milano.

Per la conversazione

- Il Sud cantato da un poeta siciliano che ha vissuto per più di trent'anni in Lombardia. Analizzate l'amore e la nostalgia che lo uniscono ancora alla sua terra, nonostante il « rifiuto » che apre la lirica (« *Ho dimenticato* il mare... ») e la chiude con forza martellante (« *Più nessuno mi porterà nel Sud* »).

Testo 21

La donna nuova
del profondo Sud

NUORO, 14 maggio

Peppino Marotto accompagna a conoscere, con silenzioso orgoglio, la nuova donna di Orgosolo. Anche Peppino è il protagonista di una Barbagia diversa, dove c'è posto per la speranza, di quella Orgosolo che non fabbrica latitanti, ma disegna i manifesti per Allende o per Valpreda, li attacca ovunque, sulle case della miseria, compra i quotidiani politici, crede nella possibilità di un riscatto e prepara cooperative di pastori, cerca posti per i disoccupati. Peppino, quarto di sette figli di un boscaiolo affamato, ha quasi cinquant'anni: ha studiato sino alla seconda elementare, a dieci anni era pastorello. Invece di imparare a rubare greggi, ha imparato la politica: come la maggior parte degli uomini di qui ha avuto a che fare con la giustizia: è stato latitante, l'hanno messo al confino, ha fatto otto anni di galera, dove ha cominciato a leggere tutto quello che ha potuto. Per poter leggere Gramsci ha dovuto accettare tre mesi di segregazione, affinché i compagni di pena non fossero « contaminati » dalla sua abitudine a leggere ad alta voce.

Adesso fa il sindacalista, è responsabile della Camera del lavoro di Orgosolo, una stanzina non più grande di due metri quadrati, dove c'è solo una vecchia sedia, qualche bel manifesto. La donna nuova di Orgosolo che Peppino presenta come una bandiera si chiama Maria Angela Noli, ha 34 anni, è sposata con un muratore, ha due figli. È casalinga, come si può essere casalinga qui, dove la casa disadorna e pietrosa è presto ordinata e dove invece l'economia familiare è ancora autonoma e faticosa. Oltre ai lavori dell'orto e della vigna, le donne di Orgosolo allevano bachi, tessono la seta per le meravi-

Sardegna: aspetti di una condizione femminile che sta cambiando, anche se lentamente. Donne sole in un paese dell'interno spopolato dall'emigrazione.

gliose bende gialle del loro sontuoso costume, cardano e filano la lana, fanno salami, formaggi, il pane.

Nella celletta buia dove si apre il forno di pietra a legna, Maria Angela, le due sorelle e la madre stanno accocolate nelle loro vesti nere e preparano con gesti attenti e lievi il loro buon pane sottile, grande, perfettamente rotondo: fanno la scorta per un mese, ci impiegano una notte e un giorno.

Maria Angela Noli è una donna fragile e luminosa, con la pelle scura, i capelli neri lunghissimi chiusi in una grossa crocchia, i gesti lenti e delicati che nessuna dama riesce più ad avere. Porta la lunga gonna nera delle matriarche barbaricine, « perché la gonna non mi limita » e perché « la moda passa e la fame resta ». Parla un italiano perfetto e acuto: il marito invece preferisce esprimersi in sardo, gli è più facile. Dice Maria Angela: « Ho fatto la quinta elementare, che per una donna della mia età — qui — è già aver studiato. Ma non mi stanco mai di sapere e il tempo per leggere lo rubo la notte: compro un quotidiano, di più non posso e un settimanale che è già un sacrificio: e poi mi faccio imprestare tutti i libri che mi insegnano a capire la politica e la storia. »

Racconta di come, lei e il marito da soli, si siano fatti la casa, pietra per pietra. « Io son un buon manovale. Ma qua le donne sono davvero bravissime, di grande intelligenza, di manualità infaticabile. Con le stesse mani con cui spaccano la legna e spingono l'aratro che è trascinato ancora dai buoi, fanno i ricami che sono arte ». Apre una grande cassapanca e mostra il tesoro della sua famiglia, tre costumi di bellezza maestosa e inimitabile, che contengono davvero la grandezza creativa e paziente del pezzo da museo. « Le donne di Orgosolo rinunciano con dolore al loro vestito, ma ormai non è possibile pagarlo meno di un milione. Per ricamare il solo grembiule ci vogliono almeno due mesi di lavoro continuo. Io vorrei le mie compagne meno artiste e più impegnate ».

Maria Angela Noli rappresenta la possibilità di riscatto delle donne di Orgosolo: come le altre

153

non ha studiato, come le altre porta la veste della tradizione. Non è scappata a cercare una vita migliore, non si è isolata, non fa prediche, non si sente migliore solo perché legge, perché sa, perché ha capito, perché nella sua casa i carabinieri non sono mai entrati, perché il marito è muratore e questo le dà il privilegio d'averlo sempre vicino. La sua vita è identica a quella di tutte le altre donne vinte: fatta di povertà, di lavori antichi e faticosi, di amore per un costume, una tradizione di cui è orgogliosa. Ma a queste donne che la sentono sorella, lei apre a poco a poco le porte sprangate della coscienza. « Mio padre era servo pastore, io sono nata con la coscienza di sfruttata, io ho respirato politica e speranza di riscatto sino da quando ero bambina. Se qui si arriva a ragionare, basta guardarsi attorno, per capire l'ingiustizia della nostra condizione. E solo se impari questo, se capisci che la speranza c'è, che anche noi pastori abbiamo una forza e dei diritti, solo così si spezza la violenza, solo così il banditismo si spegne, senza bisogno della repressione che invece lo alimenta. »

Maria Angela ha partecipato alle lotte del '69, in prima fila, quando tutto il paese occupò i pascoli per impedire all'esercito di installare un poligono di tiro. Adesso ha organizzato un comitato di genitori per occuparsi della scuola. « Noi siamo considerate delle bestie da tenere buone con le bugie. C'è qui una scuola professionale che non insegna niente e sforna solo disoccupati. Siamo in 5000 e non c'è una sola scuola materna. I locali ci sono, le insegnanti anche, ma tutto è affidato a una gestione religiosa che tiene tutti insieme 200 bambini. »

Ogni volta che a Nuoro c'è un comizio, un convegno, qualcosa che riguardi la politica, i sindacati, il lavoro femminile o la scuola, Maria Angela scende in città, con la sua lunga veste nera. Ascolta, impara, fa domande, risponde. Poiché il pubblico la intimidisce, i suoi interventi sono in orgolese, in italiano non ce la fa. Poi torna e racconta alle compaesane cosa si può fare perché il destino cambi, parla del diritto al lavoro, della rassegnazione come di una colpa, del male che non è una fatalità, che con la cattiva sorte non si nasce, che banditi si diventa, e mogli e madri di banditi anche. « Il mio paese è una famiglia, non siamo tutti divisi come nelle grandi città. Io voglio fare qualcosa per il mio paese. E per i nostri figli. I bambini qui sono all'ultima scala dello sfruttamento, persino dopo noi donne. Vorrei che i miei potessero studiare, avessero una vera istruzione, quella che fa capire, che dà dignità: non perché conquistino un posto privilegiato nel mondo. Io li voglio istruiti ma operai, perché solo come operai possono fare qualcosa per la nostra Sardegna ».

Natalia Àspesi, « Il Giorno », 15 maggio 1974.

Per la conversazione

- Orgosolo, in provincia di Nuoro, è un grosso paese sardo diventato tristemente celebre a causa dei suoi « banditi ».
- Quali sono le cause economiche e politiche del banditismo sardo? Perché questa piaga è più viva a Orgosolo che altrove? (Cfr. il film di Vittorio De Seta: *Banditi a Orgosolo,* 1961).
- Maria Angela Noli, la giovane donna di Orgosolo, può dire con convinzione che « banditi si diventa, e mogli e madri di banditi anche ». Mettete in rilievo l'importanza e la *novità* di quest'affermazione.
- Partendo dal testo, ricostruite la vita quotidiana delle donne di Orgosolo.
- Tradizione e apertura in Maria Angela Noli.
- Mostrate in che modo Maria Angela Noli « rappresenta la possibilità di riscatto delle donne di Orgosolo ».
- « Io voglio fare qualcosa per il mio paese » dice la donna « nuova » di Orgosolo. Credete che basti la buona volontà di qualche persona per liberare Orgosolo dal suo lungo retaggio di fatalità e di rassegnazione? Esprimete le vostre idee su quest'argomento.

Testo 22

Sindacalismo degli anni sessanta

Sono tipi che vengono dalla provincia povera, magari dall'Abruzzo, hanno bisogno di guadagnare, sopportano umiliazioni, ingiustizie, truffe. Ma un giorno esplodono in uno sciopero viscerale che nessuno al mondo riesce a contenere, si gettano nella lotta con la ostinazione, la durezza, la generosità dei braccianti meridionali. E con la stessa ingenuità...

Per i giovani il primo sciopero più che una scoperta è una folgorazione, una nuova dimensione del mondo. Dopo secoli di servitù di atomismo e di nullismo, capiscono cosa è la lotta e quale forza si sprigiona dalla lotta e si accendono enormi speranze, credono di poter modificare radicalmente la loro condizione. Finito lo sciopero si accorgono di aver ottenuto ciò che uno sciopero può dare, vale a dire un compromesso. Allora è la delusione, la protesta. Fare il sindacalista a Roma non è un mestiere facile... Per esempio c'è stata una lotta di anni per ottenere la costituzione di una cassa di integrazione a cui attingere nei giorni senza lavoro. Una grande vittoria sindacale, ma quando gli operai hanno capito che dovevano versare i contributi sono stati sul punto di mandare tutto a monte. Per molti la cassa mutua malattia prima di significare « se mi ammalo qualcuno mi cura » significa « ora se mi do ammalato ci rimedio il sussidio e intanto lavoro per mio conto ». Spesso si aderisce a uno sciopero senza nemmeno rifletterci; i più battaglieri in una lotta alla televisione si son messi improvvisamente a « baccajare » a protestare con i sindacalisti, essendosi accorti, matita alla mano, che lo sciopero gli faceva perdere qualche biglietto da mille. Se il conto non torna subito gli operai si mettono a dire: « Ma tu mi hai fregato. Ma sai che io cambio? ». Perché il sindacalista deve dargli tutto anche se loro gli danno il meno possibile. La marea migratoria ripropone le situazioni populiste e gli errori infantili che erano stati faticosamente superati; il sindacalista di Roma è condannato a una fatica di Sisifo, sempre ricominciare da capo, sempre nuovi « burini » affamati da educare. I nuovi venuti, per la prima volta che toccano le due o tremila lire al giorno non vogliono mollarne neanche uno: « Tanto me busco e tanto me magno ». Anche quelli che lavorano sulle impalcature: « Tu ti sei assicurato? » « No. » « E se caschi? » « Mbeh, se casco moro. »

Brutta cosa fare il sindacalista nella Roma degli anni sessanta: le masse difficilmente governabili, gli iscritti una minoranza. Su 20 mila metallurgici non più di 9 mila, su 70 mila edili solo 15 mila, su 12 mila chimici 2 mila. Con i pochi iscritti che non sanno resistere ai grandi moti collettivi e anarcoidi. Nell'autunno del '62 ci fu lo sciopero degli edili per l'aumento del 15 per cento sui salari. A un certo punto si capì che il fronte patronale si spezzava, che alcune società erano pronte a concedere l'aumento, che sarebbe stato opportuno accordarsi subito con esse. Niente da fare, « o tutti o nessuno » dicevano gli scioperanti.

Non mancano, si capisce, le élites operaie: quelli della centrale del latte hanno deciso la municipalizzazione della distribuzione, dimostrandone la convenienza economica. In alcune fabbriche metallurgiche si è condotta una lotta ad oltranza. I tipografi e i tramvieri onorano le tradizioni. Ma la maggioranza è da amare mentre vi cadono le braccia, si sa che bisogna essere dalla loro parte, che bisogna aiutarli a riscattarsi, ma « gesucrì » che tipi incredibili! Riccioli neri, occhi lucenti, mascelle forti, il

Un sindacalista distribuisce volantini davanti ai cancelli dello stabilimento Fiat a Mirafiori.

In alto. Un corteo di operai si avvia ad una manifestazione di protesta a Milano durante la discussione per il rinnovo dei contratti di lavoro. Sopra. Una grande manifestazione sindacale a Torino.

volto fiero e bello dell'Italia latina e un'arroganza che sembra di spirito indipendente. Ma spesso, sotto le tute e le camicie stinte, anime indifese e poveri corpi nutriti di pasta e di cicoria.

Giorgio Bocca, La scoperta dell'Italia,
Laterza, Bari.

Per la conversazione

- « Finito lo sciopero si accorgono di aver ottenuto ciò che uno sciopero può dare, vale a dire un compromesso. » Commentate quest'affermazione ed esprimete le vostre opinioni personali sul valore e il significato dello sciopero.
- Servendovi degli elementi forniti dal testo, dite perché il lavoro del sindacalista è difficile e faticoso. Pensate che le cose siano cambiate negli anni 70? (*La scoperta dell'Italia* è del 1963).
- Parlate dei tre grandi sindacati italiani:
  C.G.I.L (Confederazione Generale Italiana del Lavoro).
  C.I.S.L. (Confederazione Italiana dei Sindacati Liberi).
  U.I.L. (Unione Italiana del Lavoro).
- Trent'anni di sindacato in Italia: dal crollo della dittatura fascista ai giorni nostri.
- Si può parlare di « pansindacalismo » in Italia, cioè di eccessiva ingerenza dei sindacati nella comunità nazionale?
- Stato e Sindacati nella Costituzione Italiana.
- Commentate il capitolo 39 della Costituzione Italiana: « L'organizzazione sindacale è libera.
  Ai sindacati non può essere imposto altro obbligo se non la loro registrazione presso uffici locali o centrali, secondo le norme di legge.
  È condizione per la registrazione che gli statuti dei sindacati sanciscano un ordinamento interno a base democratica.
  I sindacati registrati hanno personalità giuridica... »
- Commentate anche l'articolo 2 della Costituzione: « La Repubblica riconosce e garantisce i diritti inviolabili dell'uomo, sia come singolo sia nelle formazioni sociali ove si svolge la sua personalità e richiede l'adempimento dei doveri inderogabili di solidarietà politica, economica e sociale ».

Testo 23

Un uomo politico italiano: Pietro Nenni

Chiuso in una torre d'avorio che non gli si addice, il gran vecchio partecipa ormai scarsamente alla vita politica cui dedicò tre quarti dei suoi ottant'anni e cui dette tutto ciò che può dare un uomo. Perfino una figlia, morta nel campo di sterminio di Auschwitz dopo aver scritto ai compagni francesi: « Dites à mon père que je n'aj jamais trahi ses idées ». Dite a mio padre che non ho mai tradito le sue idee. Da quella torre d'avorio, che a intervalli è la sua casa di Roma e a intervalli la sua casa di Formia, esce solo per recarsi in Senato. Lo hanno fatto senatore a vita, e ha accettato la carica con molte esitazioni: lui che fu sul punto di venire eletto presidente della Repubblica. Nel Partito socialista oggi conta come una bandiera che si sventola quando fa comodo e che quando non fa più comodo si rinchiude dentro un cassetto. Non riuscì a unificarlo. Perse la sua battaglia e la perse male, in amarezza e inconfessato disgusto. Uscendo dalla sala del congresso, era il 1968, lo udirono mormorare: « Qui Nenni non ha più amici ». Peccato. Avrebbe ancora tanto da dire, tanto da salvare. L'età gli ha dato solo un'effige da patriarca stanco, pel resto è in ottima forma. Si alza ogni mattina alle sette, i giornali li legge pedalando sulla sua cyclette per un tempo che equivale al tragitto di cinque chilometri. A tavola mangia senza preoccupazioni, non negandosi un bicchiere di vino o un caffè. A bocce gioca con la foga di un giovinetto: i medici lo guardano con stupore incredulo. Ma il meglio del meglio, in quell'organismo di leone nato per non arrendersi, rimane il cervello. Gli funziona ancora come un computer.

Gran parte del tempo lo passa a studiare, a scrivere. Lavora a un libro che dovrebb'essere la sua biografia e che, nel suo pudore a parlar di se stesso, finirà col non esserlo. Vuole intitolarlo *Testimonianza di un secolo*. Molti si chiedono se, giunto all'ultimo capitolo, egli dirà finalmente ciò che oggi non vuole dire o dice senza chiarezza: e cioè che il suo socialismo non è più quello di cinquant'anni fa, e neanche quello di venticinque anni fa. È ormai un socialismo che rifiuta i dogmi, gli schemi, le formule astratte; in compenso si nutre di fede cieca nella libertà, nella democrazia, nell'uomo. Eresie imperdonabili per un vero marxista. Se lo aggiunti sul tema, lui svia l'argomento. O ricorre a discorsi contorti, vaghe ammissioni che subito dopo ritira. Ma la verità non ti sfugge: s'è accorto che il mondo non è retto soltanto dall'economia, che il capitalismo di Stato non è diverso dal capitalismo privato e sotto vari aspetti è ancor più dispotico perché si sottrae alle leggi della critica, del mercato, della concorrenza [...] « Io mi sento più a mio agio a Stoccolma che a Leningrado » dice. Ed è la sola frase senza compromessi con cui osi interrompere la sua reticenza.

Il senatore Pietro Nenni, presidente del Partito Socialista Italiano. Esule in Francia durante il fascismo, Nenni ha combattuto con i repubblicani in Spagna ed è stato uno dei protagonisti della Resistenza. Gode di grande prestigio anche fuori del suo partito.

S'è innamorato del socialismo svedese che non ha abolito la proprietà privata ma ha dato all'uomo più di quanto abbia dato il socialismo dottrinario e scientifico. E, forse, gli è risorto l'amore giovanile per un'anarchia interpretata come difesa del singolo. Chissà quali tormenti una simile scoperta gli è costata e gli costa. Chissà quali notti insonni, quali angosce causate da scrupolo verso coloro di cui fu maestro. Giunto al termine della sua vita, egli soffre un dramma paragonabile al dramma dei teologi che scoprono di non credere più in Dio. O di non credere più nella Chiesa, anche se credono ancora in Dio.

Oriana Fallaci, *Intervista con la storia*,
Rizzoli, Milano.

Per la conversazione

- Pietro Nenni. Chi è questo « gran vecchio » chiuso ormai « in una torre d'avorio che non gli si addice »? Che cosa ha dato all'Italia, che cosa ha fatto, quali sono state le sue idee, le sue battaglie, le sue conquiste?
  Ripercorrete le tappe principali della sua lunga vita politica.
- Perché Pietro Nenni non riuscì ad unificare il partito socialista nel 1968?
- È vero che l'attuale socialismo di Nenni non è più quello di un « vero marxista »?
- Analizzate e commentate il periodo seguente: « il capitalismo di Stato non è diverso dal capitalismo privato e sotto vari aspetti è ancor più dispotico perché si sottrae alle leggi della critica, del mercato, della concorrenza ».
- Perché Pietro Nenni, secondo Oriana Fallaci, « s'è innamorato del socialismo svedese »? Quali sono le caratteristiche di questo socialismo?
- Oriana Fallaci ha un'evidente ammirazione per il « gran vecchio » di cui capisce il dramma e gli scrupoli di coscienza. Condividete la simpatia della scrittrice? Quali sono le vostre idee personali su Pietro Nenni?
- Quali uomini politici italiani dei nostri tempi suscitano in voi interesse, ammirazione, simpatia. antipatia o disprezzo? O qualsiasi altro sentimento, si capisce... Parlatene con sincerità.

Testo 24

Gli Italiani e la politica

Intervista con l'on. *Ugo La Malfa*, allora Segretario, ora Presidente del Partito Repubblicano Italiano.

D. Onorevole La Malfa, per prima cosa mettiamo in chiaro il punto fondamentale: secondo lei gli italiani hanno un reale interesse per la politica? Oppure si limitano a votare e considerano tutto il resto una seccatura?

R. C'è un elemento di giudizio relativamente recente per stabilire se gli italiani abbiano o no interesse per la politica. Le ultime elezioni amministrative. Se devo giudicare da questo, sono portato a rispondere di sì alla domanda. Durante la campagna elettorale ho potuto osservare una attenzione molto viva, una grande partecipazione popolare e una notevole consapevolezza dei problemi in gioco. Tutti i partiti ed i loro esponenti erano seguiti quando si presentavano a « Tribuna politica », la trasmissione ha attirato un pubblico cospicuo.

D. Probabilmente a detrimento dei comizi, spesso striminziti?

R. Sì, a detrimento dei comizi. Ma ogni forma di propaganda politica subisce una evoluzione e oggi, ovviamente, la televisione ha preso il posto dei discorsi in piazza, con maggiore efficacia. Lei dice che gli italiani si limitano a votare; ma votano in percentuali addirittura sconosciute presso quasi tutti i Paesi democratici. Da noi va alle urne il novantacinque per cento della popolazione, subito, sempre, e questo rappresenta un segno indiscutibile di interesse per i fatti della politica. Un segno di partecipazione diretta. Inoltre l'esito delle votazioni offre frequentemente materia di meditazione. Purtroppo questa meditazione avviene assai di rado e, alle promesse non seguendo i fatti, si accentua il distacco dalla classe politica. A mio avviso, i partiti mostrano di non trarre le deduzioni e le lezioni opportune dalle consultazioni popolari. Nelle elezioni amministrative nazionali (non le ultime della Sicilia e di Roma) gli italiani avevano dato una precisa conferma al centrosinistra, ma purtroppo è stato come non fosse successo nulla. La classe politica dimostra di non essere in sintonia con il Paese reale.

D. Questa mi pare la spia di una situazione assai grave. Siamo a una svolta decisiva della nostra storia nazionale: perché?

R. La situazione è grave, è inutile nasconderlo. Lo è politicamente e lo è economicamente. Inoltre l'usura, lo sfrangersi del tessuto continuano. Si deve dire chiaro e tondo che ormai siamo in lotta contro il tempo. È un vero peccato. L'Italia era un Paese povero, a economia fondamentalmente agricola. Si è trasformata in un Paese industriale, addirittura in una potenza industriale e si è diffuso il benessere. Naturalmente questa trasformazione si paga e vengono al pettine antichi problemi, urgono soluzioni moderne perché la corsa possa continuare. Ma se noi avessimo potuto mantenere la nostra spinta in avanti per altri dieci anni, in Italia sarebbe nata e si sarebbe consolidata finalmente una grande so-

**Ugo La Malfa, siciliano, Presidente del Partito
Repubblicano Italiano. E' stato uno dei membri più
attivi del Partito d'Azione che raccolse al tempo
della Resistenza molti intellettuali antifascisti.**

cietà. Invece si corre il rischio di provocare una involuzione tale da ingenerare una stasi drammatica del nostro sviluppo.

D. Lei non crede che a questo punto gli italiani potrebbero essere indotti ad accettare soluzioni autoritarie pur di uscire da una situazione simile? O sarà il ricordo della tragedia del fascismo a impedirlo?

R. Guardi, secondo me, e nonostante tutto, gli italiani non vogliono il fascismo e non vogliono altre dittature. Non vogliono nemmeno regimi di tipo gollista. Con il fascismo gli italiani hanno fatto un'esperienza che dovrebbe averli vaccinati per sempre. Hanno provato tutto il peggio e più del peggio. Ma una situazione in continuo deterioramento può rendere suggestive formule cosiddette vigorose, anche restando nell'ambito democratico; si sente parlare da più parti, per esempio, di repubblica presidenziale, ossia, in pratica, di maggiore facoltà di intervento per chi ha le massime responsabilità. Quindi una variante istituzionale. Perciò i partiti debbono badare di non tirare troppo la corda. Il popolo italiano non torna indietro e potrebbe pensare, un giorno, di dover difendere la propria libertà, le conquiste del proprio lavoro, il proprio benessere e il proprio diritto a progredire senza tensioni e senza affanni.

Silvio Bertoldi, *I nuovi italiani,*
Rizzoli, Milano.

Per la conversazione

- Cercate di rispondere, al posto dell'on. Ugo La Malfa, alle domande più importanti dell'intervistatore: dite cioè se, a parer vostro,
  - gli italiani hanno un reale interesse per la politica;
  - gli italiani sono disposti ad accettare una nuova dittatura fascista per uscire dalla crisi politico-economica in cui versa da tempo la Repubblica.
- La crisi economica, è risaputo, esiste un po' dappertutto. Vi sembra che in Italia sia più grave che altrove? Perché?
- Parlate dei partiti politici rappresentati al Parlamento italiano e definitene le caratteristiche e le ideologie. Quale partito, secondo voi, può risolvere l'Italia dal marasma? Quale partito o quali partiti...
- I « leaders » di partito più rappresentativi della vita politica italiana dalla nascita della repubblica ai giorni nostri.
- La politica estera della Repubblica Italiana.

Testo 25

Vita politica:
Parri non rinuncia

ROMA, luglio

— Senatore Parri,[1] come capo della Resistenza armata e come presidente del Consiglio della Liberazione, lei è forse il primo padre della Repubblica. Qual è il suo esame di coscienza, dopo tanti anni di vita politica?
Parri si raggomitola sulla sedia e pare ancora più minuto, più curvo e più fragile nella sua casa di professore in pensione. Parla piano, come a se stesso: « Un uomo della mia età – dice – non può essere altro che pieno di rimorsi, perché ho mandato a morire una quantità di giovani e io sono qui che discorro. Non c'è rimorso peggiore, creda, quando mi domando a che cosa è servito. »
— Morire per nulla? Ma se c'è perfino una nuova canzone popolare, quella che ha cantato l'anarchico Marini davanti al tribunale: « Partigiani non siete morti invano ».
« Per nulla forse no, ma ora... ».
— Non si sono battuti per un'Italia libera, per un'Italia pulita?
« Sì, ma nascono proprio qui i miei rimorsi, mi inchiodano, vede, se ripenso a quei giovani. »
Parla piano, un po' commosso, un po' risentito e fa lunghe pause per mascherare il turbamento. « Durante la guerriglia mi giustificavo, malgrado io sia in parte un sentimentale, in parte un falso sentimentale, perché sono anche un piemontese duro che non ha dubbi se crede di fare in coscienza ciò che fa. Ma adesso, in questa Italia che vedo e che conosco, che cosa posso dire a me stesso? Posso sperare, un generico sperare, tener duro per la tigna, come se avessi la tigna, insomma, tenere anche per non far disonore a loro, per non far disonore alla Resistenza. Ma in questa Italia che rischia di diventare una Italia di carta straccia, che cosa serve? Restano dei fuochi di intelligenza, di vivacità di spirito. Il Paese è certamente migliorato: ma quando uno fa dei confronti con ciò che avrebbe potuto essere e non è stato, lo prende un grande scoramento. Detto questo, non molliamo, restiamo al nostro posto, perché c'è un'altra vol-

1. *Ferruccio Parri*: professore, giornalista e uomo politico piemontese (nato nel 1890). Uno dei capi del movimento antifascista e delle formazioni partigiane di liberazione. Presidente del Consiglio dei Ministri dal giugno al dicembre del 1945. Senatore dal 1958.

Il senatore a vita Ferruccio Parri, uno dei capi del
Comitato di Liberazione dell'alta Italia durante la
Resistenza e primo Presidente del Consiglio dopo la
liberazione. Parri è una delle figure politiche italiane più
amate di questo dopoguerra.

ta un'Italia da salvare, come si può. L'Italia si salva se è libera e la libertà che abbiamo è un tipo di libertà che *scalchigna*.[2] Per questo l'antifascismo ora è diventato più forte, attivo, non più semplicemente oratorio, verbale ».

Parri si sfiora gli occhiali lasciati, com'è sua abitudine, appoggiati sopra la fronte, poi riprende a conversare: « Che concatenazione di cattive notizie », dice e mi viene in mente che bel titolo sarebbe per un romanzo, questa sua frase. « La paralisi delle poste — continua — la nuova degenerazione dei servizi di informazione del SID, fedele continuatore del SIFAR, il deterioramento dello Stato, le prevaricazioni, la tragedia di Brescia, lo spaventoso numero di armi in circolazione, come ha rivelato al Senato il ministro Taviani, il fatto già grave in sé che si parli della possibilità di un colpo di Stato. De Lorenzo dieci anni fa aveva preparato in tutta tranquillità una specie di criptogoverno ancorato ai vertici dello Stato... ».

Ogni volta che s'incontra Ferruccio Parri, si rinnova il medesimo sentimento: il pessimismo spesso cupo dell'uomo appare come una copertura, una corazza, la disperata difesa di uno che, malgrado tutto, seguita a battersi, come nel 1926, quando organizzò con Carlo Rosselli e Sandro Pertini l'espatrio clandestino di Filippo Turati: come nel 1943, quando divenne l'animatore della lotta contro i nazifascisti; come nel dicembre 1945, quando, spodestato da De Gasperi, disse ai giornalisti di tutto il mondo alcune crude verità sul Paese che aveva ritrovato la libertà, ma stava già perdendola; come nel 1953, quando si batté contro la legge-truffa, perse il posto in Parlamento, ma fu proprio la formazione in cui militava con Calamandrei e tanti altri, « Unità popolare », a bloccare il congegno maggioritario.

— Senatore Parri, che cosa pensa del finanziamento dello Stato al MSI?

« È una brutta cosa e mi rincresce moltissimo. Non potevo essere contrario al finanziamento pubblico dei partiti perché non se ne può fare a meno, ma avrei voluto che si scartasse il finanziamento del partito come finanziamento della sua organizzazione. Pensavo, per esempio, che si potesse finanziare la stampa politica, non limitandosi ai partiti parlamentari. In parte avrebbe dovuto essere un sostitutivo al mancato finanziamento dell'organizzazione, in parte avrebbe allargato la possibilità di aiuto ai partiti non rappresentati in Parlamento e ai gruppi di constatato interesse nazionale. Ma questa tesi è stata scartata e si è arrivati a questo obbrobrio, che siano i partiti antifascisti a finanziare il fascismo. »

— Quale significato avrebbe, oggi, una mozione per lo scioglimento del MSI? Lei la presentò negli anni Sessanta, dopo Tambroni, dopo Genova.

« Una mozione di questa importanza politica non deve restare un gesto isolato. Se ha almeno l'appoggio del PCI è già una forte dimostrazione di volontà, dopo quel che è successo, la strage di Brescia, le rivelazioni sulle trame nere, le dimostrazioni di una possibilità tecnica di organizzare un golpe. Trascurare i comportamenti tolleranti o complici di certe forze politiche e di parte dei corpi armati è un atto di debolezza. Come è colpevole rinuncia fermarsi a metà strada e non arrivare a quella che è la copertura politica dell'eversione fascista. »

— Qual è la sua opinione sui partiti e sul Parlamento in un Paese come il nostro dove ogni giorno occorre insegnare la politica?

« I partiti avrebbero dovuto essere la vera scuola. Loro elementare funzione avrebbe dovuto essere proprio quella di creare nei giovani la classe politica nuova. È questo uno dei torti che rinfaccio ai partiti di cui credo di dover constatare l'invecchiamento e l'inaridimento. Il Parlamento rappresenta più o meno il Paese, ma con una mentalità di tipo settoriale: un certo gruppo, una certa città, un certo interesse particolare. Non lo rappresenta nella sua globalità. Il lavoro delle commissioni parlamentari è andato migliorando, ha aperto qualche speranza anche nei pessimisti come me. Ci si muove, si fanno indagini, si è compresa l'importanza di prender contatti con una notevole massa di elettori, si riesce spesso a creare una circolazione di idee, un confronto non formale. Difficile però ricavare da questi sintomi delle conclusioni. I partiti sono arrugginiti e uno dei guai del Parlamento è quello di non rappresentare forze vitali come i cattolici del no e la nuova sinistra: è un male che questi gruppi non riescano ad avere voce nella formazione delle leggi, oltre che nel controllo delle leggi. I partiti hanno un geloso senso di monopolio che rappresenta poi una delle principali ragioni della loro decadenza. »

— A che punto è il cammino delle riforme?

« Quasi niente. Qualcosa è nato dalla disperazione dell'ultimo momento: la scuola mi pare accettabile; non altrettanto le riforme dell'università e della sanità. Se va bene non saranno riforme, ma riaggiustamenti, restituzioni alla normalità di organismi falliti e andati a male. Ma gabellare queste per riforme che devono soddi-

2. *scalchigna* = traballa (termine dialettale)

163

sfare tanti bisogni, eh no. La casa è un altro
drammatico problema. Su tutto bisogna dare
sempre il giudizio del "come se", bisogna cioè
giudicare come se si fosse noi in grado di fare
delle scelte. Forse occorre avere più coraggio.
L'ho detto anche a Rumor: se fossi al suo posto
avrei assunto, ad esempio, la responsabilità di
ritardare il pagamento del nostro famoso debito.
Lo si estingua in un anno in più, si eviti di provocare questa grossa sacca nella vita del Paese
che poi non si riuscirà più a recuperare. »
— Che cosa avete sbagliato dopo il '45, voi uomini della Resistenza?
« Anche se avessimo voluto agire diversamente
non ne avremmo avuto la possibilità. Non si sostituisce di punto in bianco la struttura di uno
Stato. È difficile far sentire un indirizzo nuovo
in un organismo vecchio e complesso. Ci vuole
costanza e pazienza. Certo, era possibile far
qualcosa di più. L'epurazione è stata scarsissi-
ma, insufficiente. Entro anche in una faccenda
personale: non bisognava interrompere, allora,
il governo della Resistenza, il mio. Se fossi riuscito a durare, ad arrivare alla Costituente, a stabilire una continuità con la lotta di Liberazione... »
— Invece il nuovo Stato riuscì a stabilire una
continuità con lo Stato fascista.
« Il torto della Resistenza è stato di non esser
riuscita a darsi una sufficiente preparazione. Ma
è difficile, ripeto, tirar giù un'ossatura fascista ampia e ricca di interessi e sostituirla con
un'ossatura nuova. Chi ci mettevamo nei ministeri, nei palazzi di giustizia, nelle università,
nelle banche dopo vent'anni di fascismo? Fu indispensabile tante volte lasciare ai loro posti gli
uomini che avevamo trovato e bisognava tra
l'altro forzare le nostre leggi dell'epurazione per
tenerli in servizio e poter tirare avanti la pubblica amministrazione. »
Sulla via Cristoforo Colombo, all'EUR, dove
abita il senatore, il traffico si è fatto più intenso
e frastornante e i colori del tramonto sullo sfondo sembrano come sfatti, sfilacciati, usciti da
un pastone di nuvole basse, rosa e arancione,
che contrastano col verde impolverato degli alberi. Parri scherza ironico e affettuoso con la
moglie Ester, la serata è strana, ha il focoso
calore del luglio e la tenerezza del settembre.
Potrebbe essere benissimo il 25 luglio o l'8 settembre.

Corrado Stajano, « Il Giorno », 17 luglio 1974.

Per la conversazione

● Analizzate e commentate ogni risposta del senatore Parri e poi esprimete le vostre idee personali
sugli argomenti da lui abbozzati o sviluppati:

– i rimorsi e gli errori degli uomini della Resistenza;
– il marasma che vive l'Italia;
– la funzione e il significato dei partiti e del Parlamento;
– le riforme della « disperazione »;
– il finanziamento dello Stato al MSI.
● Come appare il carattere di Ferruccio Parri attraverso questa lunga intervista? Pessimista, ottimista, fatalista, combattivo, rassegnato?

Testo 26

A che cosa è servita la Resistenza?

« Pajetta,[1] i fascisti sparano; che cosa bisogna
fare al di là dell'inflazione di sdegno? »
« Il primo alleato del fascismo è l'emotività,
lo sbandamento. La sua forza è la collusione
con certi circoli del potere statale, quindi bisogna dare una risposta democratica che può avere per base soltanto l'unità. Bisogna impedire
una frattura tra coloro che vogliono sventare il
pericolo che viene da destra, frattura desidera-
ta proprio da coloro che da trent'anni hanno
diretto tutti i colpi contro la Repubblica. »
A 16 anni, nel 1927, Gian Carlo Pajetta era già
in galera, ci restò due anni; ci tornò nel '33,
condannato a 21 anni dal Tribunale speciale: ne
scontò 10 e, liberato nell'agosto 1943, organizzò
con Pompeo Colajanni le prime formazioni partigiane, lavorò poi con Luigi Longo in Piemonte
e in Liguria, e divenne in seguito vicecoman-
dante generale delle Brigate Garibaldi. Ricorda
la sua resistenza al fascismo con normalità ra-
gioneresca: « Potrei parlare della ordinaria amministrazione con la quale noi abbiamo affrontato la clandestinità e il carcere, che considera-
vamo come una parte del nostro lavoro » ha
detto una volta « Ricordo che alla prima condanna non dissi niente. Alla seconda gridai:
"Viva il comunismo!" Mi saltò addosso un bri-
gadiere: "Mi avevate assicurato che non avreste
detto niente". Risposi: "Mi scusi, ma ventun
anni di condanna valgono un grido". Mi pareva, scusandomi, di giustificare qualche cosa che
forse era un di più in quel momento. »
Anche adesso, mentre è qui nel suo studio-

1. *L'onorevole Giancarlo Pajetta*, nato a Torino nel 1911.
Giornalista; ex direttore de « L'Unità »; membro della Direzione del P.C.I. Partigiano, due volte condannato dal
Tribunale Speciale fascista, è stato eletto Deputato all'As-
semblea costituente e confermato ad ogni legislatura.

L'onorevole Giancarlo Pajetta, comunista, è stato partigiano durante la Resistenza ed è oggi una delle figure più vivaci del mondo parlamentare italiano (a sinistra nella foto, mentre parla). Al centro si nota il direttore del quotidiano « La Repubblica » Eugenio Scalfari.

santuario alle Botteghe Oscure,[2] dà prova di smisurata freddezza e di controllo, attento non solo a non gridare, ma a non alzare la voce, a non ironizzare, a non cadere in quelle battute che lo resero popolare, sempre difeso e vigile davanti a tutto ciò che si dice, esemplare modello di patriottismo di partito, puntuale nel ripetere gli argomenti sull'unità della lotta e sulla Resistenza tricolore. È un pezzo di acciaio, insomma, pare che voglia dimostrare di continuo che la guerra contro il fascismo non fu romantica, non fu eroica, ma fu allora, come oggi, assuefazione, disciplina, ordine, fiducia nell'organizzazione, pignoleria. Uno ha un compito e non dove far altro che eseguirlo: « Sono stato educato così » dice « non ci sono cose insopportabili. Finché uno è vivo le sopporta. Penso di non avere mai avuto momenti di scoramento.» « Pajetta, a che cosa è servita la Resistenza? » « A dare non solo le possibilità giuridiche della Repubblica, la Costituzione, il sistema parlamentare, ma a creare un animo nuovo negli italiani che durante la Resistenza furono solo un'agguerrita minoranza. Questo animo in seguito non si è perso: il fatto che oggi gli operai, i giovani, le donne vogliano essere e siano in un modo nuovo protagonisti, dimostra che noi non guardiamo a trent'anni fa con nostalgia. Abbiamo costruito su quel patrimonio, su quella base di lotta. Può sembrare sproporzionato paragonare il '43-'45 a quello che è avvenuto qualche mese fa per le elezioni degli organismi della scuola. Sono due cose completamente diverse, ma c'è stata ora una tale prova di maturità, di democrazia, di volontà di contare che, se devo fare un riferimento, penso che in fondo quello spirito di allora, non solo non si è perso, ma è diventato patrimonio di milioni di italiani. » 55 60 65 70

« Fu davvero una lotta unitaria, quella della Liberazione? »

« Sì, nel senso che prevalse il sentimento che l'unità era necessaria. Una lotta unitaria non significa una lotta in cui tutti si battono allo stesso modo, tutti hanno i medesimi obbiettivi, 75

tutti concordano nel giudizio. Una lotta unitaria è il confluire di forze ed esperienze diverse. E quella fu una lotta che vide insieme giovani
80 educati dal fascismo e giovani che l'avevano subito rifiutato; generazioni e classi dirigenti, contadini, operai, montanari assieme ai ceti medi; il mondo cattolico e il mondo operaio che si esprimeva nelle correnti socialiste e comuniste.»
85 « Qual è, trent'anni dopo, il modo giusto di ricordare la Resistenza? »
« È necessario uscire dai falsi problemi posti dalla discussione se era possibile fare di più o se fu un'occasione mancata. È più utile verifi-
90 care che cosa ha lasciato di positivo la Resistenza, che cosa è rimasto in grado di fruttificare. Non dobbiamo immaginare un'Italia del '45 già preparata per la democrazia, moderna, difesa da un forte movimento operaio. Il Paese
95 ritrovò la via democratica faticosamente, stentatamente. L'Italia aveva bisogno soprattutto di unità e di democrazia, aveva bisogno di evitare la sorte della Germania o della Grecia. Se esaminiamo quello che è avvenuto trenta
100 anni fa, dobbiamo dire che nelle grandi linee si è fatto quello che era possibile, si è bruciato molto del passato e si sono create le prospettive dello sviluppo democratico. »
« Hai detto una volta: "Coi fascisti abbiamo
105 chiuso il 25 aprile, in piazzale Loreto". »
« Era una battuta che aveva un valore polemico. Non abbiamo chiuso perché il fascismo rappresenta ancora un pericolo che bisogna combattere e denunciare, ma penso anche, e può
110 parere paradossale da parte mia, che il colloquio non sia finito, nel senso che c'è della gente da convincere, da strappare, da conquistare, gli elettori di Catania, ad esempio, o gli studenti di Reggio Calabria. »
115 « E in un momento come questo, con i fascisti sottocasa protetti spesso dalle complicità dello Stato, autori di delitti a Milano, Torino, Roma, altrove... »
« È necessaria molta vigilanza, è necessario un
120 controllo di massa, è necessario creare una situazione nella quale non ci siano strumentalizzazioni da parte di quelli che ritengono i fascisti utili per l'anticomunismo. Non ci devono essere collusioni tra organi dello Stato e
125 organizzazioni eversive fasciste. Siamo in un momento di disperazione per coloro che vedono falliti i tentativi di restaurazione e di emarginazione delle forze popolari: l'inasprimento delle provocazioni, la violenza fascista sono i
130 bubboni che lo testimoniano. La garanzia può essere solo in una democrazia effettiva e in una ripresa della coscienza unitaria, la stessa che

ci ha permesso di abbattere il fascismo trent'anni fa. La risposta è insomma un po' monotona, ma è sempre quella: più democrazia, più unità. »

Corrado Stajano, « Il Giorno », 29 aprile 1975

2. *Botteghe Oscure*: via di Roma in cui si trova la sede nazionale del Partito Comunista Italiano.

Per la conversazione

• Una voce comunista, dopo quella socialista, repubblicana e « indipendente di sinistra »... Analizzate le risposte di Giancarlo Pajetta e cercate poi di fare una sintesi personale sul tema ricorrente in ogni intervista: rapporto fra la violenza sovversiva e l'instabilità governativa.

Testo 27

Scuola e politica

Un giorno Marcello tornò a casa infuriato. Il preside lo aveva fatto chiamare, e gli aveva detto, con parole cortesi, per la verità, che qualcuno si era lagnato, perché durante le lezioni aveva fatto discorsi di politica. Lui, il preside, per carità, non ci credeva, forse era solo una maldicenza interessata. Era sicuro che da Marcello, dal professor Bianchi, non ci si poteva attendere che un comportamento serio; diamine, era stato educato in quella stessa scuola, e tutti lo ricordavano studioso e serissimo. Un buon insegnante, certo, sul quale non c'era proprio nulla da ridire, ma insomma, anche tenendo conto delle sue idee – anche di prima, per esempio di quando scrisse quel famigerato tema d'italiano, forse qualcuno aveva potuto immaginare che durante la lezione, gli fosse venuto fatto di sfiorare, solo così per caso, la politica. « Ora lei sa, professore » concluse il preside « lei sa meglio di me in che tempi viviamo, che tipo di gente ci comanda; ed allora le raccomando di attenersi sempre, rigidamente, ai programmi ministeriali. »
Marcello aveva risposto asciutto di sì, che non avrebbe mai detto una parola in più del programma, e che del resto aveva sempre fatto in quel modo. Quanto a quella gente che si era preso la briga di disturbare il signor preside, stesse pure tranquilla. A darle fastidio potevano bastare i programmi ministeriali, potevano bastare Locke, e Rousseau, e Vico e Kant.
« Capisci? » diceva alla moglie « lui, proprio lui ha il coraggio di farmi queste prediche; non se lo ricorda, lui, di quando veniva a scuola vesti-

Dall'alto. La strage dell'Italicus, il rapido Roma-Milano, avvenuta il 4 agosto 1974 e la strage di piazza della Loggia a Brescia, del 28 maggio 1975. Due tragici episodi della violenza neofascista.

to d'orbace, di quando ci dettava le frasi del duce? Ora fa la predica: viviamo in tempi difficili, lei sa meglio di me che gente ci comanda! Bell'ipocrita: e quando comandavano i fascisti, lui cosa ha fatto per mandarli via? »

La moglie aveva aspettato che si calmasse un po', gli aveva dato ragione, poi aveva cominciato a dirgli la solita storia:

« Anche tu, però, sei troppo impulsivo. Dovresti starci più attento, non farti vedere in giro coi comunisti. Lo sai che poi le cose si risanno? Cosa hai da guadagnare, da quel Rosini, per esempio? Vai con i pari tuoi, e la politica lasciala da parte. Pensa alla famiglia. Mica ti dico di rinunciare alle tue idee! Tientele per te, non andare a dirle a nessuno; poi, alle elezioni, dove il voto è segreto, chi ti impedisce di votare per chi ti pare? »

Marcello aveva tentato di farle capire che le idee sono tali in quanto tu puoi comunicarle agli altri, che se le tieni per te non servono a nulla, anzi, non sono nemmeno idee.

Luciano Bianciardi, Il lavoro culturale,
Feltrinelli, Milano.

Osservazioni grammaticali

- Trasformate i brani di discorso diretto nel corrispondente discorso indiretto rispettando le regole della concordanza
- Trasformate i brani di discorso indiretto libero in discorso diretto vero e proprio

Per la conversazione

- Commentate il discorso del Preside: « Ora lei sa, professore... lei sa meglio di me in che tempi viviamo, che tipo di gente ci comanda; ed allora le raccomando di attenersi sempre, rigidamente, ai programmi ministeriali ».
- *Il lavoro culturale* è del 1957. I Presidi dei giorni nostri faranno ancora simili prediche agli insegnanti un po' troppo « indipendenti »?
- Il mondo piccolo e gretto che appare dietro il colloquio fra Marcello e il Preside: gente che ascolta, gente che chiacchiera, maldicenze gratuite, maldicenze interessate.
- Il Preside dei « tempi difficili » e il Preside fascista: considerazioni personali.
- Commentate i consigli della moglie (« vai con i pari tuoi e la politica lasciala da parte ») e l'affermazione di Marcello: le idee « se le tieni per te non servono a nulla, anzi, non sono nemmeno idee. »
- Breve inchiesta sulla scuola italiana dei giorni nostri: in che modo si muove la macchina della democrazia scolastica? Con quali risultati?

Testo 28

Una coppia dei nostri tempi

L'operaio Arturo Massolari faceva il turno della notte, quello che finisce alle sei. Per rincasare aveva un lungo tragitto, che compiva in bicicletta nella bella stagione, in tram nei mesi piovosi e invernali. Arrivava a casa tra le sei e tre quarti e le sette, cioè alle volte un po' prima alle volte un po' dopo che suonasse la sveglia della moglie, Elide.

Spesso i due rumori: il suono della sveglia e il passo di lui che entrava si sovrapponevano nella mente di Elide, raggiungendola in fondo al sonno, il sonno compatto della mattina presto che lei cercava di spremere ancora per qualche secondo col viso affondato nel guanciale. Poi si tirava su dal letto di strappo e già infilava le braccia alla cieca nella vestaglia, coi capelli sugli occhi. Gli appariva così, in cucina, dove Arturo stava tirando fuori i recipienti vuoti dalla borsa che si portava con sé sul lavoro: il portavivande, il termos, e li posava sull'acquaio. Aveva già acceso il fornello e aveva messo su il caffè. Appena lui la guardava, a Elide veniva da passarsi una mano sui capelli, da spalancare a forza gli occhi, come se ogni volta si vergognasse un po' di questa prima immagine che il marito aveva di lei entrando in casa, sempre così in disordine, con la faccia mezz'addormentata. Quando due hanno dormito insieme è un'altra cosa, ci si ritrova al mattino a riaffiorare entrambi dallo stesso sonno, si è pari.

Alle volte invece era lui che entrava in camera a destarla, con la tazzina del caffè, un minuto prima che la sveglia suonasse; allora tutto era più naturale, la smorfia per uscire dal sonno prendeva una specie di dolcezza pigra, le braccia che s'alzavano per stirarsi, nude, finivano per cingere il collo di lui. S'abbracciavano. Arturo aveva indosso il giaccone impermeabile; a sentirselo vicino lei capiva il tempo che faceva: se pioveva o faceva nebbia o c'era neve, a secondo di com'era umido e freddo. Ma gli diceva lo stesso: « Che tempo fa? » e lui attaccava il suo solito brontolamento mezzo ironico, passando in rassegna gli inconvenienti che gli erano occorsi, cominciando dalla fine: il percorso in bici, il tempo trovato uscendo di fabbrica, diverso da quello di quando c'era entrato la sera prima, e le grane sul lavoro, le voci che correvano nel reparto, e così via.

A quell'ora, la casa era sempre poco scaldata, ma Elide s'era tutta spogliata, un po' rabbrividendo, e si lavava, nello stanzino da bagno. Dietro veniva lui, più con calma, si spogliava e si lavava anche lui, lentamente, si toglieva di dosso la polvere e l'unto dell'officina. Così stando tutti e due intorno allo stesso lavabo, mezzo nudi, un po' intirizziti, ogni tanto dandosi delle spinte, togliendosi di mano il sapone, il dentifricio, e continuando a dire le cose che avevano da dirsi, veniva il momento della confidenza, e alle volte, magari aiutandosi a vicenda a strofinarsi la schiena, s'insinuava una carezza, e si trovavano abbracciati.

Ma tutt'a un tratto Elide: « Dio! Che ora è già! » e correva a infilarsi il reggicalze, la gonna, tutto in fretta, in piedi, e con la spazzola già andava su e giù per i capelli, e sporgeva il viso allo specchio del comò, con le mollette strette tra le labbra. Arturo le veniva dietro, aveva acceso una sigaretta, e la guardava stando in piedi, fumando, e ogni volta pareva un po' impacciato, di dover stare lì senza poter fare nulla. Elide era pronta, infilava il cappotto nel corridoio, si davano un bacio, apriva la porta e già la si sentiva correre giù per le scale.

Italo Calvino, I racconti,
Einaudi, Torino.

Osservazioni grammaticali

- dopo che *suonasse* la sveglia
- un minuto prima che la sveglia *suonasse*
- per qualch*e* second*o*
- i recipienti che si portava con *sé*
- *ci si* ritrova al mattino
- *la si* sentiva correre
- a sentir*selo* vicino
- si tirava *su* dal letto
- aveva messo *su* il caffè

Per la conversazione

- Ricostruite, movendo dalla lettura, la vita che conducono questi due giovani sposi.
- Analizzate lo stato d'animo di Elide quando si accorge che il marito ha già acceso il fornello e preparato il caffè.
- Perché Elide si vergogna di presentarsi « in disordine, con la faccia mezz'addormentata » dinanzi al marito che torna dal lavoro?
- Perché le cose le sembrano più facili, quando è lui che entra in camera a svegliarla?
- Vi sembra che questa vita disumana (lui che rincasa, lei che se ne va a lavorare) abbia reso amari i due giovani sposi?
- Discussione su due temi opposti e complementari: il problema degli sposi che non si vedono praticamente mai e quello degli sposi che — per ragioni diverse — vivono e lavorano insieme dalla mattina alla sera. L'estraneità e l'iper-convivenza.

- Discussione libera su un tema di vostra scelta:
  1) La famiglia italiana e il divorzio.
  2) La trasformazione della famiglia italiana.
  3) Famiglia nucleare e famiglia patriarcale. Lati positivi e lati negativi dell'una e dell'altra.

Testo 29

I giovani d'oggi e gli ideali

Intervista con lo psicologo Antonio Miotto.

D. **I** giovani d'oggi hanno ideali? 1

R. Hanno « altri » ideali. Gli odierni mass media li spingono a visioni politiche molto più ampie di una volta. L'orizzonte attuale si è estremamente allargato. A livello culturale, il giovane è molto cambiato. Spesso lo si accusa di cinismo, ma si generalizza erroneamente. Si è visto cos'hanno fatto i giovani al momento dell'alluvione di Firenze. 5

D. Dunque, hanno ideali, ma ideali diversi. Facciamo un esempio: cos'è rimasto dell'ideale di patria? 10

R. Da un punto di vista nazionalistico, non esiste più. Lo ha smantellato anche l'abbondanza dell'informazione odierna: che differenza fa, un giovane d'oggi, fra i problemi del Vietnam, del Pakistan o di Bari? Gli ideali si sono allargati con l'allargarsi dell'informazione. Tuttavia non sappiamo come reagirebbe la gioventù se domani la patria fosse aggredita. 15 20

D. Secondo lei, la gioventù si batterebbe più per una idea sociale o per una idea nazionalistica?

R. Può darsi per la prima. Ripeto, gli ideali sono cambiati, sono più larghi. 25

D. Che posto ha, in questi nuovi ideali, la politica?

R. Riassumo qui i risultati di grosse inchieste: è sempre una grande minoranza di giovani italiani ad interessarsi attivamente di politica. Meno ancora le donne. Secondo: quando si domanda ai giovani cosa pensino dell'autorità, o quale autorità neghino, la risposta è che prima di tutto rifiutano l'autorità politica, quella dei partiti tradizionali. Hanno degli interessi politici, i quali però non corrispondono ai nostri schemi. 30 35

D. Cosa vorrebbero sostituirvi?

R. Non lo sanno. La politica è vista sempre in chiave umanitaria e sociale. È evidente la sfiducia dei giovani nella classe dirigente. Forse hanno un concetto della politica solo in prospet- 40

A sinistra. Alluvione di Firenze del 1966. Una ragazza porta sulla strada i libri dell'Accademia della Crusca.
Sopra. Momenti d'ozio di giovani-bene a Rimini.
Sotto. Manifestazione di giovani per il diritto allo studio e al lavoro.

Sopra. Dal 1975 in Italia la maggiore
età è stata abbassata da 21 a 18 anni:
un riconoscimento della maturità
delle nuove generazioni.
A fianco. Roma, giovane manifestante
in corteo il « Giorno della donna »,
l'8 marzo 1975.

tiva morale, sociale, non economico-amministrativa. Se è così, non trovano in circolazione molti modelli a cui rifarsi, nella odierna politica militante.

D. Quale società si prefigurano, desiderano, questi giovani?

R. Non lo sanno. O lo sanno in chiave emotiva. O sanno quello che non vogliono.

D. Parliamo della scuola e della contestazione. Si può dire che si tratta di due teste di un solo corpo?

R. Sì, e per la solita questione dei ritmi diversi. La scuola è programmata, con scadenze programmate nel tempo: prima le medie, poi il ginnasio, i licei ecc. I giovani non accettano una scuola siffatta. Essi la percepiscono come un impedimento, un ritardo a vivere presto e a inserirsi subito nella società. Si chiedono: se studiamo così lentamente, quando lavoriamo?

D. La contestazione violenta è nata come fatto autonomo o è stata importata dall'estero?

R. Secondo me, quello che l'Italia scopre è in ritardo culturale, sempre. L'unica grande scoperta italiana è il ritardo culturale. Con questo non voglio dire che i fermenti non fossero vivi e presenti, ma senza l'esempio della Francia forse non ci saremmo mossi.

D. Si ha l'impressione che molte manifestazioni giovanili, anche superficiali come i capelli lunghi, la moda *beat* e *hippy,* la voga della motocicletta, siano fatti d'importazione.

R. Ma io mi domando che cosa è nato in Italia. Perfino la barba alla Cavour ci ritorna dall'estero! Che esistano esigenze comuni tra tutti i giovani d'oggi è un fatto indiscutibile, ma è altrettanto vero che lo stimolo, la spinta ci vengono sempre da fuori. Noi rispondiamo, generalmente in ritardo, a iniziative esterne.

D. Quale potrà essere l'avvenire del giovane italiano? Quale potrà essere il suo avvenire in un panorama europeo?

R. Per rispondere alla prima domanda bisognerà vedere cosa faranno questi giovani, quale azione avranno sul piano sociale e organizzativo. L'avvenire dipenderà dai giovani, ma specialmente dalla società in cui si troveranno a vivere. Certo, oggi vivono in un ambiente che, paragonato a quello della generazione precedente, appare più facilitante, più incoraggiante per loro. Bisognerà vedere in quale misura le ansie dei giovani saranno capite, incanalate...

D. Nelle aziende, nell'industria, c'è apertura verso i giovani?

R. Risponderei che si sente molto la necessità dell'apertura, ma che non si è ancora all'attuazione dell'apertura. Numerose inchieste provano che spesso la situazione dei giovani, una volta inseriti, è critica: restano amari, delusi. Ma oggi anche chi dà loro lavoro resta deluso, della loro qualità individuale e della loro preparazione.

D. Cosa significa la canzone per i giovani d'oggi? È possibile che abbia il peso di un fatto di costume, che stia diventando uno dei loro ideali?

R. Il fenomeno è importante e va anch'esso legato al concetto di distonia tra il tempo tradizionale e il tempo dei giovani. La canzone serve per ammazzare il tempo »: questa entità ferma, che li traumatizza. La canzone li fa muovere, battono il ritmo col piede, ballano scaricando energie compresse. Arrivo a dire che se le ragazze non andassero a ballare ci sarebbero molte più madri nubili. Il ballo serve come scarico di energia anche sul piano dell'erotismo. Le ragazze, ballando, si svuotano: non cercano nemmeno un partner.

Silvio Bertoldi, *I Nuovi Italiani,*
Rizzoli, Milano.

Per la conversazione

- I giovani d'oggi, secondo lo psicologo Antonio Miotto, hanno « altri » ideali in confronto a quelli della generazione precedente. Quali sono, a parer vostro, questi « altri » ideali?
- Rispondete anche voi alle seguenti domande dell'intervistatore:
  1) che cos'è rimasto – nei giovani – dell'ideale di Patria?
  2) che posto ha, in questi nuovi ideali, la politica?
  3) quale società si prefigurano, desiderano, questi giovani?
  4) nelle aziende, nell'industria, c'è apertura verso i giovani?
- È vero, a parer vostro, che « l'unica grande scoperta italiana è il ritardo culturale »?
- Temi da discutere, partendo dall'intervista:
  – i giovani e la scuola
  – i giovani e la contestazione
  – i giovani e la canzone.

Testo 30

Vecchi abbandonati

In un Paese che esalta più degli altri i valori della giovinezza, nessuno si è mai preoccupato di sapere dove e come vivono le persone anziane. Si procede a tentoni, tra incertezze e approssimazioni. Quanti vecchi vivono soli, abbando-

I vecchi in campagna
hanno ancora una loro
funzione riconosciuta
nella famiglia patriarcale.
In città, invece, i vecchi
si sentono sempre
più soli ed inutili.

La solitudine di un
vecchio nella grande
città moderna ostile e
indifferente.

nati? Nessuno lo sa. Il Comune di Bologna, che sta conducendo un'indagine capillare sulla base del censimento del 1971, presume che su una popolazione anziana di 117.000 persone (ultra-sessantenni) siano 7.000 i vecchi che vivono isolati nel loro domicilio. E in tutta Italia? Si parla del 6 o 7 per cento, cioè di 600-700 mila persone, ma è un'ipotesi priva di convalide. Spesso si scopre che un vecchio vive solo quando muore nella solitudine: « s'addormenta e brucia vivo un vecchio di 80 anni », « scoperto dalla portiera il cadavere di un pensionato », « non ritira per tre mesi la pensione: era morto », come narrano le cronache pietose.

Neppure si conosce il numero dei vecchi costretti a vivere negli ospizi, nei mendicicomi, nelle « opere pie », nei dormitori pubblici, sulle panchine o sotto i ponti. Secondo uno studio dell'ONPI (Opera Nazionale per i Pensionati d'Italia), sono circa 400.000 i vecchi che vivono nelle case di riposo pubbliche (pochissime) e private (molte). Dal computo sono esclusi i malati cronici che affollano le divisioni ospedaliere di lunga-degenza, i paralitici, i dementi, gli artritici e gli arteriosclerotici depositati, in attesa della morte, nei cameroni dei « cronicari », oscuri inferni della condizione senile. E gli altri? Si presume che vivano in famiglia, con i figli o altri parenti. Sono in maggioranza, ma di per sè non è un dato consolante. Molti andrebbero a vivere in una casa di riposo se avessero la possibilità di pagare la retta. Nelle case moderne non c'è posto per gli anziani: sono concepite per la famiglia monocellulare, come dicono i sociologi, marito, moglie e uno o due figli. I vecchi vadano in soffitta o in ospizi. In case senza spazio, nelle quali si utilizzano televisori triangolari da incastrare negli angoli della stanza, è difficile che un vecchio possa trovare un cantuccio per proteggere la sua intimità. La famiglia patriarcale si è sfaldata e non saranno certo i moralisti o i filosofi a farla rivivere. I rapporti affettivi si sono allentati. Le corsie di alcuni ospedali meridionali sono diventate depositi per vecchi moribondi, abbandonati dai figli emigrati al Nord.

Nessuno al mondo ha trovato la ricetta per rendere felici gli anziani. Società più ricche, o socialmente più progredite, si affannano a rompere i muri dell'esclusione e della solitudine, o almeno a creare istituzioni emarginanti (la casa-albergo, per esempio) ma comode. In Italia, dei vecchi non si parla neppure. In una società in cui tutti i gruppi e le corporazioni battono i pugni sul tavolo, i vecchi stanno zitti, non sono rappresentati politicamente, hanno un ruolo eva-nescente nei sindacati, non scioperano, non si agitano, non minacciano, non fanno cortei, manifestazioni, blocchi stradali. Se chiedono qualcosa lo chiedono sommessamente. Aspettano e subiscono. 65

Ma non sempre aspettano: la quota dei suicidi, nella fascia di età oltre i 70 anni, è raddoppiata rispetto agli inizi del secolo (erano il 7,5 per cento e sono il 15 per cento del totale), mentre 70 tra i giovani al di sotto dei 30 anni si è dimezzata (era il 24 per cento ed ora è l'11 per cento del totale). La caratteristica dei suicidi senili è la fredda determinazione con cui vengono compiuti. « Il loro non è mai un gesto inconsulto », 75 mi dice la direttrice di un ospizio per anziani, « al contrario, è una decisione meditata a lungo e attuata con cura meticolosa: i loro tentativi riescono sempre ».

Gaetano Scardocchia, « *Il Giorno* », 23 gennaio 1974.

Testo 31

Orchidee ai vecchi!

Sì, sono noiosi i vecchi, hanno l'affliggente abitudine di ripetere le cose dette un'ora fa, sempre le stesse. Le schiene ricurve, le labbra raggrinzite che si infossano per la cessazione dei denti. E quel continuo addormentarsi sulle poltrone, quei respiri sibilanti, quelle tossi cavernose? Con la difficoltà, in tanti che siamo, di starci tutti in questo ristrettissimo mondo, ci volevano anche loro adesso! 5

Poi c'è la cosa principale: a che servono, così 10 inadatti alle esigenze della vita moderna? Chi vangava non ha più la forza di vangare, chi correva in bicicletta siede inerte sulla soglia, chi scriveva poemi la penna gli si è arrugginita, chi cantava gli si è spenta la voce. Non servono più 15 che a mangiare, a dormire, a portar via il posto agli altri che vengono e che ne avrebbero un impellente bisogno. Vero che i vecchi sono pressappoco tutti così?

Ecco un uomo che ha messo su famiglia, lui e 20 due figli in tre camerette più i servizi. Ci starebbero appena appena ma c'è anche il vecchio padre, pensionato, coi reumi, assolutamente nullo. Allora si arrangia una brandina in corridoio e intanto capita di pensare: se almeno potesse 25 trovarsi una sistemazione altrove, un posticino tranquillo (altrove, eh, eh, ci siamo intesi al volo); in questo caso di notte rincasando non ci

sarebbe più il pericolo di sbattere gli stinchi ne-
30 gli spigoli della sua branda. Si potrebbe accendere la luce, parlare, camminare su e giù, respirare finalmente. Ma no, loro si ostinano, non
vogliono lasciare i figli, bella fissazione, sempre
là nello stesso angolo a leggere, dormicchiare,
35 un fastidio solo a vederli.
A questo punto loro, i vecchi, forse capiscono
dove voglio andare a finire perché scuotono la
testa con aria piuttosto comprensiva: « Lascia
stare » vorrebbero dirmi « non ne vale la pena.
40 Il mondo è così, non sarai certo tu a cambiarlo
con un discorsetto. Tra poco ce ne andremo. »
Invece no — dico io — lasciate che parli un momento, adesso che vecchio non sono ancora, dopo infatti direbbero che faccio il caso persona-
45 le. Certo il mondo continuerà a camminare come prima. Eppure anche se uno soltanto, per
causa mia, rivolgesse al decrepito padre che in
questo istante si trascina il suo muto carico di
afflizioni, se gli rivolgesse uno sguardo un po'
50 diverso dal solito, soltanto per questo varrebbe
la pena di proclamare la vergogna dei nostri
tempi. Nessuna società infatti è così bassa e disonorevole come quella che respinge i vecchi ai
lati della via e li umilia e li dimentica in paro-
55 le povere gli dice: Avete vissuto abbastanza,
adesso marsch!

Dino Buzzati, In quel preciso momento,
Mondadori, Milano.

Osservazioni grammaticali

- le cose dette *un'ora fa*
- *chi* vangava, *chi* correva, *chi* scriveva, *chi* cantava
- chi scriveva poemi la penna *gli* si è arrugginita
- chi cantava *gli* si è spenta la voce
- ha *messo su* famiglia
- camminare *su e giù*

Per la conversazione

- Un documento giornalistico attuale, la pagina iro-nico-amara di un grande scrittore scomparso. Un unico problema: *i vecchi*.
- Per il giornalista Gaetano Scardocchia, « in Ita-lia, dei vecchi non si parla neppure ». E ancora: « In un Paese che esalta più degli altri i valori della giovinezza, nessuno si è mai preoccupato di sapere dove e come vivono le persone anziane ». Come si spiega questo fenomeno di disinteresse in una nazione che ha sempre avuto il culto della famiglia?
- « La famiglia patriarcale si è sfaldata » — dice an-cora il giornalista — e « nelle case moderne non c'è posto per gli anziani ». Vi sembra che siano da rimpiangere forme diverse di famiglia, in cui c'era posto per i vecchi accanto ai figli e ai ni-poti?

- Quali sono i motivi che hanno spinto Dino Buz-zati a scrivere la sua pagina sui vecchi? Che ef-fetto vuole produrre sul lettore? Come vi riesce?
- Commentate l'ultimo periodo del testo ed espri-mete in seguito le vostre opinioni personali: « nes-suna società infatti è così bassa e disonorevole come quella che respinge i vecchi ai lati della via e li umilia e li dimentica in parole povere gli di-ce: « Avete vissuto abbastanza, adesso marsch! ».
- In seguito ad un'inchiesta condotta da Gaetano Scardocchia, si è arrivati ai seguenti risultati. In Italia, le persone al di sopra dei 60 anni sono cir-ca 10 milioni, oltre il 15% della popolazione. Che cosa rappresentano per la società industriale italiana?
  - Per gli economisti, un fattore di inflazione;
  - Per i medici, un intralcio;
  - Per gli amministratori sociali, una potenziale causa di dissesto degli enti previdenziali;
  - Per le famiglie, uno scomodo peso;
  - Per i giovani, una razza estranea.
  Che cosa rappresentano per voi questi emarginati della terza età?
- In che modo la società moderna potrebbe e *do-vrebbe* migliorare la sorte delle persone anziane? Discutete su questo problema.

Testo 32

Mille miliardi esentasse

Il fatturato di una grande industria. Infatti, anche questa lo è: l'industria della prostituzione...

Milano 1971. Diecimila « operatrici » sulla piazza. Un introito medio individuale, per se-ra, di trentamila lire, a voler essere prudenti. Quindi, un fatturato giornaliero di trecento mi-lioni, circa. All'anno centodieci miliardi, pura indicazione statistica di esemplificazione. Nel-la realtà, probabilmente il doppio o il triplo. Il fatturato di una grande industria. Infatti, anche questa lo è: l'industria della prostituzione (mi-lanese, o torinese, o genovese, o romana, o na-poletana: le cifre suppergiù sono quelle, varia-no di poco).
Una grande industria nazionale. Pochi i capi, i managers, e pagatissimi. Numerose le dipen-denti, con eccellenti retribuzioni medie. Dieci-mila, come si è visto, nella sola Milano e nel solo « passeggio », perché poi c'è il settore di lusso, quello delle « clacson girls », delle mas-saggiatrici, delle squillo, delle signore capric-ciose o bisognose di saldare un conto urgente. Novemila a Torino, seimila a Genova, undici-mila a Roma e via per il resto d'Italia. Vasto

**Prostitute nelle strade di Milano:
un fenomeno che dilaga sempre più.**

parco macchine, viaggi in aereo, spostamenti
estivi di maestranze nelle stazioni climatiche
30 più rinomate, inserimenti nel settore turistico.
Ramo completamente esente da tasse, neanche
una lira di spese di ammortamento, nessuna necessità di scorte. Se si calcola per Milano un'entrata di centodieci miliardi l'anno, si può con-
35 cludere che gli introiti annuali nelle dieci città
italiane pilota (Milano, Torino, Genova, Trieste,
Venezia, Firenze, Bologna, Roma, Napoli, Palermo) sono sui cinquecento-seicento miliardi. Ag-
giungete le altre novanta città, la ricca provincia
40 del Nord, la povera ma ardente provincia del
Sud, e si avrà per il nostro Paese una cifra assai
verosimile di oltre mille miliardi l'anno, frutto
della prostituzione. Dopo il turismo, probabilmente la seconda industria nazionale e, come
45 reddito, di gran lunga la prima. Non ne esiste
altra dove gli incassi siano al netto al 100 per
100, sfuggano completamente al fisco e non
vengano quasi gravati da spese.
Un'eccezionale escalation, un diagramma conti-
50 nuamente al rialzo degli indici produttivi, nel
tempo più breve. Tredici anni fa, quando andò
in vigore la legge Merlin che, come è noto, aveva per titolo: *Abolizione della prostituzione e
lotta contro lo sfruttamento altrui*, c'erano in
55 Italia nelle case chiuse circa cinquemila prostitute. Fuori delle case chiuse, ufficialmente nessuna. Mettiamo, invece, che ce ne fossero altrettante, molto caute e riservate, perché c'era
poco da scherzare, allora. In totale, diecimila.
60 Oggi ce ne sono diecimila soltanto a Milano:
meglio, tante ne calcola la squadra del Buon
Costume, ma probabilmente — con le occasio-
nali, le volanti, le fluttuanti, le casuali — saranno il doppio. Quante, in tutta Italia? Il censi-
65 mento è impossibile, si può farlo solo ad occhio.
Diciamo che sono centomila? In tredici anni,
sono passate da diecimila a centomila. Un incre-
mento enorme. Grazie alla legge Merlin, lo
Stato si è liberato della vergogna nazionale di
70 far l'imprenditore e il tenutario di questo poco
onorevole commercio. L'affare è passato all'iniziativa privata. Sono sorte nuove figure impren-
ditoriali e nuovi strumenti organizzativi. Si sono
imposti il protettore, lo sfruttatore, il boss, il
racket (molti termini sono mutuati dallo slang
75 americano), la guardia del corpo, il « pestone »,
ossia l'incaricato dei pestaggi: le strutture su
cui si basa e fiorisce il cospicuo giro di affari
di questo misterioso mondo notturno.

Silvio Bertoldi, *I Nuovi Italiani*,
Rizzoli, Milano.

Per la conversazione

- Fate una breve inchiesta sulla legge Merlin e sulle reazioni « appassionate » che suscitò, a suo
tempo, in Italia.
- Come si spiega l'aumentare continuo della prostituzione? Analizzate con serietà tutte le cause
che sono alla base di questa « eccezionale escalation ».
- L'industrializzazione del mestiere più vecchio del
mondo.
- La prostituzione minorile.
- Le prostitute con « etichette diverse ».
- La prostituzione maschile.
- Come si spiega il diffondersi dell'omosessualità
in un Paese che aveva fatto un mito vero e proprio della virilità?

Testo 33

Autunno veneziano

L'alito freddo e umido m'assale
di Venezia autunnale.
Adesso che l'estate,
sudaticcia e scirocca,
d'incanto se n'è andata,
una rigida luna settembrina
risplende, piena di funesti presagi,
sulla città d'acqua e di pietre
che rivela il suo volto di medusa
contagiosa e malefica.
Morto è il silenzio dei canali fetidi,
sotto la luna acquosa,
in ciascuno dei quali
par che dorma il cadavere d'Ofelia:
tombe sparse di fiori
marci e d'altre immondizie vegetali,
dove passa sciacquando
il fantasma del gondoliere.
O notti veneziane,
senza canto di galli,
senza voci di fontane,
tetre notti lagunari
cui nessun tenero bisbiglio anima,
case torve, gelose,
a picco sui canali,
dormenti senza respiro,
io v'ho sul cuore adesso più che mai.
Qui non i venti impetuosi e funebri
del settembre montanino,
non odor di vendemmia, non lavacri
di piogge lacrimose,
non fragore di foglie che cadono.

Un ciuffo d'erba che ingiallisce e muore
su un davanzale
è tutto l'autunno veneziano.
Così a Venezia le stagioni delirano.
Pei suoi campi di marmo e i suoi canali
non son che luci smarrite,
luci che sognano la buona terra
odorosa e fruttifera.
Solo il naufragio invernale conviene
a questa città che non vive,
che non fiorisce,
se non quale una nave in fondo al mare.

Vincenzo Cardarelli, *Poesie*,
Mondadori, Milano.

Per la conversazione

- Mostrate in che modo la « Venezia autunnale »
  diventa una città funesta e triste, una città di pu-
  trefazione e di morte... Analizzate tutti i termini
  che racchiudono l'idea del disfacimento e della
  fine.
- Valore e significato delle numerosissime negazioni contenute nei versi 19-44.
- Analizzate e commentate gli ultimi versi della
  poesia:
  « Solo il naufragio invernale conviene
  a questa città che non vive,
  che non fiorisce,
  se non quale una nave in fondo al mare. »

Testo 34

Lebbra a Venezia

« Ora le farò vedere come finirà Venezia » mi
dice Francesco Valcanover soprintendente alle
gallerie e alle belle arti. « Ora vedrà. »
Sembrava che non ci fosse nessuno, nel convento di Santa Teresa, detto confidenzialmente delle Terese, quasi di fronte alla chiesa di San Ni-
colò dei Mendìcoli, e in mezzo passa un cana-
letto, laggiù, dove le Zattere finiscono di essere
vecchia Venezia e cominciano a diventare industriali con magazzini, capannoni, muri ciechi
con su scritto la società o la ditta.
Si suona a lungo, ma nessuno risponde, mezzogiorno è suonato da poco, che le suore siano andate a mangiare? Oppure che siano morte tutte?
Allora il reverendo Rosolino Scarpa parroco dei
Mendìcoli dice: « Meio che prove a telefonar »
e si affretta sgambettando alla canonica. Aspetta aspetta, è una giornata di sole, qui intorno
piuttosto silenzio, anche pochi bambini e pochi
motori natanti, gatti sì ma di giorno non fanno
rumore.

« Adesso le faccio vedere come Venezia finirà »
mi dice Francesco Valcanover. Il soprintendente
è un bellunese sui quaranta con una faccia ma-
gra ed elegante, un curioso erre infantile e un
accanimento senza riposo contro i nemici di Venezia, il tempo, l'acqua, i fumi, i miasmi, lo
smog, i ricchi inutili, gli imbecilli.
Ieri, insieme con Mario Guiotto, soprintendente
ai monumenti, mi ha fatto vedere due film che
raccontano le miserie di Venezia, lo sprofonda-
mento, lo sgretolamento, le degradazione di Venezia, su quattrocentoventi palazzi trecentocin-
quanta in questo stato, una ventina soltanto in
piena efficienza.
E questa mattina Valcanover mi ha fatto vedere
dove tra poco impegnerà una grande battaglia
senza termine, cioè la stupenda chiesa di San
Gregorio vicino alla Salute, sconsacrata, completamente vuota, senza neppure una traccia
d'altare, lunga metri quarantasette, che sta per
diventare un gigantesco laboratorio operativo di
restauro; nonché, annessa, una vecchia casa ri-
messa in sesto con i microscopi, le analisi, i rag-
gi X, tutte le modernità più aggiornate per i re-
stauri. E qui non si cureranno i quadri uno per
uno, bensì verranno intraprese operazioni siste-
matiche e massicce, per esempio si portano qui
e si medicano insieme tutti i quadri di una chiesa, e nella chiesa intanto lavorerà la soprinten-
denza ai monumenti; così per San Moisè, per
San Zaccaria.
Mi ha fatto pure vedere stamane, all'Accademia, la straordinaria invenzione del professor
Lino Marchesini dell'istituto di chimica industriale dell'università di Padova; il quale ha trovato il modo di fermare la lue, la peste, la resi-
pola, il vaiolo, la cancredine che con tanto appetito smangiano le pietre di Venezia: sotto vuoto spinto, gli inietta una speciale qualità di sili-
coni, e la statua che stava sfarinandosi, era mol-
le putrida marcia, ridiventa dura secca stagna
appunto come la pietra. Nessuno mai era riuscito a tanto. Però adesso mi dice: « Entriamo, e
lei vedrà, come sarà la fine di Venezia ». Io domando: « Ma non basta guardarsi intorno nei
canali e nelle calli per sapere quello che sta succedendo a Venezia? ». E Valcanover: « È vero.
Dappertutto si può vedere la rovina. Ma di più
ancora qui, nella chiesa delle Terese. »
Una suorina intanto è venuta finalmente ad aprire e noi si entra nella grande chiesa quadrata e
non c'è più il sole come risplende di fuori, bensì la caratteristica luce grigiastra di certe vecchie chiese diseredate dove non ci si sente tranquilli e al riparo, ma si ha subito una sensazione
di umido, disagio, dolori artritici e sfiducia.

In alto e a sinistra. La « lebbra » a Venezia: le case crollanti dei « sestieri » popolari della città. A destra. Sulle rive del Canal Grande, il palazzo Vendramin Calergi viene sottoposto a una « cura di bellezza ».

« Guardi qui » mi dice Valcanover, e indica un confuso affresco « di mese in mese si vede salire la perdita d'intonaco e di pittura, è l'effetto della grande alluvione a scoppio ritardato, anche a distanza di un anno e mezzo. »

« Guardi qui » mi dice « le fiamme di umidità, vede? proprio a forma di vampe, che strisciano, strisciano su per i muri, lentamente sono arrivate a tre metri d'altezza. »

« Guardi » mi dice « questi quattro graziosi angioletti che dal Quattrocento reggevano la mensa dell'altare e fino a pochi anni fa erano in perfetta salute. Ma adesso le esalazioni di nafta, i fumi chimici di Marghera, i veleni del cosiddetto progresso, più velenosi del solito in un'atmosfera umida e salsa come quella di Venezia. Allora il carbonato di calcio si trasforma in solfato. E il processo comincia nelle parti più esposte, i nasi, le spalle, i gomiti, le ali, le mani, i ginocchi. »

La pietra si ammala, si fa bianca, diventa gesso, farina. Da un giorno all'altro ai piedi delle madonne, dei cristi, dei santi, al mattino si trova questa piccola neve di morte. E Valcanover con un dito accarezza appena appena il crapino di un putto, e i riccioli sono diventati zucchero secco, sale secco, polvere, che si disfa e sfiorisce. Così sulle cuspidi, sulle cupole, sulle torri, sui cornicioni, sugli altari, nelle nicchie di Venezia, stanno angeli lebbrosi, madonne lebbrose, cristi lebbrosi, santi lebbrosi, e la malattia non è cominciata da molti anni, prima non succedeva così, prima non c'erano quei fumi, gas, vapori maledetti.

Ecco il lupus che sta divorando l'altare del Carmine, si sfaldano i lastroni e le lastre di marmo, si sbriciolano i mosaici e gli intarsi, le sculture cascano, le cornici si accartocciano come labbra di vecchio decrepito, e gli aloni infetti si spandono su per le pareti, incrostando di fradice muffe i dipinti, mentre rivestimenti ed arredi di legno gonfiati dall'umido si schiantano, e dalle crepe contorte lasciano intravedere il buio interno della putredine. Dice Valcanover: « È lo squallore di qualcosa che finisce, che si chiude, che non si potrà riaprire mai più ».

Ogni anno — Valcanover ha calcolato — si decompongono il sei per cento dei marmi, si dissolve il cinque per cento degli affreschi, va a ramengo il cinque per cento dei mobili e arredi, va perduto il tre per cento dei dipinti su tela, il due per cento di quelli su tavola.

Ma i medici, i dottori, che cosa fanno? I medici, Valcanover, Guiotto, i collaboratori, si affannano da un sestiere all'altro della grande inferma, puntellando, rinforzando, aggiustando, ripulendo, rifacendo, e intanto i turisti passano spensierati tra i palazzi in cancrena, e se il soprintendente dice che per garantire una guarigione sicura occorrerebbe spendere 127 miliardi, pensano: che esagerato, che pessimismo assurdo, ma se Venezia è splendida e poetica come sempre, ma se il leone è sempre al suo posto, i cavalli sono sempre al loro posto, se il campanile di San Marco è sempre bello diritto in cielo.

E la sera in gondola assaporeranno beati il tenore che dal barcone piedigrottesco canta le ebeti canzoni di una Venezia posticcia. Facessero invece tacere chitarre e mandolini, si inoltrassero a notte alta nei campi e nelle calli deserte, avvicinassero le orecchie alle tenebrose porte sprangate delle chiese e dei palazzi; e ascoltassero.

Là dentro, nei ridotti delle perdute glorie, non c'è il silenzio riposato della salute e della forza. E non c'è neppure l'immoto silenzio dei sepolcri. Ma è il silenzio di chi soffre e non dice. Il silenzio maligno. Perché un misterioso bisbiglio si propaga di volta in volta, di sala in sala, di androne in androne. Scricchiolii, brevi sussulti, lievi tonfi, gemiti di legni, fruscii, sospiri, e poi tanti tic tic sparsi qua e là a capriccio, come stile di un pianto soffocato. Sono lembi di intonaco, schegge di rovere e di abete, pietruzze, scaglie minuscole di marmo. Cadono per sempre. Il sussurro della dissoluzione. E sul fondo, estremamente lontani — eco estenuata, alone evanescente di suono, appena appena un ricordo — i rintocchi di una campana sommersa.

Dino Buzzati, *Cronache terrestri*,
Mondadori, Milano.

Per la conversazione

- Riassumete il testo in forma indiretta, un paragrafo dopo l'altro.
- In che senso « il tempo, l'acqua, i fiumi, i miasmi, lo smog, i ricchi inutili, gli imbecilli » possono essere definiti « i nemici di Venezia »? Commentate le differenti « voci ».
- Perché i veleni del progresso aumentano le ferite della grande inferma? Parlate delle « esalazioni di nafta » e dei « fumi chimici » di Marghera, il cosiddetto pilastro dell'industrializzazione veneta.
- Che cosa sapete del complesso industriale di Marghera? Ubicazione, importanza, attività e produzione.
- Vi pare che il problema della salvezza di Venezia si possa definire un problema del mondo civile? Perché?

135
140
145
150
155
160
165

Finale

1   Più non muggisce, non sussurra il mare,
    Il mare.

    Senza i sogni, incolore campo è il mare,
    Il mare.

5   Fa pietà anche il mare,
    Il mare.

    Muovono nuvole irriflesse il mare,
    Il mare.

    A fumi tristi cedé il letto il mare,
10 Il mare.

    Morto è anche, vedi, il mare,
    Il mare.

Giuseppe Ungaretti, *La terra promessa*,
Mondadori, Milano.

Biografie

Accrocca Elio Filippo

Nato (1923) in provincia di Latina, vivente. Poeta, autore di molti volumi ispirati soprattutto alla vita di Roma, la città in cui vive e lavora.
Opere principali: *Portonaccio* (ed. Scheiwiller, Milano); *Caserma 1950* (ed. Quaderni del Canzoniere, Roma); *Reliquia umana* (ed. Scheiwiller, Milano); *Ritorno a Portonaccio* (ed. Mondadori, Milano); *Roma, così* (ed. De Luca, Roma).

Agnelli Susanna

Torinese (1922), vivente. Sorella di Gianni Agnelli, presidente della FIAT, la più importante industria privata italiana. Ha collaborato a molte riviste italiane e straniere. *Vestivamo alla marinara* (ed. Mondadori, Milano) « è la storia di un nome (Agnelli), di una ragazza e del suo nome ».

Alvaro Corrado

Calabrese (1895-1956). Giornalista, ha lasciato importanti testimonianze della sua attività di inviato speciale.
La sua memoria di scrittore è soprattutto affidata ai romanzi ambientati nel mondo della sua infanzia, la Calabria: *Gente in Aspromonte* e *Quasi una vita*, affascinante evocazione dell'« educazione sentimentale » di un ragazzo di provincia.
Opere principali: *L'amata alla finestra; Gente in Aspromonte; Itinerario italiano; Incontri d'amore; Quasi una vita; Giornale di uno scrittore; Il nostro tempo e la speranza; 75 racconti; L'uomo è forte; L'età breve* (ed. Mondadori).
Le opere di Alvaro sono quasi tutte pubblicate dall'editore Bompiani, Milano.

Arpino Giovanni

Nato nel 1927 a Pola (oggi in territorio iugoslavo), vivente a Torino. È, cosa non rara in uno scrittore italiano, un appassionato di sport ed uno stimato giornalista sportivo. L'opera narrativa più conosciuta di Arpino è *La suora giovane*.
Altre opere da segnalare: *Un delitto d'onore; Una nuvola d'ira; L'ombra delle colline; Un'anima persa; La babbuina e altre storie; 27 racconti; Il buio e il miele; Racconti di vent'anni; Randagio è l'eroe*.
Le opere di Arpino sono pubblicate degli editori Einaudi, Torino e Mondadori, Milano.

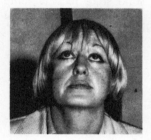

Àspesi Natalia

Nata a Milano nel 1929, giornalista. Ha iniziato a collaborare al quotidiano milanese « La Notte », poi, dopo essere stata a « Il Giorno », per il quale curava articoli di costume, è passata al nuovo quotidiano « La Repubblica ». Presso l'editore Fabbri, Milano, ha pubblicato *La donna immobile*.

Barzini Luigi (junior)

Nato (1908) a Milano, vivente, figlio di un celebre giornalista del « Corriere della Sera », notissimo giornalista lui stesso, è autore di un libro, *Gli Italiani*, che ha avuto grande successo, soprattutto nei Paesi di lingua inglese, e de *L'antropometro italiano* (ed. Mondadori, Milano).

Bassani Giorgio

Nato a Bologna nel 1916, vivente. Tutta la sua opera, ad esclusione di due raccolte di poesie, è volta ad evocare il mondo della sua giovinezza e la sua città, Ferrara, sconvolta dalla guerra e dalle persecuzioni razziali (Bassani è israelita). Più che nei romanzi: *Il giardino dei Finzi-Contini* (ed. Einaudi, Torino), *L'airone, Epitaffio, L'odore del fieno,* il meglio della sua opera è forse da ricercarsi nei racconti (*Cinque storie ferraresi*) e in un romanzo breve: *Gli occhiali d'oro,* che evoca, attraverso una storia particolarmente dolorosa di cui il protagonista-narratore è impotente testimone, la presa di coscienza di un giovane israelita ai primi tempi delle persecuzioni razziali.

Tutte le opere di Bassani sono state recentemente ripubblicate in un volume (*Il romanzo di Ferrara*) dall'editore Mondadori, Milano.

Bertoldi Silvio

Veneto (1920), vivente. Giornalista, autore di biografie di personaggi della storia italiana recente, e di un romanzo: *Un altro sapore,* edito da Palazzi, Verona.

Bianciardi Luciano

Toscano (1922-1972), autore di molti libri fortemente satirici. Lo si ricorda soprattutto per *La vita agra* storia della formazione e della presa di coscienza di un giovane anarcoide nella società industrializzata di una città del nord.

Opere principali: *Il lavoro culturale* (ed. Feltrinelli, Milano); *L'integrazione* (ed. Bompiani, Milano); *La vita agra* (ed. Bompiani, Milano); *La battaglia soda* (ed. Rizzoli, Milano); *Aprire il fuoco* (ed. Rizzoli, Milano); *Daghela avanti un passo!* (ed. Bietti, Milano).

Bocca Giorgio

Piemontese (1920), vivente. Uno dei più vivaci giornalisti d'oggi. Partigiano, intellettuale di sinistra (ma non « allineato »), è autore di varie opere di saggistica, tra cui ricorderemo *La scoperta dell'Italia; Storia d'Italia nella guerra fascista; Storia dell'Italia partigiana; Palmiro Togliatti* (biografia del primo leader del comunismo in Italia, dopo l'ultima guerra), importanti per conoscere certi aspetti della recente vita politica italiana.

Le opere di Bocca sono pubblicate dall'editore Laterza, Bari. Per le Edizioni Scolastiche Mondadori, Milano, ha pubblicato recentemente *Storie della Resistenza,* un libro di letture per la Scuola Media

Bontempelli Massimo

Di famiglia trentina, ma vissuto sempre a Milano (1878-1960). Giornalista, saggista, narratore, uomo di teatro, Bontempelli fu uno dei protagonisti della vita intellettuale italiana tra le due guerre. Dopo una rapida esperienza futurista, creò un movimento attorno alla rivista « '900 », scritta in tre lingue, italiano francese e inglese, che definì « realismo magico ». Assai più che alle esperienze surrealiste coeve, esso si può collegare a certi aspetti della pittura « metafisica » di De Chirico e di Carrà. Esemplari sono, in questo senso, *La scacchiera davanti allo specchio,* un fantastico viaggio nel mondo riflesso in uno specchio; *Nostra Dea,* una commedia la cui protagonista cambia di carattere man mano che cambia d'abito; *Il figlio di due madri,* il cui protagonista ricorda perfettamente una vita anteriore. La prosa di Bontempelli, lucida, rapida, di una modernità esemplare, contribuisce a fare di lui uno dei più grandi stilisti italiani del secolo.

Oltre ai libri citati si vedano ancora: *I racconti,* raccolti in due volumi; *Vita e morte di Adria e dei suoi figli; Gente nel tempo; Il giro del Sole; L'amante fedele; La vita intensa; La vita operosa.*

Tutte le opere di Bontempelli sono pubblicate dall'editore Mondadori, Milano.

Brancati Vitaliano

Siciliano (1907-1954), romanziere e uomo di teatro. È avvertibile, soprattutto nei primi romanzi, l'influenza rivissuta criticamente di alcuni autori satirici russi, Gogol principalmente. Sia in *Don Giovanni in Sicilia* sia ne *Il bell'Antonio,* sia nel curioso libro di moralità *I piaceri,* l'argomento fondamentale sono l'immobilità, i pregiudizi, i vizi di un certo mondo siciliano tra l'aristocratico e l'altoborghese. Molto interessante è anche la satira antifascista *Il Vecchio con gli stivali.*
Tutte le opere di Brancati sono pubblicate dall'editore Bompiani, Milano.

Buzzati Dino

Veneto (1906-1972), giornalista, divenne famoso in letteratura con *Il deserto dei Tartari,* in cui alcuni lettori credettero di scorgere l'influenza di Franz Kafka. In realtà, l'arte di Buzzati, altrettanto drammatica, ma meno densa di quella del grande scrittore praghese, è percorsa da elementi schiettamente surrealistici, che raggiungono alte perfezioni soprattutto nei racconti (*I sette messaggeri; Paura alla Scala; In quel preciso momento; Il crollo della Baliverna; Sessanta Racconti; La boutique del mistero; Poema a fumetti; Il Colombre; Le notti difficili; Cronache terrestri*). È in queste raccolte che si devono cercare i suoi capolavori, oltre che nel citato *Il deserto dei Tartari.*
Buzzati era anche pittore ed ha scritto un bel libro per ragazzi da lui stesso illustrato: *La famosa invasione degli orsi in Sicilia.*
Le opere di Buzzati sono pubblicate dall'editore Mondadori, Milano.

Calvino Italo

Nato a Cuba nel 1923 da padre ligure e da madre sarda, vivente. Esordì in letteratura con un affascinante racconto di vita partigiana, *Il sentiero dei nidi di ragno,* in cui i due aspetti fondamentali della sua arte, il gusto per la favola e la tentazione realistica, si fondevano già mirabilmente. Grande successo tra i lettori hanno tuttora i tre racconti « fantastici »: *Il visconte dimezzato; Il barone rampante; Il cavaliere inesistente.* Ma altrettanto originali e vive sono altre opere più recenti, come *La giornata di uno scrutatore; Le cosmicomiche; Ti con zero; Il castello dei destini incrociati.*
Tutte le opere di Calvino sono pubblicate dall'editore Einaudi, Torino.

Campana Dino

Toscano (1885-1932). Una delle voci più rappresentative della paesia italiana nel periodo che precedette la stagione « ermetica ». Alcuni critici lo hanno avvicinato a Rimbaud per l'estasi visionaria che caratterizza la sua opera principale, *Canti Orfici,* raccolta di versi e di poesie in prosa.
Opere: *Canti Orfici ed altri scritti,* ed. Vallecchi, Firenze.

Campanile Achille

Romano (1900), vivente. Con Zavattini, Carlo Manzoni, il primo Guareschi, il primo Mosca, uno dei creatori dell'umorismo all'italiana. Mentre in Zavattini (vedi) la pietà per il destino degli umili levita il gioco delle invenzioni, in Campanile tutto è più meccanico, paradossale, puramente giocato sulle trovate. Campanile è anche il creatore del « teatro in due battute », poi ripreso da molti scrittori, anche fuori d'Italia.
Opere principali: *Ma che cos'è questo amore?* (ed. Dall'Oglio, Milano); *Chiaristella* (ed. Mondadori, Milano); *Avventure di un'anima* (ed. De Luigi, Roma); *Se la luna porta fortuna* (ed. Garzanti, Milano); *Manuale di conversazione* (ed. Rizzoli, Milano).

Cardarelli Vincenzo

(Pseudonimo di Nazareno Caldarelli), romano (1887-1959). Fu uno dei fondatori de « La Ronda », una rivista che sostenne, dopo le battaglie delle avanguardie storiche, il ritorno alla classicità. Principale modello della poesia di Cardarelli fu Leopardi. « La mia poesia, scrisse egli stesso, non suppone che sintesi. Luce senza colore, esistenze senza attributo, inni senza interiezione, impassibilità e lontananza, ordini e non figure... »
Le Poesie di Cardarelli sono pubblicate dall'editore Mondadori, Milano.

Carrieri Raffaele

Tarantino (1905), vivente. Celebre critico d'arte, è considerato uno dei più importanti poeti della generazione venuta dopo la stagione « ermetica » (vedi Ungaretti). Nella sua poesia, ispirata in gran parte ai coloriti paesi da cui viene, è possibile scorgere la traccia dell'influenza di Apollinaire e di Garcia Lorca, ma rivissuta con schietta originalità di ispirazione.
Opere principali di poesia: Il lamento del gabelliere; La civetta; Il Trovatore; Canzoniere amoroso; La giornata è finita; Io che sono cicala; Stellacuore; Le ombre dispettose.
Le opere di Carrieri sono pubblicate dall'editore Mondadori, Milano.

D'Agata Giuseppe

Vivente, bolognese (1927). È laureato in medicina, ma non esercita. È autore di un fortunato romanzo Il medico della mutua, satira dell'assistenza mutualistica in Italia, edito da Feltrinelli, Milano, e di un romanzo storico L'esercito di Scipione (ed. Bompiani, Milano) sulle vicende italiane successive all'armistizio dell'8 settembre 1943.

De Céspedes Alba

Nata a Roma nel 1911 da padre cubano e madre italiana. Autrice di numerosi romanzi di successo: Quaderno proibito; Nessuno torna indietro; Dalla parte di lei; Il rimorso; La bambolona; Nel buio della notte, nei quali viene presentata, a volte con spirito critico, la condizione femminile.
Le opere di Alba de Céspedes sono pubblicate dall'editore Mondadori, Milano.

Cassola Carlo

Nato a Roma (1917) da genitori toscani, vive a Grosseto. Iniziò la carriera letteraria con un libro di racconti, La visita, in cui era avvertibile l'influenza del Joyce dei Dubliners. Il successo è venuto con Fausto ed Anna, delicata evocazione di un rapporto amoroso. Il suo libro più noto è La ragazza di Bube, che si svolge durante la guerra partigiana. Cassola predilige le storie semplici, i personaggi di ogni giorno, l'osservazione dei problemi umani nella loro autenticità. Per questo, forse, è uno dei romanzieri della sua generazione più letto in Italia dai giovani.
Le opere di Cassola, fra le quali ricordiamo anche La casa di via Valadier; Un cuore arido; Paura e tristezza; Gisella; L'antagonista, sono pubblicate dall'editore Einaudi, Torino.

Del Buono Oreste

Toscano (1923), vivente. Giornalista, si è occupato di molti aspetti della vita moderna. Nei suoi romanzi ha spesso evocato le tristi esperienze della sua generazione « educatasi » sotto il fascismo.
I suoi libri più importanti sono: Racconto d'inverno; Acqua alla gola; L'Amore senza storie; Un intero minuto; Né vivere né morire (ed. Mondadori, Milano); La terza persona; I peggiori anni della nostra vita; La nostra età, quasi tutti pubblicati dall'editore Einaudi, Torino.

Fallaci Oriana

Toscana (1929), vivente. È una delle più lette ed apprezzate giornaliste italiane. Nei suoi « reportages » è evidente la volontà di vedere, in modo critico, la realtà moderna nei suoi aspetti più negativi « dalla parte di lei ».
Opere principali: *Il sesso inutile; Penelope alla guerra; Niente e così sia; Intervista con la storia; Lettera a un bambino mai nato,* tutte pubblicate dall'editore Rizzoli, Milano.

Fellini Federico

Nato a Rimini (1920), vivente. Regista cinematografico. Ha collaborato come sceneggiatore ad alcuni dei più importanti film del neorealismo (*Roma città aperta,* di Rossellini). Il mondo più autentico di Fellini regista è la provincia e l'eterna avventura del provinciale « finito » in città. Per questo i film più importanti di Fellini sono sempre a sfondo autobiografico: *I Vitelloni, La dolce vita, Otto e mezzo, Roma, Amarcord,* e fanno di lui una delle più originali personalità del cinema odierno.
Altre opere: *Lo sceicco bianco, La strada, Il bidone, Le notti di Cabiria, Satyricon.*

Fiumi Luisella

Nata a Milano nel 1924, ma vissuta a lungo a Trieste. Autrice di un simpatico libro *Come donna, zero* (ed. Mondadori, Milano), premio « Dattero d'oro » Bordighera 1974, che ritrae ironicamente il « mal di famiglia » dei nostri tempi e di *Cambia che ti passa* (ed. Mondadori, Milano).

Fo Dario

Milanese (1926), vivente. Attore ed autore teatrale fortemente impegnato a sinistra, dopo una carriera di successo nei maggiori teatri italiani, ha creato una compagnia che recita soprattutto nelle fabbriche, nella sale dei centri sindacali e nei teatri di quartiere.
Dalle prime riviste satiriche alle farse, alle commedie, fino alle ultime opere più strettamente legate ai problemi sociali e politici italiani e internazionali (*L'operaio conosce trecento parole, il padrone mille, per questo lui è il padrone; Morte accidentale di un anarchico; Morte e resurrezione di un pupazzo; Pum! Pum! Chi è? La polizia,* ecc.), Fo viene sempre più precisando il significato politico del suo teatro insieme con l'esigenza di ricollegarsi fino in fondo alla cultura popolare (*Mistero Buffo; Ci ragiono e canto*).

Fruttero Carlo - Lucentini Franco

Umoristi e romanzieri torinesi, autori di un romanzo « giallo » di grande successo *La donna della domenica,* e di una bella antologia della letteratura fantascientifica *Le meraviglie del possibile* (ed. Einaudi, Torino); nel 1974 è uscito *L'Italia sotto il tallone di F. e L.* e nel 1975 *Il significato dell'esistenza,* un comicissimo « romanzo d'appendice » dei nostri catastrofici tempi.
Le opere di Fruttero e Lucentini sono pubblicate dall'editore Mondadori, Milano.

Gadda Carlo Emilio

Lombardo (1893-1973). Uno dei massimi prosatori italiani di questo secolo. Scrittore di inesauribili risorse linguistiche, satirico, mordente, doloroso, Gadda occupa un posto di eccezionale importanza nella storia delle lettere italiane, paragonabile, sia pure con qualche forzatura, a quello che Joyce occupa nella letteratura inglese. La parte migliore della sua opera è da ricercarsi, forse, in alcune novelle, nell'*Adalgisa,* ironica evocazione della Milano agli inizi del secolo e, per altri versi, ne *La cognizione del dolore,* un romanzo autobiografico. Ma pagine fondamentali si ritrovano in tutti i suoi libri, spesso pubblicati sotto forma di frammenti: *La madonna dei filosofi; Il Castello di Udine; Le meraviglie d'Italia; Novelle dal ducato in fiamme; Quer pasticciaccio brutto de via Merulana; Eros e Priapo; Accoppiamenti giudiziosi; Novella seconda.*

Le opere di Gadda sono pubblicate dagli editori Einaudi, Torino e Garzanti, Milano.

Ginzburg Natalia

Di origine triestina (1916), vivente. Sposata in prime nozze con Leone Ginzburg, antifascista e importante saggista (1909-1944), ed in seconde con il critico letterario Gabriele Baldini (1919-1969), perseguitata a causa delle leggi razziali (le sue opere prime furono allora firmate con uno pseudonimo) è, con Elsa Morante, la scrittrice italiana contemporanea più letta e più apprezzata. Tipicamente femminile, nel senso migliore del termine, è l'attaccamento alle cose ed ai sentimenti semplici che caratterizza tutta la sua opera, molto varia.

Opere principali: *La strada che va in città; È stato così; Lessico famigliare; Tutti i nostri ieri; Valentino; Le voci della sera; Le piccole virtù* (saggi); *Ti ho sposato per allegria* (commedia); *Mai devi domandarmi* (saggi); *Paese di mare* (commedia); *Caro Michele.* Le prime opere della Ginzburg sono state pubblicate dall'editore Einaudi, Torino; ora il suo editore è Mondadori, Milano.

Goldoni Luca

Parmigiano (1928), vivente. Giornalista, autore di una serie di libri di satira di costume: *Italia veniale* e *Il pesce a mezz'acqua* (Cappelli, Bologna); *Esclusi i presenti; È gradito l'abito scuro; È successo qualcosa?; Di' che ti mando io* (Mondadori, Milano).

Guareschi Giovanni

Parmigiano (1908-1968), giornalista, fu una delle voci più felici del cosiddetto umorismo all'italiana, venato di surrealismo. Dopo la guerra assunse un atteggiamento decisamente conservatore. È universalmente noto per una serie di libri dedicati a *Don Camillo,* parroco di un paesino della bassa Padana, e al suo rivale, il sindaco comunista Peppone. Tipico esempio di un anticomunismo di maniera.

Le opere di Guareschi sono pubblicate dall'editore Rizzoli di Milano.

La Capria Raffaele

Napoletano (1922), vivente. Autore di alcuni fortunati romanzi ispirati soprattutto al mondo « dorato » di Positano. È anche regista cinematografico.

Opere: *Un giorno d'impazienza; Ferito a morte; Amore e Psiche,* editore Bompiani, Milano.

Landolfi Tommaso

Nato a Pico di Frosinone nel 1908, vivente. È ritenuto da alcuni critici uno dei massimi scrittori italiani viventi. Innovatore sconcertante e tradizionalista, scettico e stravagante, ha riportato, deformate e rese fantastiche, le sue esperienze di uomo isolato e di tenace giocatore in una serie di libri di difficile lettura, ma pieni di fascino.

Opere principali: *Il dialogo dei massimi sistemi; La pietra lunare; Il mar delle blatte ed altre storie; Le due zitelle; Cancroregina; La bière du pêcheur; In società; Racconti impossibili; Le Lamprede.*

Opere pubblicate dagli editori Vallecchi, Firenze, e Rizzoli, Milano.

Levi Carlo

Torinese (1902-1975), pittore e letterato. Antifascista è stato confinato in Lucania nel 1935-36. Durante questo soggiorno forzato ha concepito e scritto *Cristo si è fermato a Eboli*, il suo libro di maggior impegno, che lo ha reso celebre nel mondo intiero.

Altre opere: *Paura della libertà; L'Orologio; Le parole sono pietre; Il futuro ha un cuore antico; La doppia notte dei tigli; Un volto che ci somiglia; Tutto il miele è finito*, editore Einaudi, Torino.

Levi Primo

Torinese (1902), vivente. Deportato ad Auschwitz perché ebreo, ha evocato la sua triste esperienza in due libri: *Se questo è un uomo* e *La tregua*. Il primo descrive la sua esperienza di prigionia, il secondo è il lungo racconto del suo viaggio di ritorno. Le opere di Levi, fra le quali vanno ricordate anche le *Storie naturali,* sono pubblicate dall'editore Einaudi, Torino. Ha vinto il « Premio Prato » 1975 per la narrativa con l'opera *Il sistema periodico*.

Malaparte Curzio

(Pseudonimo di Erick von Suckert), toscano (1898-1957). Giornalista spregiudicato e disinvolto, conobbe il successo internazionale per due libri di guerra: *Kaputt* e *La pelle,* ai quali fu rimproverato, tuttavia, il gusto per i facili effettismi. La parte migliore dell'opera di Malaparte è forse da cercare nelle pagine venate di surrealismo di *Donna come me.*

Altre opere: *L'Arcipelago* (poesie); *Sangue; Maledetti toscani; Benedetti italiani,* editori Vallecchi, Firenze e Mondadori, Milano.

Manzoni Carlo

Milanese (1909-1975). Umorista, riprese in tono minore alcune delle trovate tipiche di Campanile (vedi), di Guareschi (vedi) ed altri. È noto in Italia soprattutto per aver creato alcuni personaggi celebri, come il signor Veneranda, apparsi sul giornale umoristico « *Bertoldo* », diretto da Giovanni Mosca prima della guerra.

Le opere di Carlo Manzoni sono pubblicate dall'editore Rizzoli, Milano.

Marchesi Marcello

Milanese (1912), vivente. Umorista « all'italiana » (vedi Guareschi, Manzoni, Campanile), autore di lavori televisivi di grande successo.

Opere: *Diario futile di un signore di mezza età; Essere o benessere?; Il sadico del villaggio,* editore Rizzoli, Milano.

Marotta Giuseppe

Napoletano (1902-1963), giornalista ed autore di una serie di libri (il più noto è *L'oro di Napoli*) in cui, attraverso il sorriso e l'umorismo, fa capolino l'inguaribile malinconia di certi meridionali. Il mondo geografico di Marotta è diviso tra Napoli e Milano, la città in cui ha trascorso una buona parte dell'esistenza.

Opere principali: *L'oro di Napoli; San Gennaro non dice mai di no; A Milano non fa freddo; Le madri; Questo buffo cinema; Le milanesi; Teatrino del Pallonetto.*

Tutte le opere di Marotta sono pubblicate dall'editore Bompiani, Milano.

Masala Francesco

Sardo (1916), vivente, critico d'arte, poeta. *Quelli dalle labbra bianche* (ed. Feltrinelli, Milano) è il suo primo romanzo.

Mastronardi Lucio

Vivente (1930), lombardo. In una serie di brevi libri ha descritto con toni fortemente satirici il piccolo mondo della sua città, Vigevano, una delle « capitali della scarpa » italiane. La sua opera si è imposta all'attenzione dei critici soprattutto per la lingua, sapientemente costruita sul dialetto locale. Opere principali: *Il maestro di Vigevano* (da cui il regista Zampa ha tratto un film di successo nel 1965), *Il calzolaio di Vigevano; Il meridionale di Vigevano; La ballata del vecchio calzolaio; A casa tua ridono,* editori Einaudi, Torino; Mondadori, Milano e Rizzoli, Milano.

Montanelli Indro

Toscano (1909), vivente. Giornalista, autore di libri divulgativi di carattere storico. Dopo essere stato per molti anni uno dei giornalisti « prìncipi » del *« Corriere della Sera »,* ha fondato a Milano il *« Giornale Nuovo »,* che dirige.
È autore anche del bel racconto *Il generale della Rovere,* da cui Rossellini ha tratto un famoso film. La *Storia d'Italia* e *Il generale della Rovere* sono pubblicati dall'editore Rizzoli, Milano.

Montale Eugenio

Genovese (1896), vivente. Certamente uno dei massimi poeti europei del nostro tempo. Per Montale la poesia è l'ultimo disperato rifugio contro il « male di vivere » e il fare poesia una occasione per fissare ciò che, nel ricordo, pare ci fornisca il mezzo per scoprire la ragione del nostro essere sulla terra. Montale ha creato un linguaggio poetico scabro, profondamente legato alla realtà, che ha avuto una grandissima influenza su tutta la poesia italiana posteriore e le cui lezioni più suggestive vanno cercate soprattutto nelle prime raccolte: *Ossi di seppia; Le occasioni; Finisterre.* Negli ultimi tempi la sua opera si è fatta più discorsiva, più immediatamente legata alla realtà quotidiana (*La Bufera e altro; Satura; Diario del '71 '72; Fuori di casa; Farfalla di Dinard*). Nel 1975 gli è stato assegnato il « Premio Nobel » per la letteratura.
Tutte le Opere di Montale sono pubblicate dall'editore Mondadori, Milano.

Morante Elsa

Romana (1916), vivente. Grande narratrice d'istinto, si è imposta all'attenzione dei lettori di tutto il mondo con un affascinante romanzo tra il fantastico ed il reale: *Menzogna e sortilegio,* poi con *L'Isola di Arturo,* delicata storia dell'amore di un ragazzo per la sua giovanissima matrigna. Ha recentemente pubblicato *La storia,* un romanzo di guerra che ha conosciuto un eccezionale successo. Al centro di tutti i libri della Morante c'è sempre una figura infantile che riscatta con la sua innocenza le brutture del mondo, di cui è al contempo vittima ed attonita protagonista.
Tutti i libri della Morante (ai titoli citati bisogna aggiungere *Lo scialle andaluso* e *Il mondo salvato dai ragazzini*) sono pubblicati dall'editore Einaudi, Torino.

Moravia Alberto

(Alberto Pincherle, Moravia assume in arte il secondo cognome), romano (1907), vivente. Saggista, giornalista, commediografo, narratore, è forse l'autore italiano contemporaneo più tradotto e più conosciuto all'estero. Molti suoi romanzi sono stati portati sullo schermo: *La ciociara* (De Sica, 1960); *Il disprezzo* (Godard, 1963); *La noia* (Damiani, 1963); *Gli indifferenti* (Maselli, 1964); *Il Conformista* (Bertolucci, 1970). Non ancora ventenne, Moravia si impose all'attenzione della critica con il romanzo *Gli indifferenti,* un vasto affresco « negativo » della società borghese romana ai tempi del fascismo, in cui qualche critico ha visto uno dei primi romanzi « esistenzialisti » d'Europa. Narratore di razza, la parte migliore della sua opera è costituita, forse, dalle raccolte di racconti tra i quali spiccano *Racconti Romani* e *Nuovi Racconti Romani.*

Tutte le opere di Moravia sono pubblicate dall'editore Bompiani, Milano.

Ottieri Ottiero

Romano (1924), vivente. Ha lavorato per molti anni ad Ivrea presso l'« Olivetti ». È autore di romanzi ispirati all'ambiente della fabbrica e di opere di saggistica.
Opere principali: *Memorie dell'incoscienza; Tempi stretti; Donnarumma all'assalto; La linea gotica; L'irrealtà quotidiana; Il senso perverso.*
Le opere di Ottieri sono pubblicate dall'editore Bompiani, Milano.

Pagliarani Elio

Romagnolo (1927), vivente. Fu tra i fondatori del « Gruppo '63 », che cercò di trovare una strada nuova nella letteratura. Apparentemente poeta « sperimentale », in realtà la più interessante delle sue raccolte *La ragazza Carla e altre poesie* si ricollega ai modi del neorealismo italiano dell'immediato dopoguerra.
La ragazza Carla è stata pubblicata dall'editore Mondadori, Milano.

Palazzeschi Aldo

(Pseudonimo di Aldo Giurlani), toscano (1885-1974). Partecipò al « movimento futurista », di cui fu uno dei protagonisti più originali (*Poesie; Il codice di Perelà*). Poi evocò il mondo della Firenze della sua infanzia in una serie di novelle e di romanzi *(Stampe dell'Ottocento; Sorelle Materassi; Il palio*

dei buffi). Con le ultime opere scritte ad un'età assai avanzata (*Stefanino; Il Doge; Storia di un'amicizia*) ritornò ai modi della giovinezza ritrovando la felice grazia dei libri « futuristi ». In realtà Palazzeschi è stato un arguto, estroso, umanissimo narratore di gran razza ed uno stilista esemplare.
Le opere di Palazzeschi sono pubblicate dall'editore Mondadori, Milano.

Parca Gabriella

Giornalista, sociologa, vivente (1926), autrice di numerosi volumi dedicati alla condizione femminile. Hanno ottenuto grande successo *Le italiane si confessano; Voci dal carcere femminile,* editore Feltrinelli, Milano. Per l'editore Mondadori, Milano, e in collaborazione con Marcello Argilli ha pubblicato recentemente un libro per ragazzi: *Le avventure di Chiodino.*

Parise Goffredo

Veneto (1929), vivente. Fu scoperto giovanissimo da Comisso, altro illustre scrittore veneto. Nelle sue opere, ad esclusione delle prime, delicatamente fantastiche (*Il ragazzo e le comete*) rivede con spirito fortemente critico gli ambienti in cui ha vissuto, sia la provincia veneta (*Il prete bello; Il fidanzamento*) sia la realtà ben diversa del mondo « organizzato » della grande città e delle sue industrie (*Il padrone*). Parise è autore anche di discussi, polemici « reportages »: *Cara Cina,* ad esempio.
Le opere di Parise sono state pubblicate dagli editori Einaudi, Torino e Feltrinelli, Milano.

Pasolini Pier Paolo

Bolognese, ma di origine friulana (1922-1975), una delle personalità più vive e discusse della vita culturale italiana di questi ultimi anni. Agli inizi poeta in dialetto friulano, si impose all'attenzione della critica con *Ragazzi di vita* e *Una vita violenta,* romanzi ambientati nelle «borgate» romane, gli squallidi quartieri sorti alla periferia della capitale. Importanti e significative anche le sue raccolte poetiche, fra le quali ricorderemo: *Le ceneri di Gramsci; La religione del mio tempo; Poesia in forma di rosa; Trasumar e organizzar.*

Nel mondo è celebre soprattutto come regista: *Accattone; Mamma Roma; Il Vangelo secondo Matteo; Uccellacci e Uccellini; Edipo Re; Teorema; Porcile; Medea; Decameron; I racconti di Canterbury; Le mille e una notte; Salò o le 120 giornate di Sodoma.*

Tutta l'opera di Pasolini, sia come regista sia come scrittore, è stata caratterizzata da una profonda, amorosa attenzione alla condizione umana, al nostro essere di uomini, mortificati dal mondo profondamente ingiusto in cui viviamo.

Le opere di Pasolini sono pubblicate dall'editore Garzanti, Milano.

Patti Ercole

Siciliano (1904), vivente. Abita a Roma, di cui ha descritto ironizzandoli, alcuni ambienti altoborghesi. Scrittore di asciutta eleganza.

Opere principali: *Quartieri alti; Il punto debole; Un amore a Roma; Cronache romane; La cugina; Un bellissimo novembre; Gli ospiti di quel castello.* Le opere di Patti sono pubblicate da Bompiani, Milano.

Pavese Cesare

Piemontese (1908-1950). Fu con Vittorini (vedi) uno dei protagonisti della vita letteraria italiana del dopoguerra. Rivelatosi con un libro di poesie *Lavorare stanca*, in cui rompeva con gli schemi ormai eccessivamente rigidi dell'«ermetismo» e con una serie di ammirevoli traduzioni dall'americano, è stato uno dei maestri del «neorealismo», in una serie di romanzi e racconti spesso di ispirazione autobiografica, scritti in un italiano spoglio ma pregnante (*Paesi tuoi; Prima che il gallo canti; La bella estate; La luna e i falò; Ciau Masino*). Oggi, molti critici vedono nel suo diario *Il mestiere di vivere*, ne *I dialoghi con Leucò* e nelle *Poesie* la parte più importante della sua opera molto sentita anche dalle nuove generazioni. Tutte le opere di Pavese sono pubblicate dall'editore Einaudi, Torino.

Penna Sandro

Nato a Perugia (1906), vivente. È considerato uno dei poeti più autentici e puri della generazione seguita all'«ermetismo». Nella poesia di Penna si riflette una condizione umana difficile, riscattata dalla stessa poesia.

Opera principale: *Tutte le poesie*, ed. Garzanti Milano.

Piovene Guido

Veneto (1907-1974), giornalista e saggista, autore di romanzi in cui si riflette l'esperienza «vicentina» dell'autore, il contatto con il mondo «nero» ipocrita della provincia. Nei più riusciti di essi, *Le lettere di una novizia; La gazzetta nera*, è avvertibile l'influenza di certa letteratura libertina francese del Settecento. La parte più valida dell'opera di Piovene è da ricercarsi, tuttavia, in alcuni libri di viaggi: *Viaggio in Italia; L'Europa semilibera.* Tutte le opere di Piovene sono pubblicate dall'editore Mondadori, Milano.

Pratolini Vasco

Fiorentino (1913), vivente, si è rivelato nell'immediato dopoguerra come uno dei maggiori narratori italiani contemporanei. Dall'osservazione della gente umile di certi quartieri fiorentini, è passato, in seguito, a temi più vasti e complessi. In particolare con *Metello; Lo scialo* e *Allegoria e derisione*, la trilogia che ha per titolo «Una storia italiana», ha affrontato il vasto e complesso tema delle lotte di classe che hanno sconvolto la società italiana nell'ultimo trentennio del secolo scorso (*Metello*), la storia interna della borghesia negli anni prima del conflitto mondiale (*Lo scialo*) e l'esame di coscienza di uno scrittore dei giorni nostri per il fallimento morale che la vita determina (*Allegoria e derisione*). Altre sue opere importanti sono *Cronaca familiare; Il quartiere; Cronache di poveri amanti; Le ragazze di San Frediano; La costanza della ragione; Un eroe del nostro tempo; Diario sentimentale*, edite da Mondadori, Milano.

Quasimodo Salvatore

Siciliano (1901-1968), fu uno dei protagonisti della stagione « ermetica » della poesia italiana, una scuola che, per suggestione della poesia ungarettiana (vedi) e delle teorie poetiche di alcuni grandi maestri del passato, (Leopardi, Mallarmé) tendeva alla dilatazione delle possibilità della parola e dei suoi significati. Dopo la guerra, Quasimodo ha scritto poesia « civile » con risultati alterni. Gli è stato attribuito il « Premio Nobel » nel 1959.
Opere: *Tutte le Poesie; Poesie e discorsi sulla poesia; Scritti sul teatro; Lettere d'amore a Maria; Tutte le opere di S.Q.*, editore Mondadori, Milano.

Rea Domenico

Napoletano (1921), vivente. Scrittore nativamente realista, il suo mondo è Napoli: una Napoli popolana vista ed interpretata con il cuore di un popolano.
Opere principali: *Spaccanapoli; Formicole rosse; Gesù, fate luce; Le due Napoli; Ritratto di Maggio; Quel che vide Cummeo; Una vampata di rossore; Il re e il lustrascarpe; I racconti; Diario napoletano.* Le opere di Rea sono pubblicate dall'editore Mondadori, Milano.

Russo Giovanni

Nato a Salerno (1925), giornalista e inviato speciale. Vincitore del « Premio Viareggio » 1955. Autore di importanti « reportages » di viaggio.

Saba Umberto

Triestino (1883-1957), con Ungaretti e Montale uno dei poeti più importanti della sua generazione. Non può, come gli altri due, essere considerato un maestro dell'« ermetismo », anche se in certi momenti della sua opera il gusto del simbolo poetico è avvertibile. Saba è poeta quotidiano e la sua poesia è tenera, candida, umana.
Tutti i versi di Saba sono compresi ne *Il Canzoniere*. Altri libri importanti sono *Scorciatoie e raccontini*, raccolte di « poesie in prosa »; *Storia e Cronistoria del Canzoniere*, singolare saggio in terza persona che fornisce, tra l'altro, elementi fondamentali per la conoscenza dell'autore e il romanzo breve, uscito postumo, *Ernesto*. Le opere di Saba sono pubblicate dagli editori Einaudi, Torino e Mondadori, Milano.

Saponaro Michele

(1885-1959), romanziere di modesta fama, è soprattutto noto per una serie di biografie divulgative dedicate al Carducci, al Leopardi, al Foscolo, al Mazzini. Editore Mondadori, Milano.

Sbarbaro Camillo

Ligure (1888-1967), poeta amatissimo da tutta una generazione di lettori, ha introdotto nella poesia italiana l'inquietudine cosmica, il dolore, la rassegnazione, il senso della sofferenza, che fanno di lui un precursore di certi temi della poesia di Montale (vedi).
Opere: l'edizione completa delle *Poesie* di Sbarbaro è pubblicata dall'editore Mondadori, Milano.

Sciascia Leonardo

Siciliano (1921), vivente. L'argomento essenziale dell'opera di Sciascia è la Sicilia, la condizione cioè di un paese profondamente sospettoso ed ostile nei confronti di tutto ciò che non è siciliano. Nei suoi libri Sciascia non si è accontentato di esaminare e descrivere criticamente la realtà della sua regione oggi *(Gli zii di Sicilia; Il giorno della civetta; Le parrocchie di Regalpetra; A ciascuno il suo; Il contesto)*, ha anche cercato di spiegare le ragioni di questo « modo di essere » in un romanzo storico *Il consiglio d'Egitto* e nella *Recitazione della controversia liparitana*, che in un certo senso costituiscono una delle chiavi della sua opera. *Il contesto* ha liberamente ispirato il più recente film di Francesco Rosi, *Cadaveri eccellenti*.
Tutti i libri di Sciascia sono pubblicati dall'editore Einaudi, Torino.

Scotellaro Rocco

Lucano (1923-1958). Sindaco del paese natale, Tricarico (Matera), ha partecipato attivamente alla lotta condotta dai braccianti per il miglioramento delle loro condizioni di vita. Ha lasciato un'inchiesta sulle condizioni dei contadini meridionali *Contadini del sud* e un romanzo incompiuto *L'uva puttanella*.
Le sue opere sono pubblicate dall'editore Laterza, Bari.

Stajano Corrado

Cremonese (1924), giornalista. Dapprima redattor[e] e inviato speciale del settimanale «*Tempo*» è sta[to] poi redattore e inviato di «*Panorama*» e de «*L'A[v-] venire*». Collabora ai servizi culturali della tele[vi-] sione, oltre che a importanti quotidiani e settima[na-] li.
È autore di un romanzo *La città rossa,* pubblica[to] dall'editore Ceschina, Milano.

Silone Ignazio

(Pseudonimo di Secondo Tranquilli), abruzzese (1900), vivente. Antifascista, è vissuto in esilio per lunghi anni e la sua opera, ispirata alla vita della sua regione ed alla condizione delle classi contadine durante il regime fascista, è stata prima pubblicata fuori d'Italia che nel suo Paese.
Opere principali: *Fontamara; Vino e pane; Il seme sotto la neve; Una manciata di more; Il segreto di Luca; La volpe e le camelie; La scuola dei dittatori; L'avventura d'un povero cristiano*.
Gli scritti di Silone sono pubblicati dall'editore Mondadori, Milano.

Svevo Italo

(Pseudonimo di Ettore Schmitz), triestino (1861[-] 1928). Scoperto negli anni del primo dopoguerr[a] da Joyce e da Valéry Larbaud, Svevo (nella cu[i] opera è evidente l'influenza della cultura mitteleuro[-] pea, in cui si è formato) è l'autore di due romanzi Senilità e *La coscienza di Zeno,* d'introspezione psi[-] cologica e psicanalitica che fanno di lui il prim[o] maestro di una delle correnti più importanti dell[a] narrativa europea che ha i suoi momenti più alti i[n] Svevo stesso, in Joyce, Proust, Musil e ne *La co[-] gnizione del dolore* di Carlo Emilio Gadda (vedi[)] Opere: *Una vita, Senilità, La coscienza di Zeno[,] La novella del buon vecchio e della bella fanciulla* Editori: Dall'Oglio, Milano e per gli scritti postum[i] Mondadori, Milano.

Sinisgalli Leonardo

Lucano (1908), vivente. Poeta di formazione colta, appartenne prima della guerra al gruppo degli «ermetici» della seconda generazione. Le sue opere di quell'epoca sono venate di eleganza un po' epigrammatica. Poi, nella seconda parte della sua vita, ha cantato soprattutto il mondo della sua infanzia, con versi di accorata eleganza.
Opere principali: *Poesie di ieri 1931-1956; L'età della luna; Il passero e il lebbroso; Furor mathematicus; Fiori pari, fiori dispari; Belliboschi; L'ellisse; Calcoli e fandonie*, editore Mondadori, Milano.

Testori Giovanni

Solinas Franco

Sardo (1927), vivente. Autore di un fortunato romanzo *Squarciò* (ed. Feltrinelli, Milano), da cui il regista Gillo Pontecorvo ha tratto un altrettanto fortunato film *La grande strada azzurra*.

Milanese (1925), vivente. Pittore, scrittore di teatro, romanziere, ha pubblicato una serie di romanzi e racconti di ambiente milanese popolare: *Il ponte*

della Ghisolfa (da cui Visconti - vedi - si è ispirato per il film *Rocco e i suoi fratelli*); *La Gilda del Mac Mahon; Il Fabbricone; La cattedrale*. Dopo alcuni anni di silenzio, ha dato per il teatro due opere, *L'Ambleto* e *Il Macbetto*, ispirate ai drammi di Shakespeare trasposti in ambiente contadino, nelle quali rinnova la tradizione del grande teatro dialettale italiano (Ruzante, gli scrittori veneti del Cinquecento).
Editori Feltrinelli, Milano e Rizzoli, Milano.

Tomasi Di Lampedusa Giuseppe

Siciliano (1896-1957). Discendente da una delle più antiche famiglie aristocratiche della sua isola. È autore di un romanzo di evocazione storica, *Il Gattopardo*, che fu pubblicato postumo ed ottenne un grandissimo successo di pubblico e di critica. Visconti (vedi) ne ha tratto un film di successo.
Altre opere: *I Racconti*.
Le opere di Lampedusa sono pubblicate dall'editore Feltrinelli, Milano.

Ungaretti Giuseppe

Nato ad Alessandria d'Egitto da emigrati lucchesi (1888-1970). È uno dei massimi poeti italiani del secolo. Si impose all'attenzione della critica con *L'allegria*, diario poetico ispirato alla sua esperienza di soldato durante la guerra del 1915-'18. *Sentimento del tempo; Il dolore; La terra promessa; Un grido e paesaggi; Il taccuino del vecchio; Il deserto e dopo; Saggi e interventi* sono altrettante tappe di una carriera straordinaria. Nella sua poesia è avvertibile l'influenza di Mallarmé e di alcuni modelli italiani (Petrarca e Leopardi) che gli insegnarono le possibilità di concentrazione della lingua poetica. A lui si rifecero i poeti detti « ermetici ». I risultati più alti della poesia di Ungaretti vanno cercati in quei libri *(L'allegria; Il dolore; Il taccuino del vecchio)* in cui traspare più evidente il rapporto tra l'esperienza esistenziale e il fare poetico.
Le *Poesie* di Ungaretti sono state pubblicate in volume unico, *Tutte le poesie*, dall'editore Mondadori, Milano.

Villaggio Paolo

Genovese (1938), vivente. Attore di cabaret, poi televisivo e cinematografico, è il creatore di una serie di macchiette, come quelle di un povero impiegato pauroso e vile, che hanno avuto molto successo. Autore di una serie di libri umoristici.
Le opere di Villaggio *(Fantozzi, Come farsi una cultura mostruosa, Il secondo libro di Fantozzi)* sono pubblicate dall'editore Rizzoli, Milano.

Visconti Luchino

Milanese (1906-1976). È stato uno dei principali registi italiani. Considerato per i suoi primi films un maestro, con De Sica e Rossellini, del neorealismo italiano *(Ossessione; La terra trema; Bellissima)*, ha poi evocato in una serie di film esemplari *(Senso; Il Gattopardo; Vaghe stelle dell'Orsa; Morte a Venezia; Il crepuscolo degli dei; Gruppo di famiglia in un interno; L'innocente)*, le ragioni del decadimento del mondo aristocratico cui egli appartiene. Da questa produzione si stacca *Rocco e i suoi fratelli* (vedi *Testori*), vasto affresco del destino di una famiglia di meridionali emigrata a Milano, in cui Visconti ritrova, maturati e poeticamente risolti, i motivi neorealistici che avevano giustificato l'attenzione dei critici per i suoi primi film, e specialmente per *La terra trema*, liberamente ispirato a *I Malavoglia* del Verga.

Vittorini Elio

Siciliano (1908-1966). Deve considerarsi con Pavese (vedi) uno dei massimi rappresentanti del neorealismo italiano. I suoi romanzi (in cui è avvertibile l'influenza di alcuni scrittori americani da lui tradotti), *Conversazione in Sicilia; Uomini e no; Le donne di Messina; Il Sempione strizza l'occhio al Frejus; Il garofano rosso; Piccola borghesia* e *Nome e lagrime* rappresentano altrettante tappe di una eccezionale riscoperta della grandezza del « popolo » senza storia.

Grande animatore culturale, Vittorini ha fondato e diretto la rivista « *Il Politecnico* » (1945-47; recentemente ripubblicata in volume dall'editore Einaudi) ed importanti collane editoriali.

I suoi romanzi sono stati ripubblicati in due densi volumi dall'editore Mondadori, Milano.

Volponi Paolo

Marchigiano (1924), vivente. È un dirigente industriale e spesso le sue opere si ispirano all'ambiente in cui lavora. Viene ritenuto uno dei più importanti romanzieri della sua generazione, anche se alcuni criticano la macchinosità dei suoi ultimi romanzi.

Opere principali: *Memoriale; La macchina mondiale; Corporale; Il sipario ducale.* Tutte le opere di Volponi sono pubblicate dall'editore Garzanti, Milano.

Zavattini Cesare

Emiliano (1902), vivente. È considerato uno dei maestri dell'umorismo « all'italiana », nato negli ultimi anni dell'immediato anteguerra (1930-1940). Estroso, leggermente venato di surrealismo, in realtà si affida soprattutto ad un'affettuosa attenzione al reale. I protagonisti dei libri di Zavattini sono sempre dei poveri che cercano di consolarsi della loro condizione di derelitti o di dimenticati con la fan-

tasia e con l'innocenza *(Parliamo tanto di me; I P veri sono matti; Io sono il diavolo; Totò il buono* Collaboratore per molti anni di De Sica, è sta l'inventore, più che il soggettista, di una serie grandi film: *Sciuscià; Ladri di biciclette; Miraco a Milano; Umberto D.; Il tetto,* nei quali è semp bene avvertibile lo spirito dello scrittore.

Le opere di Zavattini sono pubblicate dall'edito Bompiani, Milano.

Indice della materia

Indice delle biografie

Proprietà fotografica

Le fotografie nel testo sono state fornite dall'Ar-
chivio delle Edizioni Scolastiche Mondadori *e dal*
Centro di Documentazione dell'Arnoldo Mondadori
Editore. *Sono state inoltre fornite dalle Agenzie*
fotografiche: Farabola di Milano, Fiore di Torino
e Pubbli Aer Foto di Milano.